Asien mit Anzug und Krawatte

D1672766

„Wissen, was man weiß,
und wissen, was man nicht weiß,
das ist wahres Wissen."

Konfuzius

Rolf Zeiler

Asien mit Anzug und Krawatte

Was man während einer Geschäftsreise in Asien beachten sollte und was trotzdem noch so alles passieren kann …

Bibliografische Information der Deutschen Nationalbibliothek:
Die Deutsche Nationalbibliothek verzeichnet diese Publikation in der Deutschen Nationalbibliografie;
detaillierte bibliografische Daten sind im Internet über
http://dnb.d-nb.de abrufbar.

© 2013 Rolf Zeiler
Satz, Umschlaggestaltung, Herstellung und Verlag: BoD – Books on Demand
ISBN: 978-3-8482-4762-2

Inhalt

Einführung

Ich habe Asien 25 Jahre lang geschäftlich bereist und lebe seit mehr als 20 Jahren in Singapur. Während meiner langen Tätigkeit begegneten mir in meinem Umfeld immer wieder Menschen ohne jegliches Verständnis für Asiens Kultur und deren Wichtigkeit fürs Geschäft. Westliche Herrenmenschen-Überlegenheitsmentalität, gepaart mit der Einstellung einer Vergnügungslustreise, waren leider allzu oft anzutreffen. Ignoranz und fehlende Kulturkompetenz sind fundamentale Fehler, die im Asiengeschäft begangen werden.

Dies Buch habe ich für die geschrieben, die in Asien geschäftlich reisen oder reisen möchten sowie für die, die hier geschäftlich leben oder dies möchten und die sich etwas mehr für die Kulturen und den Asiaten selbst – den Thai, Chinesen, Japaner, Vietnamesen, um nur einige zu nennen – interessieren.

Es ist auch an die gerichtet, die glauben, Geschäftsreisen in Asien sind nur Urlaub, und damit meine ich auch alle Familienangehörigen und Freunde.

Ich beschreibe in diesem Buch das Umfeld und die typischen Geschäftsgepflogenheiten in 24 Ländern Asiens. Ich wende mich dabei weniger analytisch den demografiegestützten Konjunkturzahlen dieser Länder zu, vielmehr werde ich deren wesentliche Unterschiede und die Verhaltensweisen der Menschen im kulturellen Geschäftsleben der Länder schildern.

Die Unterschiede verdeutlichen oft die politisch-wirtschaftlichen, religiös-kulturellen sowie ethnischen Einflüsse auf das Geschäftsverhalten in den einzelnen Ländern Asiens.

Das Buch bietet eine interessante Lektüre, die dem Geschäftsreisenden helfen wird, auf seinen Reisen durch Asien die Asiaten besser zu verstehen und erfolgreicher Geschäfte zu tätigen.

Es gibt Auskunft über die verschiedenen Facetten des Reisens in Asien. Die Länderinformationen beinhalten z.b. alles, was ein Geschäftsreisender über seine Reiseplanung, die Flughäfen, Verkehrsanbindungen, Visabestimmungen, Gesundheitsinformationen, Kommunikationssysteme Kundenterminplanung und den Geschäftsknigge wissen sollte. Es erschien mir hier und da auch wichtig, für einige Länder die besonderen politischen, gesundheitsbasierten, verkehrstechnischen und andere sicherheitsrelevante Umstände etwas ausführlicher zu beschreiben.

Das Buch beschäftigt sich aber hauptsächlich, Land für Land, mit den unterschiedlichen Verhaltensregeln bei Verhandlungen mit Asiaten. Diese zu verstehen hilft bessere Abschlüsse zu erzielen und Asienreisen effizienter zu gestalten.

Die Vielfalt der Kulturen in Asien und die zum Teil gravierenden Unterschiede von Land zu Land zeigen: Asien ist nicht gleich Asien. Ein Vietnamese ist kein Japaner, ein Koreaner ist kein Indonesier, ein Chinese kein Inder usw., und wer dies nicht beherzigt, wird keinen Erfolg in Asien haben.

Wine & Dine im Geschäftsalltag kommt auch nicht zu kurz, denn leider wird allzu oft die Wichtigkeit der lokalen Esskultur und der heimischen Spezialitäten drastisch unterschätzt.
Auch Klimakenntnisse werden leider nicht immer berücksichtigt, ich habe mir deshalb erlaubt, am Schluss jedes Länderkapitels noch jeweils kurz einen „Wetterbericht" hinzuzufügen.

Im Schlusskapitel nenne ich noch einige Ursachen sowie „Problemzonen" für Erfolg und Misserfolg von Asiengeschäften und die typischen Fehler, die im Stammunternehmen gemacht werden: angefangen mit einer falschen Mitarbeiterauswahl, fehlenden geografischen Grundkenntnissen, kultureller Ignoranz, bis hin zu einer übersteigerten Erwartungshaltung der Geschäftsführung.

Das Buch wird aufgelockert durch viele persönliche Geschichten und Berichte über Vorfälle während meiner zahlreichen Geschäftsreisen. Diese Begebenheiten sind oft sehr humorvoll und ich hoffe, der Leser hat dadurch noch zusätzlichen Spaß beim Lesen.

1 Asien: Ostasien, Südasien und Südostasien

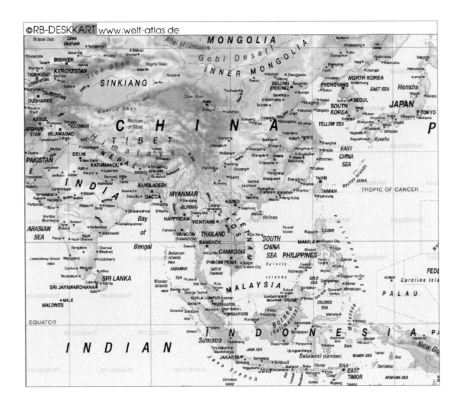

Asien („Asia" = assyrisch für „Sonnenaufgang") ist mit seiner Fläche, die fast ein Drittel der Landfläche der Erde umfasst, der größte aller Kontinente. Rund 4 Milliarden Menschen leben in diesem Teil der Welt. Die Regionen Ostasien, Südasien und Südostasien umfassen insgesamt 24 Länder. Im Jahr 2012 ist das Bruttoinlandsprodukt Asiens um ca. 8,5 % gewachsen, während die Wirtschaften der USA, Europas und Japans 2012 zusammen um nur 2,3 % wuchsen. Die Prognosen für 2013 sagten für die USA, Europa und Japan ein Wachstum von 1,8 % voraus und für Asien rund 7,8 %. China und Indien, die Wachstumstreiber in der Region, sind die Ursache für diesen Vorsprung im weltweiten Vergleich.

China wird nach Vorhersagen für 2013 um ca. mehr als 9 % wachsen und Indien um knapp 8 %.

Trotz dieses enormen Anstiegs kann man aber davon ausgehen, dass ungefähr 1,7 Milliarden Menschen in Asien in Armut leben, die durchschnittlich weniger als 2 US-Dollar pro Tag verdienen.

Dieser Prozess basiert also in vielen Ländern in Asien auf wachsender Ungleichheit und einem ausbeuterischen Wirtschaftskapitalismus.

Die Regierungen einiger dieser Länder sind gegen die Anforderungen eines so schnellen Wachstums nicht gewappnet, weswegen hier Menschenrechtsverletzungen schon heute an der Tagesordnung sind.

Politisch instabile Staaten wie Sri Lanka, Myanmar und die Atommacht Pakistan haben zusätzlich internen Konfliktstoff, der die Sicherheit ihrer Bewohner nachhaltig negativ beeinflusst.

Asien ist außerdem ein Kontinent mit häufig auftretenden großen Naturkatastrophen. Viele Erdbeben, oft darauf folgende Tsunamis, Überflutungen während der Regenzeiten, Taifune und Vulkanausbrüche zerstören immer wieder ganze Landstriche und fordern jährlich unzählige Todesopfer unter den Bevölkerungen.

All diese Aspekte, und noch viele mehr, haben heute einen direkten oder indirekten Einfluss auf das geschäftliche Reisen in Asien.

2 Anforderungen an das Asiengeschäft

Asien, zusammen betrachtet, ist der größte und wichtigste Absatzmarkt für fast alle Konsumgüterprodukte aus Europa und den USA – und er wächst stetig. Es gibt detaillierte Statistiken zu den einzelnen Absatzmärkten der Länder dieses Kontinents. Diese Detailinformationen können, wenn gewünscht, aus entsprechenden Fachbüchern und dem Internet jederzeit abgerufen werden.

Ich möchte in meinen Ausführungen davon Abstand nehmen, weitere Zahlen und demografische Vergleiche zu präsentieren, die schon am nächsten Tag überholt sind. Stattdessen möchte ich auf die speziellen Einflüsse aufmerksam machen, denen die jeweiligen Absatzmärkte Asiens ausgesetzt sind.

Die meisten demografisch basierten Finanzdaten behandeln Asiens Länder nur sehr oberflächlich und liefern meist nur generelle Informationen, die wenig Aussagekraft für eine individuelle Bewertung der eigenen Produkte im Rahmen der jeweiligen Absatzmärkte haben.

Jedes Unternehmen und jeder Unternehmer sollte sich für einen profitablen Absatz der eigenen Produkte in Asien weit wichtigeren und spezielleren Informationen widmen: Vertriebsdaten für Unternehmer und Geschäftsreisende, die man selten in einem Buch oder im Internet findet, entscheidende Informationen, die z.B. die anfallenden notwendigen finanziellen Aufwendungen für ein erfolgreiches Asiengeschäft viel besser in Relation zum möglichen erwirtschaften Profit setzen als die meist schon lange überholten Bruttosozialprodukte und die Import- und Exportbilanzen der einzelnen Länder.

Das Ziel eines jeden Unternehmens in Deutschland und in den anderen westlichen Industrienationen ist es, erfolgreich zu sein und Profit zu machen.

Um dies zu erreichen, ist es unabdingbar, dass man sich an die bekannten Gegebenheiten seines Geschäftsumfelds anpasst und dieses aus dem richtigen Blickwinkel ausgiebig studiert. Dies ist in Asien nicht anders als in den westlichen Ländern, nur dass hier kein so homogener Markt wie im Westen existiert und das Geschäftsumfeld sich von Land zu Land vielfach und kontinuierlich verändert.

Man sollte in Asien niemals dem Irrglauben verfallen, einmal in einem Land Erlerntes einfach auf das nächste übertragen zu können. Dies kann schnell zu einer Fehleinschätzung führen und Erfolg und Misserfolg eines Geschäftes maßgeblich beeinflussen.

Weder Sprache, Kultur, Klima, Religion, Infrastruktur, Modernisierungsgrad noch Industrialisierungsgrad sind überall in Asien gleich. Sie haben von Land zu Land weder die gleichen Voraussetzungen, noch sind die Anforderungen in Asiens Ländern sich in irgendeiner Weise ähnlich

Um in Asien die Strategie eines profitablen und erfolgreichen Unternehmens weiterzuführen, muss dieses Unternehmen unabdingbar diese vielfältigen Voraussetzungen und Anforderungen der asiatischen Länder in seine Entscheidungen miteinfließen lassen. Es ist gut beraten, für seine Produkte eine unkonventionelle Erfassung von individuellen Informationen zu betreiben, die auch die typisch asienbezogenen Aspekte der einzelnen Absatzmärkte integriert.

Nachfolgend beschreibe ich einige dieser asienbezogenen Aspekte und werde in den Länderberichten weitere erläutern.

Klima

Die Produktabsatzevaluierung in Bezug auf klimatische Unterschiede in der Region Asien ist einer dieser Aspekte. Es ist eine nicht zu unterschätzende Aufgabe, die jeweilige Region auf unterschiedliche länderklimatische Bedingungen hin zu untersuchen. Denn die gesammelten Informationen zeigen schnell, welchen Einfluss das Klima auf die Absetzbarkeit der eigenen Produkte in den verschiedenen Ländern Asiens haben kann.

In Asien variieren z.b. die Temperaturen und Klimadaten von tropenheiß bis winterkalt und von 35 Grad Celsius plus bis 40 Grad Celsius minus. Hitze dehnt Produkte aus und Kälte zieht sie zusammen – und das sind nur einfache Anforderungen an ein Produkt, die man aber kennen sollte. Die extremen Temperaturunterschiede, kombiniert mit Luftfeuchtigkeit und Sonnenbelastung, haben natürlich einen wesentlich differenzierteren und komplexeren Einfluss auf die Produktgestaltung und deren Anwendungsbereiche.

Hohe Luftfeuchtigkeit und wenig klimatisierte Fertigungsstätten bringen neue Anforderungen an viele Produkte in Bezug auf ihre Lebensdauer. Die Oxidation von Metallteilen, elektrischen Verbindungen und Elektronikbauteilen bei hoher Luftfeuchtigkeit sowie die Klebstoffauflösung in den Tropen Asiens sind nur zwei Probleme, die eine andere Bewertung finden als in den kälteren Ländern Asiens.

Wer länger in den Tropen gelebt hat, weiß, wie schnell die Sohlen von den Schuhen abfallen können, alle möglichen geklebten Produkte sich in Granulat auflösen oder Kameras und Elektronikbauteile wegen Oxidation schneller ausgetauscht werden müssen. Der ständige Monsunregen in Asien überflutet oft alles und zieht die meisten normalen Bausubstanzen nachhaltig in Mitleidenschaft.

Aber einmal abgesehen von den Produkten und deren Beeinflussung durch die vielen Klimaunterschiede in Asien ist es für den einzelnen Geschäftsreisenden immer wichtig, einen großen Koffer bei sich zu haben und bei Rundreisen auf alle Eventualitäten vorbereitet zu sein. Wenn er z.B. vorhat, im Dezember zunächst Jakarta in Indonesien zu besuchen (plus 33 Grad Celsius), um dann über Hongkong nach Seoul in Südkorea zu fliegen (minus 25 Grad Celsius), sollte er nicht vergessen, sowohl Badehose und Sommershirts als auch die notwendige Thermounterwäsche und den Wintermantel einzupacken.

Natürlich kann er alternativ auch reichlich Erkältungsmedizin mitnehmen.

Technologie- oder Entwicklungsstaat

Ein weiterer wichtiger Aspekt für das Asiengeschäft ist zu erfassen, welcher Staat zu den Entwicklungsländern gehört und welcher ein moderner Technologiestaat ist.

Und welche Auswirkungen hat dieser Unterschied für den kommerziellen Absatz der eigenen Produkte?

Man kann sagen, mit der Industrialisierung und Technologisierung eines Staates geht eine bessere Bildung Hand in Hand – und Bildung hat einen wesentlichen Einfluss auf den Absatz von Produkten.

Die jeweilige Schul- und Berufsausbildung der Bevölkerungsschichten Asiens ist relativ unterschiedlich. Wir haben in Asien Industriestaaten wie Japan, Korea, Taiwan, Singapur, um nur einige zu nennen, und Dritte-Welt-Staaten wie Indonesien, Laos, Kambodscha, Bangladesch. Man kann davon ausgehen, dass ca. 70 % der Bevölkerung Asiens, wenn überhaupt, nur eine Grundschulbildung hat.

Damit ist der Markt der manuellen Arbeitskräfte entsprechend groß und Hightech-Produkte sowie Luxuskonsumgüter sind in der breiten Masse nur schwerer absetzbar.

Die billige menschliche Arbeitskraft wird in vielen Dritte-Welt-Ländern Asiens im Vergleich zu der Arbeitskräfte einsparenden Maschine immer noch bevorzugt. Viele Unternehmer sehen die Beschäftigung von vielen Arbeitern als soziale Verpflichtung. Aus diesen und aus anderen Gründen werden diese Menschen nicht so einfach durch Maschinen oder andere Produkte ersetzt. Ein Tageslohn von ein paar Dollar ernährt eine ganze

Familie und viele Arbeiter zu haben, erhöht in einigen Ländern Asiens immer noch das Ansehen eines Unternehmers.
Eine niedrige Lohnstruktur in einem Dritte-Welt-Staat hat einen direkten Einfluss auf die Absetzbarkeit oder, besser gesagt, die Bezahlbarkeit von importierten Produkten.

Trotzdem sollte man nicht der Vorstellung anheimfallen, man könnte z.B. Landleitungen für ein Telefonnetz oder stationäre Telefonsysteme in diesen Ländern verkaufen. Es überrascht mich nicht mehr, wenn ich in Jakarta Tagelöhner mit einem Mobiltelefon sehe. Fast jeder besitzt heute eins.

Allein wenn man nur an die Telefonkommunikation denkt, kann man in Asien von einem technologischen Evolutionssprung reden. Mit dem Einzug des Internets und der Internetcafés, die überall in Asien und vorwiegend in den ärmeren Gegenden wie Pilze aus dem Boden schießen, entstehen neue Formen des Informationstransfers. Der Zugriff auf die moderne Welt dringt bis in die entlegensten Winkel Asiens vor und macht auch vor Wellblechhütten im Urwald nicht halt.

Dabei ist die Akzeptanz und Investitionsbereitschaft in Hightech-Produkte in industrialisierten Ländern wie Japan, Taiwan, Singapur oder Korea um ein Vielfaches höher als in den Entwicklungsstaaten Asiens.

Produkte finden nicht überall die gleiche Akzeptanz und es ist wichtig zu wissen, dass sich ein Produkt mit einem Preis von z.B. 50.000 Dollar nur schwer verkaufen lässt, wenn es fünf Arbeiter einspart, die diese Summe mal gerade in zehn Jahren gemeinsam verdienen.

Politik und die Risiken
Ein weiterer interessanter Aspekt hinsichtlich des Erfolgs oder Misserfolgs der Vermarktung eines Produktes auf Geschäftsreisen sind die unterschiedlichen politischen Staatsformen in Asien.

Ob es sich um eine Demokratie oder eine Diktatur handelt, ob sozialistisch regiert oder ob freie Kapitalmarktwirtschaft herrscht, all das kann ein Geschäft wesentlich erleichtern oder erschweren.

Mit demokratischen Staatsformen wie in Singapur, Japan, Taiwan oder Korea etablieren sich legale politische Strukturen und damit kommt auch mehr Sicherheit in die Abwicklung geschäftlicher Transaktionen.

Staaten wie Myanmar, Laos oder Nordkorea lassen sich da schon schwerer einschätzen und einordnen.

Korruption stellt ein drängendes Problem in vielen Ländern dar, sie durchzieht viele Staaten der Region. Sie reicht vom Polizisten, der das Strafgeld für eine Regelwidrigkeit in die eigene Tasche wirtschaftet, bis zur Einflussnahme bei der Vergabe von Großaufträgen. Dies alles verursacht zusätzliche Kosten und hemmt die wirtschaftliche und soziale Entwicklung auf Kosten der Bevölkerung.

Im internationalen Korruptionsindex von 2012 werden mit Myanmar (Platz 176 von 178), Laos (Platz 154 von 178), Kambodscha (Platz 154 von 178), Nepal (Platz 146 von 178) und Pakistan (Platz 143 von 178) fünf asiatische Länder im vordersten Viertel der Liste eingestuft.

Thailand, China, Indonesien, Vietnam und die Philippinen sind im Mittelfeld unter den korruptesten Ländern Asiens anzutreffen. Die Korruption im öffentlichen Sektor ist hier umfassend, chronisch und tief verwurzelt in der Politik.

Hongkong und Singapur dagegen belegen in der Rangliste der korruptesten Länder den letzten und vorletzten Platz.

Rang	Land/Gebiet	CPI Wert 2012	Zahl der Umfragen	Standardabweichung	90 % Vertrauensintervall untere Grenze	90 % Vertrauensintervall obere Grenze	2010	2011
1	Singapur	9,3	9	0,2	9,2	9,4	9,3	9,4
13	Hongkong	8,4	8	0,5	8,1	8,7	8,9	8,4
17	Japan	7,8	8	0,6	7,5	8,2	7,5	7,7
33	Taiwan	5,8	9	0,7	5,5	6,2	5,2	5,4
36	Bhutan	5,7	4	0,7	5,1	6,2		
38	Brunei Daressalam	5,5	3	0,7	4,7	6,1		
39	Südkorea	5,4	9	0,5	5,1	5,7	5,8	5,6
46	Macao	5,0	3	1,4	3,4	5,8	5,7	5,8
56	Malaysia	4,4	9	0,9	3,9	4,9	3,6	4,6
78	China	3,5	9	0,9	3,0	4,0	5,5	3,5
78	Thailand	3,5	9	0,7	3,2	3,9	2,2	3,3
87	Indien	3,3	10	0,4	3,0	3,5	2,6	3,4
91	Sri Lanka	3,2	7	0,6	2,9	3,6		
110	Indonesien	2,8	9	0,8	2,3	3,2	1,6	1,9
116	Mongolei	2,7	6	0,5	2,4	3,0		
116	Vietnam	2,7	9	0,7	2,4	3,1	3,4	2,7
134	Bangladesch	2,4	7	0,9	1,9	3,0		
134	Philippinen	2,4	9	0,5	2,1	2,7	3,4	2,7
143	Pakistan	2,3	7	0,5	2,1	2,6		
146	Nepal	2,3	6	0,5	1,9	2,5		
154	Kambodscha	2,1	9	0,3	1,9	2,2	2,5	2,3
154	Laos	2,1	4	0,6	1,6	2,6		
154	Papua-Neuguinea	2,1	5	0,5	1,8	2,5		
176	Myanmar	1,4	3	0,5	0,9	1,9		

Quelle: Transparency International

Leider ist Korruption in Asien weit verbreitet und sie wird noch für lange Zeit das Geschäftsgeschehen nachhaltig beeinflussen. Es ist, wie es ist, und es wird nur wenig dagegen getan – „that's Asia, truly Asia" ...

Ein asiatischer Bildungsminister besucht seinen Außenministerkollegen in seiner privaten Villa. „Wie könnt Ihr euch vom Ministersalär ein so großes und schönes Haus leisten?", fragt der Bildungsminister. „Kommen Sie doch mit mir hinter mein Haus. Sehen Sie die Brücke dort drüben? Das war ein Entwicklungsprojekt. Als die Brücke fertiggebaut war, war noch etwas Geld übrig …"

Ein Jahr später findet der Gegenbesuch des Außenministers beim Bildungsminister statt. „Was für eine riesige Villa!", stellt der Minister bewundernd fest. „Kommen Sie doch hinter mein Haus, sehen sie etwas dort drüben?" „Nein, ich kann nichts entdecken." Da antwortet der Kollege: „Die Schule war geplant, aber nachdem ich mein Haus gebaut hatte, war kein Geld mehr übrig."

Bevölkerungszahlen und ethnische Gruppierungen

Die Gesamtbevölkerung Asiens von fast 4 Milliarden Menschen in Marktanalysen als potenzielle Kunden einzukalkulieren, ist ein weiterer, gern gemachter Fehler.

Der größte Teil der Bevölkerung Asiens mit ca. 1,4 Milliarden Menschen ist chinesischer Abstammung, aber diese Zahl bezieht sich nicht nur auf China direkt, sondern auch auf Südostasien, denn fast alle Länder in Südostasien haben einen Anteil von chinesischen Immigranten.

Der Einfluss der Chinesen im südostasiatischen Geschäftsleben ist überall spürbar und erklärt sich durch ihre Emigration aus ihrem Heimatland im 19. und 20. Jahrhundert.
In den einzelnen Länderbeschreibungen zu Südostasien werde ich noch gezielt auf die geschäftlichen Auswirkungen und Einflüsse dieser chinesischen Immigranten zu sprechen kommen.

Wir sehen dann mit den Indern eine weitere Nation, die die Milliarde schon überschritten hat und mit 1,1 Milliarden Menschen die zweitgrößte Bevölkerungsgruppe in Asien darstellt.

Wenn wir Pakistan mit 175 Millionen, Sri Lanka mit 20,5 Millionen, Bhutan mit 2,2 Millionen, Nepal mit 25 Millionen und Bangladesch mit 145 Millionen als Nachbarn einbeziehen, haben wir dort einen Markt, der in Hinsicht auf die kulturelle und industrielle Entwicklung in den einzelnen Ländern ähnliche Strukturen aufweist.

Indonesien mit 240 Millionen, Japan mit 127 Millionen, Vietnam mit 83,5 Millionen, Philippinen mit 86 Millionen und Thailand mit 63 Millionen haben im Vergleich mit diesen Riesen die nächstgrößeren Bevölkerungen.

Malaysia, Singapur, Hongkong und andere Länder in Asien haben wesentlich kleinere Bevölkerungszahlen, können aber unter Umständen viel interessanter fürs Geschäft sein.

Die wesentliche Erkenntnis, die wir aus diesen Informationen ziehen, ist, dass die unterschiedlich großen Bevölkerungszahlen der Länder im Verhältnis zu den Verkaufszahlen in den einzelnen Absatzmärkten kein proportionales Vertriebsvolumen der eigenen Produkte garantieren – wenn man nicht gerade Coca-Cola verkauft.

Die ärmsten Länder bereichern unseren Planeten immer noch mit den meisten Kindern. Ausreichend Nahrungsmittel sowie sauberes Trinkwasser wird dort in der Zukunft zum absoluten Problem werden.

Bangladesch wächst mit fast 20 Millionen Menschen jährlich und dabei ist das Land heute schon nicht mehr in der Lage, seine Bevölkerung zu ernähren. Ich würde daher nicht unbedingt für „Brot für die Welt" plädieren, der Zug ist schon lange abgefahren, sondern eher für „Freie Kondome für die Welt". So las ich letztes Jahr in der Zeitung, dass wir nach dem letzten Wissensstand am 31. Oktober 2011 die Sieben-Milliarden-Marke in Bezug auf Menschen auf diesem Planeten überschritten haben.

Zusätzlich ist die Bevölkerung in Asien durchschnittlich sehr jung. Im Verhältnis zur gesamten Bevölkerung betrug der Anteil der bis 29-Jährigen im Jahre 2010 laut der „UN Economic and Social Commission for Asia and the Pacific":

- China: 43,8 %
- Hongkong: 31,5 %
- Japan: 29,2 %
- Kambodscha: 64,7 %
- Indonesien: 54,0 %
- Laos: 66,0 %
- Malaysia: 56,6 %
- Philippinen: 63,7 %
- Singapur: 38,3 %
- Thailand: 43,4 %
- Vietnam: 53,1 %
- Indien: 58,3 %

Zurzeit nehmen der Lebensstandard und die Kaufkraft für hunderte von Millionen junger Menschen in Asien zu. Es ist die Region mit den meisten jungen Menschen in der Welt. Nach UN-Zahlen leben 62 % der 15- bis 24-Jährigen in Asien, das sind zwei von drei Menschen in dieser Altersgruppe weltweit. In totalen Zahlen heißt das etwa: 745 Millionen junge Menschen leben allein in Asien.

Die Löhne werden nach Studien der International Labour Organization (ILO) bis zu 8 % steigen und das entspricht etwa 6 % Wachstum in den stärker entwickelten Ländern.

Die Arbeitslosenquoten für diese junge Gruppe bleiben in den meisten Ländern der Region unter 15 %. Vergleicht man das mit den 30 % Jugendarbeitslosigkeit in Spanien und Italien, ist es offensichtlich, dass junge Menschen in Asien bessere Aussichten auf eine Beschäftigung haben.

Aber der Erfolg der jungen Asiaten bringt auch Probleme mit sich. Die Erwartungshaltungen wachsen und erzeugen zusätzlichen Druck, der den älteren Generationen noch unbekannt war. Hohe Kosten für Wohnraum machen es vielen jungen Leuten unmöglich, eigene Häuser oder Wohnungen zu besitzen.

Indien ist ein weiteres Beispiel mit zu vielen jungen Menschen, aber mit einer anderen Problematik. Bei fast 700 Millionen unter 30-jährigen Bewohnern öffnet sich die Schere zwischen Reich und Arm hier immer weiter. Die erhebliche Zunahme der Abtreibungen, speziell weiblicher Föten, hat sogar dazu geführt, dass der indische Premierminister Manmohan Singh dies als „nationale Schande" bezeichnet hat und einen Kreuzzug einläutete, um die „baby girls" zu retten.

Religionen

Ein anderer Aspekt, der den Vertrieb der Produkte in den unterschiedlichen Absatzmärkten der Länder Asiens beeinflusst, sind die verschiedenen Religionen und Rassen.

Religionen wie Hinduismus, Buddhismus, Taoismus oder Islam haben direkten Einfluss auf die Produktakzeptanz und auf das Verhalten der Kunden in Asiens Geschäftsleben.

Die vier Länder mit der größten muslimischen Einwohnerzahl liegen in Asien: Indonesien (215 Millionen), Pakistan (175 Millionen), Indien (162 Millionen) und Bangladesch (148 Millionen).

Zum Vergleich: Die größte Anzahl von Muslimen im Mittleren Osten lebt in Ägypten und im Iran mit jeweils ca. 80 Millionen. China hat mit fast 40 Millionen mehr Muslime als Saudi-Arabien, Libyen, die Vereinigten Arabischen Emirate und Bahrain zusammen.

Eine Bevölkerung mit muslimischem Anteil finden wir auch in fast allen weiteren Ländern Südostasiens wie Malaysia (65 %), den Philippinen (4 %), Thailand (5 %), Singapur und Brunei.

22

Ramadan, der islamische Fastenmonat, hat eine große Bedeutung für die Muslime. Fasten bedeutet, während des Tages weder zu essen noch zu trinken oder zu rauchen, was natürlich nachhaltigen Einfluss auf die Produktivität und Geschäftsintensität der Firmen hat.

Ramadan endet mit einer Feier, die in Malaysia Hari Raya und in Indonesien Idal Fitri heißt. Fast alle Muslime nehmen während dieser Zeit Urlaub und besuchen Familie und Freunde.

Diese Zeit ist weniger gut für Geschäftsbesuche und man nutzt sie besser, indem man Besuche in anderen, nicht muslimischen Ländern plant.

Für die Hindus ist Deepavali, auch Diwali genannt, der wichtigste Feiertag. Er findet zu Neumond des siebten Monats im Kalender der Hindus statt. Das ist meistens im Oktober oder November und genau wie im Islam wird diese Zeit für Urlaub und Familienbesuche genutzt. Deepavali ist für die Hindus eine besonders günstige Zeit für Geldangelegenheiten und Geschäfte. Man kann also davon ausgehen, dass es von Vorteil ist, seinen indischen Geschäftspartner in diesem Zeitraum zu treffen.

Für die Buddhisten ist der Vesak Day das heiligste Fest.

Chinese New Year ist für die chinesische Bevölkerung in Asien die Zeit zum feiern, man nimmt um diesen Tag herum Urlaub und besucht die Familie. Für etwa zwei Wochen braucht man sich bei seinen chinesischen Geschäftspartnern nicht geschäftlich zu melden, aber privat und als Freund ist man während dieser Zeit gerne gesehen. In China selbst gibt es extreme logistische Transportengpässe in diesen Tagen, Millionen und Abermillionen von Chinesen wollen ihre Familien besuchen und es herrscht Chaos im Land. Man sollte also tunlichst vermeiden, in China kurz vor, während oder nach Chinese New Year zu reisen.

Sprachen

In Asien spricht man weit über 2000 verschiedene Sprachen und weitere hunderte von Dialekten. An offiziellen Amtssprachen gibt es etwa 30 in Asien.

In China ist z.B. Mandarin, im Chinesischen Putonghua genannt, die offizielle Landessprache, sie wird von ca. zwei Dritteln der Bevölkerung gesprochen. Daneben spricht man in den 29 Provinzen Chinas Kantonesisch, Hokkien, Hakka, Teochew oder die Dialekte aus Fuzhou, Hainan, Shanghai oder Henghua.

In Malaysia ist Bahasa Melayu und in Indonesien Bahasa Indonesia die Landessprache. Beide Sprachen haben ihren Ursprung im Sanskrit und sind fast identisch.

Die Landessprache von Indien ist Hindi, die von Bangladesch ist Bengali, von Sri Lanka Tamil, von Pakistan Udur, von Thailand Thailändisch, von den Philippinen Tagalog, von Japan Japanisch und die von Korea ist Koreanisch, um nur die wichtigsten zu nennen.

Englisch ist als Geschäftssprache in Asien allgemein akzeptiert und meiner Erfahrung nach kommt man dort damit fast überall durch.

In Indochina, Vietnam, Laos, Kambodscha und Myanmar kommt man hier und da, durch die Kolonialzeit bedingt, auch noch mit Französisch weiter.

Zu Beginn meiner Asienkarriere war ich versucht, Chinesisch zu lernen. In Fuzhou, China, versuchte ich dann einmal in 1988, meine paar Brocken Chinesisch anzuwenden, und fragte eine uralte Dame in einem Geschäft in meinem besten Chinesisch nach dem Preis einer Vase: „**Duōshǎo qián zhè dōngxi chéngběn?**" – Und bekam keine Antwort. Es war mir sofort klar: falsche Aussprache, und ich versuchte es mit einer anderen Betonung. Wieder keine Antwort, also noch mal in einer anderen Tonlage, doch auch diesmal war die Antwort nur ein starres Schweigen.
Okay, dachte ich mir, was solls, so komme ich nicht weiter, und fragte dann in Englisch: „How much does this vase cost?", worauf die Antwort prompt und ohne Umschweife kam: „30 Dollars, Sir."

Die Moral der Geschichte für mich war: Warum soll ich mich weiter plagen, Chinesisch zu lernen, wenn man überall auf der Welt mit Englisch sehr gut weiterkommt. Ich beendete somit meine ohnehin hoffnungslosen chinesischen Lehrstunden und nutzte die Zeit, mein Englisch zu verbessern.

Es ist unmöglich, alle Sprachen Asiens zu lernen, aber trotzdem sollte man von jeder Sprache die gängigen Wörter kennen und sie auch ruhig das eine oder andere Mal anwenden.
Kunden sind immer glücklich, wenn ein Besucher sich Mühe gibt, die Landessprache zumindest etwas zu sprechen.
Falls man sich aber längerfristig in einem asiatischen Land niederlässt, ist es durchaus ratsam und mit Sicherheit sehr hilfreich fürs tägliche Leben, die Landessprache zu beherrschen.

Kulturen und ihre Begrüßungsformen
Was gerade über die vielen Sprachen Asiens gesagt wurde, hat auch Gültigkeit für die unterschiedlichen Höflichkeitsformeln der einzelnen Kulturen: Man sollte sie zumindest kennen und hier und da auch anzuwenden wissen.

Begrüßungen sind besonders wichtig und es gehört z.B. in Japan zur Etikette, sich bei der Begrüßung zu verbeugen. Dabei gilt: Je höher die Position und die Seniorität des Gegenübers, um so tiefer sollte die Verbeugung ausfallen.

Um in Thailand jemanden richtig zu begrüßen, muss man sein Gegenüber richtig einschätzen können. Sozialer Status, Rang etc. sind von entscheidender Wichtigkeit, um den sogenannten Wai, die thailändische Begrüßung, in der richtigen Höhe anzusetzen. Beim Wai faltet man die Hände vor der Brust zusammen. Als Ausländer benutzt man am besten den geschäftsmäßigen Wai oder den Wai für eine gleichgestellte Person.

Männer und Frauen geben sich in Malaysia und Indonesien und anderen islamischen Ländern bei der Begrüßung nicht die Hand. Ein Mann grüßt einen anderen Mann normalerweise mit ausgestreckten beiden Händen und berührt die ihm hingestreckten Hände leicht. Dann bringt er seine rechte Hand an die Brust, um symbolisch zu demonstrieren: Ich grüße dich von Herzen!

Die in Indien übliche Begrüßung ist der „Namaste"-Gruß. Das Wort bedeutet übersetzt so viel wie „Ich verbeuge mich vor dir". Dabei werden die Handflächen aneinandergelegt und auf Brusthöhe gehoben, der Kopf wird leicht gesenkt. Je nach sozialem Stand des Gegenübers werden die Hände auch höher gehoben.

Im Allgemeinen ist es mittlerweile in Asien und wie überall in der modernen Geschäftswelt nicht unüblich, den Geschäftspartner mit einem gewöhnlichen Handschlag zu begrüßen, aber es wird auch immer gerne gesehen, wenn der Besucher die Landessitten kennt und sich anpasst.

Das Reisen und die Zeit
Asien von Europa oder den USA aus geschäftlich zu bereisen, ist oft einfacher gesagt als getan.

Zu Beginn hat man gleich mal zehn bis 15 Stunden Anreisezeit, bevor man im ersten Zielland ankommt.

Gott sei Dank, dass es in Flugzeugen eine Businessklasse gibt. Mein Appell an alle CEO oder CFO, die geschäftlich 13 bis 15 Stunden nach Asien fliegen und geflogen sind: Bitte ändert nicht aus Kostengründen und Einsparplänen die Reisebestimmungen in eurer Firma und lasst eure Asienmanager nur Economyklasse fliegen. Die Extrakosten für das Ticket holt ein ausgeruhter und frischer Manager im ersten Meeting beim Kunden mit einem Geschäftsabschluss locker wieder heraus.

Es gibt die verbreitete Vorstellung, in der Regel zwei bis drei Wochen Rundreisen einzuplanen, um eine Geschäftsreise nach Asien kosteneffizient zu gestalten.

Das sieht dann etwa wie folgt aus:
Ankunftsland und erstes Ziel ist Bangkok, Thailand, drei bis vier Tage dort
bleiben, dann der Weiterflug nach Singapur für drei Tage, danach für zwei bis
drei Tage Hongkong, eventuell, wenn es sich irgendwie einrichten lässt, noch
Taiwan einen Tag lang auf dem Weg mitnehmen, nächste Station Tokio, Japan,
ca. drei Tage, und zum Abschluss dann noch drei bis vier Tage Seoul, Korea.

So eine Geschäftsreise hört sich eigentlich sehr einfach an, ist aber nur mit
sehr zeitaufwändiger Vorbereitung und detaillierter Planung durchführ-
bar. Mal ganz abgesehen von der Logistik der Flug- und Hotelbuchungen,
beansprucht eine solche Reise wochenlange Terminabstimmung mit den
Kunden. Diese schaffen es natürlich immer wieder im letzten Moment, die
gesetzten Termine über den Haufen zu werfen. Umbuchungen, Absagen
von geplanten Kundenbesuchen und reichlich Überstunden im Büro sind
der Regelfall bei einer solchen Planung.

Ich sage nur, es ist besser, mehrere kürzere Reisen nach Asien einzuplanen
und maximal ein bis zwei Länder zu besuchen. Das ist wesentlich effizienter, benötigt weniger Vorbereitung, ist zielgerichteter und erfolgreicher
als der große Asienrundumschlag.

In Asien, wie überall, ist es essenziell, Zeit zu sparen, und um seine Flug-
reisen effizient zu planen, muss man die spezifischen Reisekriterien Asiens
und die der einzelnen Länder dort genau kennen. Z.B. sind die internationalen Flugverbindungen innerhalb Asiens sehr gut, aber die Distanzen
werden oft total unterschätzt.

Von Singapur nach Tokio fliegt man gut und gerne sechs bis sieben Stunden
und nach Beijing in China ebenfalls bis zu sieben Stunden.
Delhi ist von Singapur ca. fünf Stunden Flug entfernt, von Taipeh, Taiwan,
nach Chennai sind es viereinhalb Stunden, von Hongkong nach Jakarta, Indonesien, etwa zweieinhalb und von Bangkok nach Kuala Lumpur, Malaysia,
etwa eineinhalb Stunden Flugzeit.

Wir reden hier aber nur über die reinen Flugzeiten und das beinhaltet nicht die vielen Stunden, die man vor dem Einchecken am Flughafen zu sein hat, sowie die langen, nervigen und zeitraubenden Warteschlangen vor den Pass- und Zollkontrollen im Abflug- sowie auch im Ankunftsland. Es ist sehr wichtig, die ungefähren Wartezeiten an den unterschiedlichsten Flughäfen in Asien für Pass-, Visum- und Einreisekontrollen in seine Kundenterminplanung miteinzurechnen, oder man lernt schnell, dass man zum ersten Termin zu spät erscheint, Probleme bekommt, den nächsten Termin zu halten, und den dritten schon nicht mehr wahrnehmen kann usw. Diese zusätzlichen Reisezeiten sollte man auf keinen Fall unterschätzen, denn sie machen durchaus 20 % der gesamten Reisezeit aus.

Am Flughafen Sukarno-Hatta von Jakarta, Indonesien, dauert es manchmal vom Zeitpunkt der Landung an allein mehr als zwei Stunden, bis man es bis zum Ausgang geschafft hat.

In Bangkok kann man gut und gerne eine Stunde und mehr einplanen, um überhaupt die Passkontrolle zu erreichen, und das auch nur, wenn nicht gerade drei Flugzeuge gleichzeitig landen, deren Passagiere sich vor der Passkontrolle stauen.

Von der Wartezeit an der Gepäckausgabe sehen wir mal ganz ab, die kann ohne Weiteres je nach Flughafen und Land zusätzlich bis zu einer weiteren Stunde in Anspruch nehmen.
Dann gibt es Ausnahmen wie Singapur, da dauert das Ganze nur ca. 25 Minuten und man sitzt im Taxi zum Hotel.

In den meisten Ländern in Asien benötigt man eine Einreiseerlaubnis oder ein Visum und das bekommt man oft problemlos bei der Ankunft am Zielflughafen ausgestellt, wie z.B. in Singapur, Hongkong, Korea, Japan.

In Ländern wie Indien, Vietnam, China, Pakistan und weiteren sollte oder muss man sich das Visum vor der Abreise im Heimatland besorgen.

Dann gibt es Länder wie Indonesien und Kambodscha. Dort kann man ein Visum bei der Einreise bekommen, aber natürlich nur gegen Bezahlung und bei mindestens 30 bis 60 Minuten zusätzlicher Wartezeit.

Internationale Flüge sind in Asien relativ gut zeitlich kalkulierbar, aber wenn es dann in Ländern wie Indonesien, Philippinen oder China zu Inlandsflügen kommt, wird es manchmal richtig spannend.
Verspätungen oder Streichungen von Flügen sind keine Seltenheit und bei allzu genauer Planung ohne Sicherheitszeitreserve kann es leicht passieren, dass man den nächsten Termin oder den nächsten Anschlussflug verpasst.

Nach der Landung am Zielflughafen, erfolgreicher Pass- und Zollkontrolle und endlich im Ankunftsbereich der Flughalle angekommen, sind Taxi, Bus oder Hotelabholung die nächsten Hürden, die es zu meistern gilt.
In Asien wie in den meisten Flughäfen der Welt herrscht ein geordnetes Chaos, nur dass es mir immer so schien, als ob es in Asien doppelt oder auch dreifach so viele Menschen in die Flughäfen treibt.

Das richtige Transportmittel für die Fahrt vom Flughafen zum Hotel zu wählen, kann ohne gute Kenntnisse schnell teuer und sehr zeitraubend werden. In Japan und Korea und anderen Ländern sollte man die Flughafenbusse benutzen, die auf festen Routen die internationalen Hotels schnell, billig, bequem und sicher einzeln anfahren. Diese Flughafenbusse benutzen eine eigene Fahrspur und halten ihren Zeitplan fast immer auf die Minute genau ein. Im Gegensatz zu den Bussen sitzen die Taxis und Privatwagen meistens in kilometerlangen Staus fest und kosten außerdem noch ein Vielfaches mehr.

Der Zeitunterschied einer Fahrt zum Hotel zwischen einem Bus und einem Taxi kann leicht, und besonders im morgendlichen oder abendlichen Berufsverkehr, ein bis zwei Stunden betragen.

Dies hat natürlich keinerlei Gültigkeit für andere Länder wie Vietnam, Thailand, Indonesien, Indien und Philippinen. Dort herrscht immer Verkehrsstau, während des ganzen Tages und meistens auch noch bis in die Nacht hinein.

Man sollte also, je nach Land und Ankunftszeit, noch mal zwei Stunden einplanen, bis man endlich in seinem Hotel an der Rezeption steht.

Außerhalb der Hotels wird einem schnell klar, dass es wesentlich einfacher ist, in Asien industrielle Länder geschäftlich zu bereisen und dort Firmen zu besuchen, als asiatische Entwicklungsländer.

In Tokio, Taipeh, Singapur, Seoul und Hongkong kann man jederzeit mit einem Taxi oder sogar als Selbstfahrer mit einem Mietwagen mit GPS und Streetfinder zu einer Geschäftsadresse fahren, in anderen Ländern Asiens ist so etwas unmöglich.

Einen lokalen Taxifahrer anzuheuern und die Tour zum Kunden zu wagen, kann schnell zum Abenteuer werden und ist immer gut für die eine oder andere unvorhergesehene Überraschung.
Da jeder Taxifahrer natürlich behauptet, die angegebene Adresse zu kennen, lehnt man sich erst einmal entspannt zurück. Wenn aber die Zeit verrinnt und der Taxifahrer zum dritten Mal anhält und jemanden nach dem Weg fragt, kommt eine gewisse Nervosität auf und man beginnt, öfter auf die Uhr zu schauen. Wenn man dann feststellt, dass man die gleiche Kreuzung schon ein paar Mal aus verschiedenen Richtungen überquert hat, kommt ein zusätzlicher leichter Schweißausbruch dazu, obwohl die Klimaanlage mit Hochtouren eiskalte Luft ausstößt.
Wie ein Wunder aber findet der Fahrer am Ende doch die Firma und man ist nur etwa 30 Minuten zu spät dran.
Oft stellt man dann zu seiner eigenen Erleichterung fest, dass der zu besuchende Firmenchef selber noch nicht in der Firma angekommen ist oder noch in einem anderen Meeting aufgehalten wird.

In Jakarta, Mumbai, Bangkok oder Manila, wo manche Adresse für einen Ausländer kaum auffindbar ist, ist es eher ratsam, nur zusammen mit einem lokalen Agenten, der die Stadt und die Firma kennt, den Kunden aufzusuchen.

Wer viel geschäftlich reist, weiß, dass es sehr nützlich sein kann, wenn man im Auto während der ein bis zwei Stunden, die man garantiert irgendwo im Stau steht, arbeitet.
Und, sorry, diese ein bis zwei Stunden Stau, das ist nur die Zeit für den Hinweg.

„Time is Money" bekommt in Asien, wie man schnell lernt, eine eigene Bedeutung. Hier kann ohne Probleme die Reisezeit für 7000 km genauso wie für 70 km sechs Stunden betragen.

Der Asien-Manager
Was ist wichtiger für das Asiengeschäft als der Mensch und somit die richtige Auswahl des Asien-Managers für die Region? Der Asien-Manager ist das Aushängeschild einer jeden Firma.

Wie ein Asien-Manager sich verhält und vermarktet, hat unwiderruflich einen positiven oder negativen Einfluss auf das Geschäft der Firma.

Die wichtigste Voraussetzungen, die ein Asien-Manager mitbringen muss, ist, dass er Asien versteht, lebt und, sehr nützlich fürs Geschäft, auch ein klein wenig liebt.
In anderen Worten, wenn Unwissenheit oder auch nur eine kleine Abneigung gegenüber der multikulturellen Gesellschaft oder ihren Bräuchen in Asien bestehen, wird es oft schwer, hier überhaupt Geschäfte erfolgreich durchzuführen.

Gutes Allgemeinwissen und speziell über die verschiedenen Religionen und Kulturen Asiens sind eine wichtige Voraussetzung. Eine sensible Offenheit gegenüber allen Gebräuchen und Riten ermöglicht die Anerkennung der Geschäftspartner.

Der Asien-Manager muss eine Reisebereitschaft für mindestens 50 % seiner Zeit dort und manchmal auch mehr mitbringen.

Ein Asien-Manager muss Kreativität und Entscheidungsfreudigkeit in Bezug auf seine Kunden haben und sich auf jede neue Situation schnell und unkompliziert einstellen können.

Er muss in vielen Situationen improvisieren können und dabei trotzdem immer Glaubwürdigkeit im Umgang mit Kunden ausstrahlen.

Bei Kundenbesuchen wird ein Asien-Manager immer wieder Aussagen und Versprechen machen müssen, aber was noch viel wichtiger ist, er muss diese Aussagen und Versprechen auch immer halten können.
Wer seine Aussagen oder Versprechen in Asien nicht hält, ist schnell unglaubwürdig und wird mit dem Kunden in Zukunft kaum weitere Geschäfte abschließen.

Der Manager sollte in der Lage sein, in Asien frei und unabhängig reisen zu können. Damit will ich sagen, er muss die Fähigkeit und die Kenntnisse besitzen, seine direkten Reisezeiten zu minimieren und die dadurch gewonnene Zeit für Geschäftsmeetings zu maximieren.

Es kling banal, aber es ist sehr wichtig, dass ein Asien-Manager die Feiertage in den einzelnen Länder kennt. In 24 Ländern fallen jährlich reichlich Feiertage an und falls er die nicht in seine Reiseplanungen miteinbezieht, hat er eventuell schnell ein oder zwei Tage Leerlauf in einem Land: Er verliert viel kostbare Zeit und kreiert unnötige Kosten fürs Unternehmen.

Wie schon vorher erwähnt, sollte sich ein Asien-Manager intensiv mit den unterschiedlichen Kulturen beschäftigen und die individuellen Sitten und Gebräuche kennen. Er sollte nicht versuchen, eventuell während Chinese New Year nach China zu reisen, um einen chinesischen Kunden zum Abschluss eines Auftrags zu bewegen oder während Ramadan einen muslimischen indonesischen Geschäftspartner zum Lunch einzuladen. Denn er sollte wissen, dass die Chinesen während des Chinese New Year keine Geschäfte machen und dass der Muslim während Ramadan fastet.

Die Expatriates – so werden die professionell tätigen, in Asien lebenden, meist westlichen Manager ausländischer Firmen genannt – sind eine Gemeinschaft von Gleichgesinnten.
Man hilft sich immer gegenseitig, falls man sich nicht gerade miteinander im Konkurrenzkampf befindet, und, noch viel wichtiger, es erfolgt ein stetiger Austausch über Asien und die spezifischen Erlebnisse während der Geschäftsreisen. Alle Informationen im Geschäftsbereich über Asien, egal von welcher Art, sind eine Handelsware von unschätzbarem Wert.

Ein Asien-Manager muss es verstehen, sich im engeren und äußeren Geschäftsbereich ein Umfeld mit einem kontinuierlich gewährleisteten Informationsfluss zu schaffen, der stetig aufgefrischt wird. Mit guten Geschäftskontakten und Geschäftsfreunden hat der Asien-Manager eine gute Ausgangsbasis für zukünftige profitable Geschäftsabschlüsse.

Es ist äußerst wichtig für ihn, sich gesellschaftlich nicht zu isolieren und auf internationaler Ebene geschäftliche sowie private Kontakte zu knüpfen und zu pflegen.

Es reicht absolut nicht aus, sich als Deutscher z.B. nur im Deutschen Klub, oder als Amerikaner nur im American Club aufzuhalten. Im Gegenteil, dies kann durch zu viel nationale Einseitigkeit und zu viele eigene Sichtweisen auf Asien die breiten Erfahrungen und Eindrücke anderer Nationalitäten sogar begrenzen oder verfälschen.

Als in Asien geschäftlich tätiger Ausländer sollte man sich so schnell wie möglich den lokalen Gegebenheiten anpassen, sich mit hier ansässigen Geschäftspartnern und vielen anderen nationalen Expatriates austauschen und miteinander kooperieren.

In Asien nennt man dies auch *Guanxi*. Es kommt aus dem Chinesischen und im Deutschen gibt es kein Wort, das es eins zu eins übersetzt. Es bedeutet aber so viel wie: „Ich helfe dir und du hilfst mir".

Guanxi, obwohl aus dem Chinesischen kommend, hat eine feste Bedeutung über fast alle Ländergrenzen und verschiedene kulturelle Bereiche hinweg und ebenso in mehr oder weniger allen Geschäftsverbindungen.

Guanxi ist gleichbedeutend mit Network, einem Netzwerk von Leuten und Institutionen, die sich auf irgendeine Art und Weise miteinander verbunden fühlen und sich gegenseitig freiwillig Gefälligkeiten leisten.

Guanxi, so behauptet man, zählt oft mehr als der unmittelbare Profit eines Geschäftsabschlusses, und es gilt als nichts ungewöhnlich, dass man nicht deshalb einen Auftrag verliert, weil man ein schlechteres Produkt hatte oder teurer war, nein, sondern weil der Konkurrent ein besseres *Guanxi* mit dem Kunden hatte.

Der nächste Begriff, den ein Asien-Manager kennen und verstehen muss, ist *Face* (Gesicht oder Ehre). Wenn man geschäftlich in Asien tätig ist, lernt man sehr schnell alles über *Face*.

Face ist in Asien ein Zeichen von persönlicher Würde und Respekt.

Es ist einer der wichtigsten, wenn nicht sogar *der* wichtigste Aspekt, um in Asien erfolgreich Geschäfte zu machen.
Wer seine Regeln nicht kennt und sich nicht an ihnen orientiert, wird es sehr schwer haben und nicht lange in Asien tätig bzw. erfolgreich sein.

Face kann man geben, auch verlieren, aber man kann es auch jemandem verlieren lassen.

Man gibt jemanden *Face*, indem man ihn lobt, ehrwürdig behandelt und z.B. bei einem von ihm gemachten Fehler einen seine Ehre rettenden Ausweg findet. Angestellte und Geschaftspartner vor anderen zu loben bedeutet, jemandem *Face* zu geben. Man kann aber auch schnell *Face* verlieren, wenn man sich unwürdig benimmt oder jemandem, wenn auch ungewollt, zum *Face*-Verlust bringt, indem man ihn z.B. vor anderen kritisiert. Man verliert *Face*, indem man sich z.B. danebenbenimmt oder seine Versprechen nicht hält. Der eigene Verlust von *Face* ist sehr schlecht für den Manager und bedeutet manchmal unwiderruflich das Aus für weitere Geschäfte

Face zieht sich durch Asien wie eine rote Schnur und ist in fast allen Ländern auf die eine oder andere Art und Weise allgegenwärtig

Zur Kleiderordnung in Asien ist zu sagen, der Asien-Manager trägt Anzug und Krawatte, kann aber auch in Südostasien, in wärmeren Ländern wie Thailand, Singapur, Malaysia, Philippinen usw., manchmal ohne sein Jackett auftreten.

Seine Businesskarten sollten, dem Gastland angepasst, wenn möglich zweisprachig bedruckt und immer in einem tadellosen Zustand sein.
Er muss wissen, dass er seine Geschäftskarten in allen Ländern Asiens fast immer mit beiden Händen präsentiert und im Gegenzug auch die Geschäftskarte des Partners immer mit beiden Händen entgegennimmt. Es wird in Asien als äußerst unhöflich empfunden, eine Geschäftskarte nur mit einer Hand zu übergeben oder entgegenzunehmen.

Wer seinen Asien-Manager fürs Asiengeschäft mit den richtigen Titeln ausstattet, wie „Direktor", „Vice President" oder „President", „Vice Chairman" oder „Chairman", macht es ihm leichter, erfolgreich zu sein. Je höher der

Titel, um so mehr *Face* für den Kunden bei einem Besuch. Es ist ein Unterschied, auf den die Asiaten achten: wer sie besucht, ein kleiner Angestellter oder ein hochrangiges Mitglied des Managements einer Firma. Rang und Titel auf Geschäftskarten sind daher sehr wichtig in Asien und geben sehr schnell Rückschlüsse darauf, ob der Besucher ein Entscheidungsträger ist oder nicht, natürlich gilt dies vice versa.

Dinner & Entertainment in Asien

Man kann ohne Weiteres sagen, dass in Asien die Gesetzmäßigkeiten des Kundenentertainments neue Maßstäbe setzen und dass sie wiederum den verschiedenen Kulturen und Rassen angepasst sind.

Die Küche Asiens ist köstlich, aber wie die Länder ist sie sehr vielfältig. Die jeweilige Esskultur ist geprägt von den verschiedenen geografischen Lagen sowie von kulturellen und religiösen Einflüssen.
Lunch und Dinner beinhalten oft sehr exotische Spezialitäten der jeweiligen regionalen Küche und können für einen sensiblen Magen schnell zum kulinarischen Abenteuer werden.

Von frittierten Skorpionen in Beijing, gerösteten Heuschrecken in Thailand, Schlange in Taiwan, Hundefleisch in Korea, Fugu (giftiger Kugelfisch) in Japan bis hin zum Kopi Luwak (von Affen wieder ausgeschiedene Kaffeebohnen) in Indonesien gibt es nichts, was es nicht gibt in Asien.

Man muss nicht alles mögen, aber es ist gut, immer alles zu probieren.

Die Asiaten machen sich für Neuankömmlinge oft gerne den Spaß, beim Geschäftsessen extra spezielle Köstlichkeiten zu bestellen, manchmal auch, um den Geschäftspartner auf seine Reaktionen zu testen.
Anders als in westlichen Ländern, wo jeder sein individuelles Mahl vor sich hat, werden in Asien fast immer für Lunch und Dinner verschiedene Speisen für alle gemeinsam am Tisch bestellt.
Die Gerichte, die man nicht mag, sollte man einfach kurz probieren, nicht

weiter essen und einfach stehen lassen. Es trägt einem keiner nach und irgend jemand wird die Speise schon essen.

Es ist in China, Japan und Korea üblich, mit Chopsticks (Stäbchen) zu essen, doch auch Gabel und Löffel sind auf Anfrage erhältlich. Man sollte die Speisen immer mit dem Servierlöffel oder den Servierchopsticks auftragen und nicht mit den eigenen Esschopsticks, denn dies gilt als Unsitte. Falls es aber nicht vermeidbar ist, nimmt man die oberen Enden der eigenen Chopsticks und reicht so die Speisen.

In islamischen Kulturen wie Pakistan, Malaysia und Indonesien wird mit den Fingern gegessen, aber nur mit der rechten Hand, die linke gilt als unsauber. Ein nettes Kompliment für einen Gastgeber ist, wenn man viel isst. Ein Geschäftsbankett mit acht bis zwölf Gängen ist in Asien nicht selten. Es ist daher ratsam, sich bei den ersten Gängen etwas zurückzuhalten, denn der Gastgeber freut sich, wenn man während der letzten Gänge immer noch Appetit zeigt. Man sollte aber, wenn man fertig gegessen hat, immer etwas von den Speisen auf dem Teller lassen, denn ein leerer Teller bedeutet, dass man noch mehr will bzw. dass es nicht genug war.

Nach einem Bankett werden in der Regel keine weiteren Gespräche geführt. Der Gastgeber beendet es und es gilt als höflich, ihm nochmals zu danken, bevor man das Restaurant verlässt.

Wenn es um die Bezahlung geht, ist die Regel, dass immer nur einer bezahlt, und die Gastfreundschaft gebietet es, dass dies meistens der lokale oder der einladende Geschäftspartner ist.

Karaoke-Bars gibt es in Asien wie Sand am Meer und die Asiaten lieben es zu singen. Dass Kunden nach dem Dinner noch zum Karaoke eingeladen werden, ist gang und gäbe im asiatischen Geschäftsalltag und absolut nichts Außergewöhnliches. Gemeinsames Singen verbindet, sagen die Asiaten, und es bleibt einem nirgendwo erspart, die zum eine millionsten Mal verunglimpfte Version von Frank Sinatras Lied „My Way" erdulden zu müssen. Es macht aber auch sehr viel Spaß und es sieht einem keiner nach, wenn man wie eine verrostete Trompete klingt und ein Lied in Disharmonie taktlos erwürgt.

Es kann aber auch lebensgefährlich sein, die sogenannten „My-Way-Morde" auf den Philippinen bestätigen diese Ausnahmefälle. Es ist Fakt, dass dort schon einige Leute in verschiedenen Etablissements nach ihrer verunglückten Interpretation des Sinatra-Songs umgebracht wurden. Diese bizarren Morde kamen 2007 ans Licht, nachdem ein 29-jähriger Mann von einem Security Guard (Wachmann) erschossen wurde, als er seine Version des berühmten Liedes zum Besten gab. Die My-Way-Morde waren der Anlass, dass viele Bars den Song von ihrer Liste nahmen.

Es ist daher also ratsam, sich über seine eigene Stimmgewandtheit im Klaren zu sein und nur die Lieder, die man wirklich kennt und singen kann, anzustimmen. Auf keinen Fall sollte man den taktvoll-höflichen Applaus der eigenen Sangeskameraden als Bestätigung sehen und sich als der neue Tom Jones angespornt fühlen, das Mikrofon für die nächsten fünf Songs nicht mehr aus der Hand zu geben.

Die asiatische Karaoke-Kultur hat aus westlicher Sichtweise immer etwas Anrüchiges und wird oft in Verbindung mit Girlie-Bars und Sex gebracht. In Asien ist Karaoke jedoch eine, nicht allein von Männern, sehr intensiv praktizierte und gesellschaftliche akzeptierte Form der Kundenunterhaltung. Es beinhaltet nicht automatisch, wie oft missverstanden, Sex mit den Karaoke-Hostessen. Natürlich bestätigen Ausnahmen die Regel und es kann durchaus vorkommen, dass man einschlägige Angebote bekommt.

Mit den Health Spas und Massage-Salons ist das schon etwas anders, dort wird wesentlich freizügiger Sex angeboten und man sollte wissen, was einen erwartet, wenn einen ein Kunde zur Massage einlädt.

Eine Einladung zur einer traditionellen Thaimassage kann man aber jederzeit ohne Bedenken annehmen – und ich kann beschwören, dass einem nicht nach Sex zumute sein wird. Mir sind immer noch die Schmerzensschreie der Topmanager meiner Firma im Ohr, die sich etwas anderes unter meiner Einladung zu einer Thaimassage vorgestellt hatten.

Eine Fußmassage von einer/m blinden Masseur/in ist ein Erlebnis, das man nicht vergisst, und wenn man es noch nicht erlebt hat, ist es gut, den

Kunden danach zu fragen. In Asien sind fast alle Experten, was Massage anbelangt, und jeder kennt den Ort, wo es die beste Massage gibt.

Gastgeschenke in Asien

Es ist absolut üblich, in Asien dem Geschäftspartner ein kleines Geschenk mitzubringen, denn wie bei uns gilt auch in Asien: „Kleine Geschenke erhalten die Freundschaft".

Die verschiedenen Anlässe und Gelegenheiten für Gastgeschenke sowie die richtige Auswahl sind nicht immer einfach und man ist gut beraten, manchmal einen lokalen Mitarbeiter zu Rate zu ziehen.

Es gibt auch hierbei von Land zu Land unterschiedliche Regeln, über die man Bescheid wissen sollte, um nicht ins sogenannte Fettnäpfchen zu treten.

So haben Farben in vielen Ländern unterschiedliche Bedeutungen. Man sollte Geschenke immer schön einpacken, aber weißes und schwarzes Papier vermeiden, da es in vielen asiatischen Ländern für Trauer, Unglück und Tod steht. Auch rosa Papier ist nicht gerade angebracht, es sei denn, man hat einen „Crush" für den Geschäftspartner, denn es symbolisiert Romantik und Liebe. Rotes, gelbes und goldenes Verpackungspapier ist immer gut, da man mit diesen Farben unter anderem Wärme, Glück und Reichtum verbindet.

Billige Firmenwerbegeschenke kommen überhaupt nicht gut an und zeugen für geringe Wertschätzung des Geschäftspartners.

Geschenke aus Asien für Asiaten sind ebenfalls nicht angebracht, weshalb es empfehlenswert ist, etwas aus dem eigenen Land mitzubringen. Beliebt sind Spezialitäten aus dem Heimatland oder Markenprodukte aus Europa wie ein guter Whiskey oder ein Cognac. Schokolade und andere Spezialitäten zum Essen aus der Heimat kommen immer gut an.

Uhren und Messer sind nicht anzuraten, denn Uhren stehen als Symbol für ein kurzes Leben und man möchte ja nicht, dass des Partners letztes Stündchen schlägt, oder? Und Messer, so heißt es, durchtrennen die Freundschaft.

Bei privaten Einladungen ist es immer ratsam, der Ehefrau und den Kindern des Gastgebers kleine Geschenke in Form von Schokolade oder Pralinen mitzubringen. Blumen für die Hauslady sind auch sehr beliebte Geschenke, aber wiederum sollte man hierbei auf weiß- und rosafarbene Blumen verzichten.

Falls man mehreren Mitarbeitern des Geschäftspartners Geschenke mitbringt, sollten sie identisch verpack, aber im Wert der Hierarchie und dem Rang angepasst sein.

Man darf nie vergessen, wer für das Geschäft wichtig ist, und es kann beleidigend wirken und unvorteilhaft ausgehen, jemanden zu vergessen, den man nicht für wichtig gehalten hat.

Geschenke werden in Asien mit beiden Händen übergeben und man sollte darauf achten, dass der Ranghöchste das Geschenk als Erster erhält.

Meistens werden Geschenke nicht gleich geöffnet. Man bedankt sich zwar bei der Übergabe, doch selten wird es noch mal erwähnt, es sei denn, es war etwas sehr Spezielles und Wertvolles.

Geschäft und Golf in Asien
Business Golf hat einen sehr hohen Stellenwert in Asien und es ist sehr empfehlenswert, dass ein Manager in Asien Golf spielt oder es lernt. In Asien spielt fast jeder zweite Geschäftsmann Golf und es gilt als sehr wichtiges Statussymbol. Golf in Asien ist immer auch gut für *Guanxi* und absolut ein Türöffner fürs Geschäft.

Wenn ich zu meinen asiatischen Kunden ins Büro gekommen bin, habe ich immer sofort Ausschau nach einer Golftasche, Golftrophäen oder anderen Golfutensilien gehalten. Ich bin bei fast der Hälfte meiner Kunden in Asien fündig geworden. Dies hatte immer den Vorteil, dass ich sofort Gesprächsstoff und, neben den gemeinsamen geschäftlichen Interessen, eine weitere Verbindung zum Kunden hatte.

Man sollte hier durchaus praktisch denken und es gibt ja keinen Grund, das Angenehme nicht mit dem Nützlichen zu verbinden.

Es ist auch wichtig herauszufinden, ob ein Kunde im eigenen Informations-netzwerk Golf spielt, und wenn ja, welchen Stellenwert Golf für ihn hat und wie gut er ist.

Der größte Vorteil beim Golfspiel mit einem Kunden oder einem Geschäfts-partner ist, dass man ihn für fünf Stunden und mehr ungestört in einem neutralen und angenehmen Umfeld hat. Bei einem Meeting in seinem Büro ist man im Nachteil, der Kunde hat dort immer Heimvorteil. Auf dem Golfplatz ist man dagegen auf neutralem Boden und man verhindert außerdem die im Büro unweigerlichen Ablenkungen und Störungen durch Angestellte und Telefonate.

Der Asien-Manager sowie der Geschäftspartner sind auf dem Golfplatz relaxed, positiv drauf und haben meistens viel Spaß und das sind die besten Voraussetzungen für erfolgreiche Geschäftsabschlüsse.

Ich möchte hiermit auch mit dem Vorurteil aufräumen, das man den Kun-den beim Golfspielen unbedingt gewinnen lassen sollte. Wer gut Golf spielt und das Spiel gewinnt, der gewinnt auch *Face* und Ansehen. Zu verlieren bedeutet aber umgekehrt absolut keinen *Face*-Verlust.

Falls man den Kunden besiegt, kann man ihm immer noch ein Revanche-spiel für den nächsten Besuch anbieten. Und da in Asien und eigentlich immer, wenn man mit Chinesen spielt, während eines Golfspiels kleine Geldwetten abgeschlossen werden, kann man doppelt sicher sein, dass ein Ruckspiel stattfindet.

Aus meiner Erfahrung kann ich sagen, dass ein solches Revancheangebot immer angenommen wird. Man hat den Kunden dann wieder fünf Stunden für sich und der nächste Auftrag ist damit so gut wie unterschrieben.

Gemeinsames Golfspielen verbindet, es bringt auch viel vom eigenen und dem Charakter des Geschäftspartners zum Vorschein.

Ich habe in den vielen Jahren geschäftlichen von ein paar Leuten aufgrund ihres negativen charakterlichen Verhaltens beim Golfspiel Abstand genommen und war damit sehr gut beraten.

Denn es gilt: „Who cheats in golf, also cheats in business" („Wer beim Golf betrügt, der betrügt auch beim Geschäft").

3 Korea, Nord und Süd: Zwischen Kimchee und Faustkampf – ein Meer aus Flammen

Demokratische Volksrepublik Korea

Fläche: 122.762 km²
Internationales Kfz-Kennzeichen: KP
Landeswährung: Won, 1 Won = 100 Chon (NKW)
Unterschied zur MEZ: + 8 Stunden
Internationale Telefonvorwahl: + 850
Netzspannung/Frequenz: 220 Volt, 60 Hertz
Internet-TLD (Top Level Domain): .kp

Die Demokratische Volksrepublik Korea, auch Nordkorea genannt, ist eine Diktatur und alles andere als demokratisch. Nordkorea war ursprünglich Verbündeter der Sowjetunion und schlug sich nach 1956 auf die Seite Chinas. Im Gegensatz zu den anderen sozialistischen Staaten blieb das Regime dem Stalinismus treu und hielt am Personenkult um Kim, Großvater, Vater und Sohn, fest. Mit Kim Il-sung als politischem Führer Nordkoreas begann ein spektakulärer Personenkult. Sein Sohn Kim Jong-il, der nach dem Tod seines Vaters 1997 dessen Position einnahm, ließ sich bis zu seinem Tod im Dezember 2011 von seinem Volk ebenfalls als „Geliebter Führer" feiern. Seit Januar 2012 steuert Kim Jong-un, der nächste Spross aus der Kim-Dynastie, die Geschicke des Landes.

Nordkorea liegt in Ostasien auf der nördlichen Hälfte der koreanischen Halbinsel, es grenzt an China, das Japanische Meer, die Bucht von Korea,

Russland und Südkorea. Nordkorea hat rund 24 Millionen Einwohner, zu 99 % sind dies Koreaner, Chinesen stellen die größte Minderheit im Land.

Die Lage der Religionen in Nordkorea ist sehr undurchsichtig und man geht davon aus, dass ca. 15 % der Nordkoreaner schamanische Kulte ausüben, ca. 15 % sind Anhänger der „Chondokyoreligion" und es gibt kleine Minderheiten von Christen und Buddhisten. Die Mehrheit, etwa 60 % der Koreaner, ist mehr oder weniger religionslos.

Pjöngjang mit rund 3,5 Millionen Einwohnern ist die Hauptstadt Nordkoreas und Koreanisch ist die Amtssprache des Landes.

Für die Einreise nach Nordkorea benötigt man ein Visum, das von einer Botschaft der Demokratischen Volksrepublik Korea ausgestellt wird. Bis zur Visumerteilung dauert es im Allgemeinen mindestens vier Wochen. Es ist immer eine Einladung von koreanischer Seite erforderlich und für die Visumerteilung selbst ist eine persönliche Vorsprache nötig. Die Verlängerung des Visums ist in Ausnahmefällen vor Ort möglich, falls die koreanische Seite Interesse an einem verlängerten Aufenthalt hat.

Es sind keinerlei spezielle Impfungen nötig, aber die medizinische Versorgung ist in Nordkorea laut Amnesty International katastrophal. Die Menschen dort haben kaum Zugang zu medizinischer Versorgung. Wer nach Nordkorea reist, sollte daher besser keinen Unfall haben oder krank werden. Eine Reiserückholversicherung vorher abzuschließen, wird dringendst geraten, und für die Zeit dort sollte man seine eigene gut ausgestattete Reiseapotheke mitnehmen.

Die Landeswährung von Nordkorea ist der Won (KNW), der 100 Chon entspricht. Er spielt aber für Besucher praktisch keine Rolle, da alle Ausgaben in Euro oder Dollar zu entrichten sind.

Reisechecks bzw. Kreditkarten werden nicht akzeptiert. Geldautomaten sind unbekannt. Die meisten Reisekosten für Hotels und anderes müssen schon vorab bezahlt werden. Alle anderen Ausgaben müssen in bar und in Fremdwährungen beglichen werden.

Man muss alle Mobiltelefone bei der Einreise abgeben und Computer werden auf Internettauglichkeit und die Fähigkeit, ins Telefonnetz gelangen zu können, untersucht.

Nordkorea fliegt man meistens von Peking, China, aus an und man landet auf dem einzigen internationalen Flughafen des Landes in Pjöngjang. Die ebenfalls einzige Fluggesellschaft Koryo fliegt etwa 16 Städte im Inlands-flugnetz an.
Da alle Reisen nach Nordkorea nur über Reiseveranstalter gebucht werden können, braucht man sich um den Transport vom Flughafen in die Stadt keinerlei Sorgen machen, dieser wird von den Reiseleitern organisiert, die einen vom Flughafen abholen.

Eine Reise nach Nordkorea ist kein Sonntagspaziergang. Sobald man nord-koreanischen Boden betreten hat, steht man unter Beobachtung, ob man es merkt oder nicht, man wird von den Sicherheitsorganen strikt über-wacht.
Reisen außerhalb der Hauptstadt müssen genehmigt werden und nicht alle Regionen sind für Ausländer frei zugänglich.

Der Bevölkerung Nordkoreas ist es unter Strafandrohung untersagt, un-beaufsichtigten Kontakt mit Besuchern zu haben.

In den größeren Städten gibt es einige internationale Hotels für Geschäfts-leute und Touristen. Oft sind die Standards allerdings schlichter, als man sie von einem gleichwertigen Hotel in Europa gewohnt ist. Wer nach Nordko-rea geschäftlich reist, wird im Yanggakdo-Hotel in Pjöngjang untergebracht, das durch seine Lage auf einer Insel die Überwachung einfacher macht. Auf der anderen Seite kann man dadurch aber auch einen kleinen Spaziergang vorm Hotel ohne Begleitung machen. Seltener wird man im Koryo Hotel untergebracht, das sehr zentral in der Nähe des Bahnhofs liegt. Bei beiden Hotels handelt es sich um zwei riesige Gebäude mit über 40 Stockwerken, die westlichen Standards entsprechen, mit eigener Notstromversorgung, Drehrestaurant, Bars, Disko, Shops, Swimmingpool, Massagemöglichkeit usw. Noch besseren Standard hat das kleine Hotel Potonggang, auf besonderen Wunsch kann normalerweise auch hier übernachtet werden.

Die Wirtschaft Nordkoreas ist in den letzten 20 Jahren rückläufig und kann die eigene Bevölkerung nicht mehr ernähren. Nordkorea produziert gerade einmal 80 % der selbst benötigten Nahrung. Deviseneinnahmen bezieht das Land fast ausschließlich aus kriminellen Machenschaften wie Geldfälschung, Unterstützung des internationalen Terrorismus und illegalem Waffen- und dem Drogenhandel. Die kriminellen Aktivitäten des Landes erwirtschaften jedes Jahr etwa 500 Millionen US-Dollar Gewinn. Das Land produziert Methamphetamin und betreibt den Anbau von Mohn zur Produktion von Heroin und Opium. Gefälschte Markenzigaretten und nachgemachtes Viagra aus nordkoreanischer Produktion gehören zum Sortiment. Diese werden mit Hilfe chinesischer Verbrecherbanden international im Umlauf gebracht.

Es wird weiterhin behauptet, dass Nordkorea mit der Fälschung von 100-US-Dollar-Noten von allerhöchster Qualität, den sogenannten Superdollars, seit fast 20 Jahren Falschgeld im Gegenwert von mehr als 50 Millionen Dollar oder mehr, da gehen die Aussagen auseinander, im Umlauf gebracht hat.

Gleichzeitig unterhält das Land trotz hungernder Bevölkerung eine Armee mit fast 1,2 Millionen Soldaten, eine der größten Asiens. Ausgaben für das Militär haben für die „Diktatorenfamilie" Kim stets Vorrang, denn auf der Loyalität des Militärs ruht ihre gesamte Machtbasis.

Mit einem eigenen Atomprogramm erpresst die Regierung immer wieder von der internationalen Staatengemeinschaft die Entsendung von Lieferungen von Nahrungsmitteln für seine hungernde Bevölkerung.

Zu den wichtigsten Wirtschaftsbereichen gehört die Schwerindustrie, in der vor allem für militärische Zwecke produziert wird. Auch am gut ausgebauten Straßennetz macht sich bemerkbar, das das Militär im Land die wichtigste Rolle spielt. Viel über die restliche Wirtschaft dringt nicht nach außen in der abgeschotteten Diktatur. Nach dem Zusammenbruch der Sowjetunion und dem wirtschaftlichen Kollaps der 90er Jahre entwickelte sich in Nordkorea ein geduldeter Minimal-Kapitalismus auf unterster Basis. Er wird vom Regime nur geduldet, um eigene dunkle Machenschaften zu fördern und um selber an unzugängliche Waren zu kommen.

Nordkorea hängt immer mehr vom handfesten Handel mit China ab und davon gehen rund drei Viertel über die Stadt Dandong. Die Stadt an der Grenze zu Nordkorea ist damit zu einer ökonomischen Lebensader für das Regime in Pjöngjang geworden. Man kann fast behaupten, dass Nordkorea ohne Dandong und seine Geschäftsleute kollabieren würde. Lebensmittel und Konsumgüter werden geschmuggelt und versorgen die Bevölkerung mit dem Notwendigsten. Darüber hinaus entsteht eine neue Schattenwirtschaft um die Städte herum mit ganzen Geschäftsvierteln und einem florierenden Schwarzmarkt.

Natürlich ist jeglicher Handel ausdrücklich illegal und nur mit Bestechung möglich.

Es gibt laut einem koreanischen Witz nur zwei Sorten von Menschen in Nordkorea: jene, die Geschäfte machen, und jene, die sterben.

Bei einer stabilen Entwicklung der offiziellen Wirtschaft wird aber wieder sofort härter gegen kapitalistische Umtriebe durchgegriffen und es ist nicht absehbar, welchen Weg die Regierung in Zukunft gehen wird.

Mit der Zerstörung des Schwarzhandels und der Schattenwirtschaft würde sie der eigenen Wirtschaft großen Schaden zufügen.

Durch die Reiseverordnung im Land hat man immer einen Reisebegleiter an der Seite, der bei der Kommunikation mit dem Personal der Hotels oder mit den Geschäftspartnern helfen kann.

Die geschäftliche Etikette ist schwer einzuschätzen und zu beschreiben, da das Land nicht privatisiert ist und alle Geschäfte ausschließlich mit der Regierung geführt werden, und dies sind vorwiegend die Militärs. Eines kann man aber noch mit Sicherheit anmerken: Man sollte sehr vorsichtig sein und die Führung Nordkoreas in keiner Art und Weise kritisieren. Das führt automatisch zur sofortigen Deportation und zu Repressalien für den Gastgeber.

Die auch für Nordkorea gültige Business-Etikette beschreibe ich ausführlich im Kapitel über Südkorea.

Als Fazit kann gezogen werden: Nordkorea hat ein Geschäftspotenzial, das vielleicht irgendwann einmal in der Zukunft sich einlösen wird, aber in der heutigen Zeit glaube ich kaum, dass hier für normale Geschäftsreisende ein Absatzmarkt für Produkte zu finden ist, Waffenhändler, Drogenschmuggler und Geldfälscher ausgenommen.

Die beiden Teilstaaten Koreas, also Nord- und Südkorea, haben trotz ihrer gegenseitigen Antipathie zumindest eine Gemeinsamkeit: Die Küchen beider Länder sind fast gleich. Reis ist, wie in vielen anderen asiatischen Ländern, auch hier Hauptbestandteil vieler Mahlzeiten.
Typische nordkoreanische Beilagen sind Suppe, Ragout und Kimchee, ein scharf eingelegter Salat aus Kohl, Rüben und Knoblauch. Eine weitere Spezialität des Landes ist Bulgogi, Europäern als Koreanischer Feuertopf bekannt. Dabei wird ein vorher in einer würzigen Marinade eingelegtes Stück Rindfleisch gegrillt, anschließend mit Gewürzen, Sauce und Kimchee in ein Salatblatt eingewickelt und im Ganzen gegessen.
Die kalten Fadennudeln von Pjöngjang, eine nordkoreanische Spezialität, sind aus koreanischem Buchweizenmehl und Kartoffelstärke zubereitet und werden mit einer Suppe aus Fasan, Huhn und Hackfleisch serviert.
In Nordkorea herrschen strenge Tischregeln, die man als Gast unbedingt einhalten sollte. Man sollte darauf achten, während eines längeren Essens nicht zu reden, da das als schlechtes Benehmen gilt. Genauso wird Essen

mit den Fingern als äußerst unhöflich betrachtet. Das Essen im Gehen auf der Straße, gerade als Erwachsener, ist absolut verpönt und wird gar nicht gerne gesehen. Außerdem sollte man im Restaurants darauf achten, dass Trinkgeld geben in Nordkorea verboten ist.

Und jetzt noch der Wetterbericht:
Das Jahr teilt sich hier in vier verschiedene Jahreszeiten, aber im Norden ist das kontinentale Klima sehr kalt und im Winter beinahe sibirisch, während der Sommer heiß und feucht ist und mit Monsunregen nicht spart.
Der Herbst ist die angenehmste Jahreszeit. Doch Achtung, er ist kürzer als in unseren Breitengraden und dauert nur von September bis Oktober. Die Jahresdurchschnittstemperaturen liegen zwischen acht und zwölf Grad Celsius, in Pjöngjang schwanken die Temperaturen im Januar zwischen minus drei und minus 13 Grad, sie steigen im Juli jedoch auf bis zu 29 Grad.

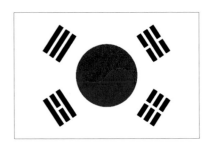

Republik Korea

Fläche: 99.600 km²
Internationales Kfz-Kennzeichen: ROK
Landeswährung: Südkoreanischer Won (KRW), 1 Won = 100 Chon
Unterschied zur MEZ: + 8 h
Internationale Telefonvorwahl: + 820
Netzspannung/Frequenz: 110/220 Volt, 50/60 Hertz
Internet-TLD (Top Level Domain): .kr

Südkorea ist eine parlamentarische Republik mit einem vom Volk direkt
gewählten Präsidenten. Der Präsident wird jeweils nur für fünf Jahre gewählt und kann nicht wiedergewählt werden.
Nach dem Koreakrieg wurde am 27. Juli 1953 ein Waffenstillstand beschlossen, der weiterhin Gültigkeit hat. Am „38. Breitengrad" wurde eine de-
militarisierte Zone eingerichtet, die auch heute noch als Grenze zwischen
beiden koreanischen Staaten gilt. Es gibt keinen Friedensvertrag und die
politisch-militärische Situation ist fast immer angespannt.

Südkorea liegt in Ostasien auf der Südhälfte der Koreanischen Halbinsel, umgeben vom Japanischen und dem Gelben Meer, und grenzt an Nordkorea.

Südkorea hat etwa ungefähr 49 Millionen Einwohner, im Land leben fast
ausschließlich Koreaner und etwa 20.000 Chinesen.

Etwa 49 % der Bevölkerung bezeichnen sich als religionslos, der Anteil der christlichen Protestanten beträgt ca. 9,7 % Katholiken ca. 6,6 %. Zum Konfuzianismus und zum Buddhismus bekennen sich ca. 23,2 %, darüber hinaus gibt es noch weitere Religionen.

Seoul im Nordwesten des Landes ist mit ca. 10,5 Millionen Einwohnern die Hauptstadt Südkoreas. In dieser Metropole sind die Städte Incheon und Suwon miteingebunden. Es leben in Seoul und den umliegenden Satellitenstädten ca. 25 Millionen Einwohner, fast die Hälfte aller Südkoreaner. Weitere wichtige Städte sind Busan mit fast 5 Millionen, Daegu mit 3,2 Millionen, Daejon mit 1,9 Millionen und Gwangju mit 1,6 Millionen Einwohnern.

Koreanisch ist die Amtssprache, Japanisch und Englisch sind gebräuchliche Handelssprachen. Einige Englischkenntnisse sind ausreichend, um sich in Korea zurechtzufinden. Alle jungen Koreaner haben in der Schule Englisch gelernt, sprechen dieses indes selten und mit einer höflichen Zurückhaltung aufgrund mangelnder Praxis und aus Angst vor falscher Aussprache.

Seit 2004 benötigt man für Südkorea kein Visum für Aufenthalte bis zu 90 Tagen. Wer hier aber arbeiten möchte, benötigt ein Visum. Die Beantragung ist innerhalb der ersten 90 Tage auch im Inland möglich. Für die Einreise wird ein mindestens noch für sechs Monate gültiger Reisepass benötigt.

Für die direkte Einreise aus Europa sind keine Impfungen vorgeschrieben. Vor der Abreise aber empfiehlt es sich, die körperlichen Abwehrkräfte gegen Hepatitis A, Tetanus, Polio und Diphtherie aufzufrischen.
Die medizinische Versorgung in Korea in den großen Städten ist mit der Europas zu vergleichen. In abgelegeneren Landesteilen fehlen bisweilen, gemessen am europäischen Standard, gut ausgebildete und Englisch sprechende Ärzte. Hier verlässt man sich noch häufig auf die in Korea beliebte traditionelle orientalische Medizin. Das Auswärtige Amt rät zu einem weltweit gültigen Krankenversicherungsschutz und einer zuverlässigen Reiserückholversicherung.

Die koreanische Währung ist der Won (KRW). Devisen ab 10.000 US-Dollar (Bargeld oder Reiseschecks) müssen bei der Einreise deklariert werden. Aufgrund besserer Wechselkurse wird empfohlen, Devisen erst vor Ort umzutauschen. Geldwechsel ist am Flughafen, bei allen Banken und in größeren Hotels möglich. In vielen Hotels, Restaurants und Geschäften kann auch mit Kreditkarte bezahlt werden. Euroschecks werden nicht akzeptiert. Bankautomaten zum Abheben von Bargeld sind allgegenwärtig, akzeptiert werden ausländische Karten jedoch nur an speziellen Automaten, den sogenannten global ATM.

Korea verwendet die CDMA-Technologie, die leider nicht mit dem GSM-Standard hiesiger Handys kompatibel ist. Man kann allerdings schon für ca. 2000 Won pro Tag ein Mobiltelefon an allen internationalen Flughäfen Koreas leihen. Telefonkarten gibt es im Wert von 10.000, 20.000 und 50.000 Won. Zum Ausleihen der Geräte sind der Reisepass und eine Kreditkarte erforderlich.

Internetzugang wird in Korea in allen Business-Hotels, an öffentlichen Plätzen, wie am Flughafen, an Bahnhöfen und an Busbahnhöfen angeboten. Internetcafés, sogenannte PC Bang, sind ebenfalls ein guter Ort, um einfachen Zugang zum Internet zu bekommen. Sie sind fast überall in Korea zu finden. Viele PC Bang sind 24 Stunden am Tag geöffnet und einige haben sogar Snack-Bars, an denen Getränke, Nudelsuppen und andere Kleinigkeiten zum Essen angeboten werden.

Es gibt in Korea fünf internationale Flughäfen: Incheon, Gimhae, Cheongju, Daegu und Cheju. Der Flughafen Incheon liegt 52 km westlich von Seoul und bietet Flüge in alle Welt. Die übrigen Flughäfen haben nur Verbindungen innerhalb Asiens.

Vom Flughafen Incheon in die Stadt und zum Hotel gibt es dann zwei Möglichkeiten, Taxi oder Bus. Die Taxis in Korea sind zahlreich und relativ billig. Aber eine Fahrt vom Flughafen ist lang und man kann sich auf jede Menge Staus einstellen.

Limousinenbusse wie von der KAL (Korean Air Lines) verbinden den Flughafen Incheon und die Innenstadt Seoul zum Preis von 10.000 Won. Fahrkarten sind an den Hotelschaltern oder den Busschaltern im Flughafen erhältlich. Auch Reisende mit viel Gepäck dürften in diesen Bussen keine Schwierigkeiten beim Verstauen desselben haben. Die Busse haben eine eigene Spur auf den Autobahnen und kommen relativ zügig durch die täglichen unzähligen Staus in Seoul.

Wirtschaftlich gesehen, gehört Südkorea zu den 15 stärksten Ländern der Welt. Mehrere Weltkonzerne aus dem Technologiebereich, dem Fahrzeug- und dem Schiffsbau haben ihren Sitz hier, darunter Samsung, LG oder Hyundai.

Südkorea ist Mitglied der Tigerstaaten und seit 1996 der OECD, 1995 trat es der WTO bei und 2005 der europäischen Freihandelszone (EFTA). Die wichtigsten koreanischen Ausfuhrgüter sind elektrische und elektronische Erzeugnisse, Schiffe, Autos, Stahl, Chemikalien, Maschinen und Textilien.

Die wichtigsten Einfuhrgüter sind Erdöl, Maschinen, elektronische Erzeugnisse, chemische Produkte und Zulieferungen für die Autoindustrie.

Südkorea ist stark konfuzianisch geprägt und selbst in der heutigen wirtschaftlich erfolgreichen technokratischen Nation bleiben die traditionellen kulturellen Wurzeln präsent.

Der Koreaner ist eher zurückhaltend und reserviert gegenüber Fremden. Er hat aber eine hohe Wertschätzung von traditionellen Werten wie Respekt vor Älteren, Höflichkeit und Anstand.

Koreaner sind sehr gruppenbezogene Menschen und Familie oder Firmenzugehörigkeit haben einen höheren Stellenwert als die eigene Person.

Persönliche Beziehungen wie Freundschaft, Schulzugehörigkeit und Geburtsstätte sind oft wichtiger als die Position oder der Rang in einer Firma und haben einen maßgeblichen Einfluss auf die Struktur und das Management koreanischer Firmen.

Die Struktur koreanischer Firmen ist bekannt für ihre vertikale Hierarchie, aufbauend auf Alter und sozialem Status. Die Machtstruktur koreanischer Firmen konzentriert und zentralisiert sich in den höheren Führungsebenen. Alter ist überaus wichtig und eine ältere Person erhält automatisch einen höheren Status.

Dieses vorrangig konfuzianisch geprägte Führungsmodell des Respekts gegenüber dem älteren Vorgesetzten ist tief verankert in der Kultur und den Geschäftspraktiken. Vorgesetzte haben in Korea eine wesentlich größere Macht über ihre Untergebenen als in der westlichen Geschäftswelt. Daraus ergibt sich zwangsweise, dass bei Entscheidungen immer die Absegnung durch einen höheren Vorgesetzten notwendig ist.

Nichtsdestotrotz wird die Verantwortung für Verhandlungen oft an vertrauenswürdige Untergebene abgegeben und es ist daher wichtig, diesen mit dem gleichen Respekt zu begegnen, dem man dem höheren Management einräumen würde.

Kibun ist im Koreanischen die Bezeichnung für „Gesicht" und sie hat fast die gleiche Bedeutung wie im Chinesischen, mit ein paar koreanischen Besonderheiten.

Im koreanischen Geschäftsleben ist *Kibun* bezeichnend für die Beziehung der Geschäftspartner und es ist absolut zu vermeiden, dass ein Geschäftspartner sein Gesicht verliert.

In Verhandlungen Ja oder Nein zu sagen, muss nicht zwangsweise bindend sein und das ist ein Resultat des *Kibun*, was man aber nicht nur als Nachteil sehen sollte. Man kann es sich auch zunutze machen, indem man anstatt Nein zu sagen, unrealistische Forderungen stellt. Dies wird natürlich von der Gegenseite genauso praktiziert.

Man sollte eine Geschäftsreise sorgfältig planen und seine Treffen mehrere Wochen vorher anmelden. Die besten Zeiten für Meetings sind zwischen 10 und 12 Uhr morgens oder von 2 bis 4 Uhr nachmittags.

Es ist ratsam, man schickt Angebote, Firmenbroschüren und anderes Marketingmaterial und am besten in Koreanisch und Englisch lange bevor man den zukünftigen Geschäftspartner trifft.

In Korea werden meistens dunkle Geschäftsanzüge getragen und auch während wärmerer Temperaturen werden die Jacketts selten abgelegt, man kann auch dazu „Schwitzen mit Stil" sagen.

Man begrüßt sich formell mit beiden Beinen zusammen, Arme liegen am Oberkörper an und man verbeugt sich leicht. Man reicht sich auch die Hand, aber meistens ohne zu festen Händedruck. Visitenkarten werden mit beiden Händen übergeben und es ist ratsam, die erhaltene Visitenkarte kurz anzuschauen und nicht unverzüglich wegzustecken. Die eigene Karte sollte viele Informationen enthalten wie Titel und Erreichbarkeit und wenn es möglich ist, auf der Rückseite alles noch mal in Koreanisch.

Bei direkten Anreden des Geschäftspartners sollte man Titel und Namen kombinieren, wie z.B. „Chairman Lee" oder „Präsident Park".
In Korea ist es üblich, sich kleine Gastgeschenke zu überreichen, und in der Regel beschenken sich beide Parteien. Geschenke werden mit beiden Händen überreicht und auch entgegengenommen. Um Gesichtsverlust zu vermeiden, sollten Geschenke von etwa gleichem Wert ausgetauscht werden. Man ist gut beraten, einen Koreaner zu befragen, was jeweils passend ist.

Auf eine Verhandlung in Korea sollte man gut vorbereitet sein und sich darüber im Klaren sein, dass Koreaner Verträge, wie in vielen asiatischen Ländern üblich, eher als den Anfang einer Geschäftsbeziehung sehen als deren endgültigen Abschluss.

Koreaner mögen es, wenn Verträge so flexibel sind, dass man immer noch Änderungen einfließen lassen kann. Obwohl sie sich heutzutage der rechtlichen Auswirkung einer Unterzeichnung bewusst sind, haben Verträge trotzdem für sie immer noch weniger Bedeutung als die persönlichen Beziehungen zwischen den beiden Firmen.

Es gilt: Erst wenn die Anzahlung auf dem Konto eingegangen ist, kann man davon ausgehen, dass der Vertrag Gültigkeit hat.

Ich hatte einmal einen unterschriebenen Vertrag und dann keine Anzahlung erhalten. Der Umtauschkurs habe sich für den Kunden sehr verschlechtert, war die offizielle Antwort, das Geschäft kam niemals zustande.

Nach dem anfänglichen üblichen Smalltalk, der dazu dient, sich besser kennen zu lernen, sollte während der Verhandlung nur eine Person, und zwar möglichst die älteste, die Verhandlungen führen. Dies ist *korean stile* und die anderen eigenen Teilnehmer sollten tunlichst vermeiden, sich in die Unterhaltung einzumischen.

Koreaner verhandeln zäh und temperamentvoll. Wutausbrüche sollten einen nicht aus der Fassung bringen und man sollte stets ruhig und gelassen bleiben. Mit Freundlichkeit, Standhaftigkeit und Professionalität kommt man am weitesten. Auch sollte man auf keinen Fall auf Entscheidungen drängen, in Korea nimmt man sich stets Zeit für Verhandlungen.

Geduld ist der Schlüssel zum Erfolg und falls Probleme in den Verhandlungen auftauchen, ist es immer gut, eine gemeinsame Lösung vorzuschlagen.

Direkter Augenkontakt in Verhandlungen sollte möglichst vermieden werden. Er wird im Gegensatz zu unserer Kultur als aggressiv empfunden und weniger als respektvoll.

Wichtig ist auch, Bescheidenheit in Bezug auf den Erfolg der eigenen Firma an den Tag zu legen, das wird von Koreanern geschätzt.

Körpersprache in Form großer Gestik und lauten Gebarens sollten ebenfalls unbedingt unterlassen werden, da sie als sehr unhöflich gilt.

Wenn man nach Korea kommt, geht man davon aus, dass man direkt mit dem koreanischen Geschäftspartner verhandeln kann, und am besten nicht gerade auf Koreanisch. Meiner Erfahrung nach ist das nur selten der Fall, speziell weil die Senioren der Führungsriegen meistens das Sagen haben und Englisch nicht gerade deren Stärke ist.

Von zehn Geschäftspartnern, die ich getroffen habe, sprachen nur ca. drei Englisch, und das auch nur mit Händen und Füßen.

Damit ist ein Dolmetscher fast immer notwendig und *der* ist meistens koreanischer Abstammung und wird, das ist nicht unüblich, fast immer mit der koreanischen Seite sympathisieren. Westliche Dolmetscher mit perfektem Koreanisch sind, wenn auch teurer, somit absolut zu bevorzugen.

In den ersten Jahren meiner Koreareisen war ich leider meistens mit einem koreanischen Dolmetscher, einem Angestellten meines Agenten, unterwegs. Ich musste die Erfahrung machen, dass die Koreaner mir wenig Höflichkeit entgegenbrachten und ich 90 % der Verhandlungszeit nur Zuhörer und stiller Teilnehmer war. Es wurde fast ausschließlich Koreanisch gesprochen und nur ab und zu wurde mir plötzlich eine Frage an den Kopf geworfen und nach meiner Antwort in Englisch dann sofort weiter Koreanisch gesprochen. Diese Situation ist sehr unbefriedigend und man hat dabei kaum Möglichkeit, Einfluss auf die Verhandlungen zu nehmen. Daher ist mein Rat, den Dolmetscher oder Agenten rigoros „einzunorden" und nur das übersetzen zu lassen, was man sagt.

Zusätzlich verbrachte ich mindestens fünf Stunden pro Tag mit meinem koreanischen Agenten im Auto. Und die Entfernungen zu Kunden in Seoul können recht weit sein. Im Straßenverkehrschaos von Seoul durfte ich dann den nur allzu beliebten Radiotalkshows zuhören – natürlich auf Koreanisch. Meine Frage nach Umschalten auf einen Musiksender wurde einfach ignoriert und damit beantwortet, das sei doch eine Musiksendung. Es rufen also Hörer bei der sogenannten Musiksendung an und es geht dann etwa alle zwei bis drei Minuten so: „An-nyong-ha-se-yo", was so viel wie „Hallo" oder „Guten Tag" heißt, und „Chal chi-nae-sip-ni-kka", was so viel wie „Wie geht es dir" heißt. Nach unendlichem koreanischen Hin und Her kommt dann der nächste Anrufer und es hört nicht auf – von wegen Musiksender, ich hatte nachts Alpträume von diesen Radiotalkshows.

Seoul ist eine sehr weitläufige Stadt und der morgendliche wie abendliche Berufsverkehr sucht seinesgleichen in Asien.

Wer den Han, einen Fluss, der mitten durch Seoul fließt, überqueren muss – und das muss man fast immer –, kann sich darauf freuen, von acht Spuren, vier offiziellen und vier inoffiziellen, im Nahkampf der Blechkarossen auf eine der zweispurigen Brücken zu gelangen. Spiegel an Spiegel und keinen Zentimeter weichend, gleicht das langsame Vorwärtskommen der Blechlawinen einem Kampf der Maschinen und endet nicht selten in tätlichen Auseinandersetzungen der Kontrahenten.

Gott sei Dank können sie nicht immer die Autotüren öffnen und aussteigen, denn meistens stehen die Autos viel zu eng nebeneinander.

Die Koreaner sind alles andere als ein friedfertiges Volk und zweimal hatte ich das Vergnügen, die Teakwondo-Künste meiner Taxifahrer zu bestaunen. Das erste Mal direkt nach einer Ankunft am Flughafen, als mein Fahrer vom Hintermann an der Kasse zum Bezahlen an der Flughafenausfahrt angehupt wurde. Er stieg kurzerhand aus und nach einer kleinen Einlage seiner Kampfkunst war der Disput erledigt und der andere Fahrer hatte eine blutige Nase.

Das zweite Mal nahm mein Taxifahrer eine Abkürzung und fuhr in eine einspurige, zwei Kilometer lange Baustelle hinein. Fast am Ende angekommen, noch 100 Meter waren zu fahren, kam uns ein Kleinbus entgegen und fuhr stur in unsere Richtung weiter. Es dauerte nicht lange und die Fahrzeuge standen sich gegenüber und die Fahrer auch. Diesmal aber hatte mein Fahrer nicht nur den anderen Fahrer als Kontrahenten, sondern auch noch die aufschäumende Meute der Fahrgäste des Kleinbusses gegen sich. Nach einem kurzem Handgemenge flüchtete er mit blutiger Nase zurück in sein Taxi und legte fluchend den Rückwärtsgang ein.

Seit diesen Erfahrungen nahm ich nur noch den komfortablen Flughafenbus, der alle internationalen Hotels schnell und günstig ansteuert.

Aus dem Dauerverkehrschaos habe ich dann eine weitere Erfahrung gewonnen und mich immer im Hyatt Hotel Seoul eingebucht, wohin ich meine Kunden und Geschäftspartner zu den Besprechungen einlud.

Die Koreaner lieben das Hyatt Hotel und noch mehr lieben sie es, wenn sie eine Gelegenheit haben, dem Büro in ihrer Firma für ein paar Stunden zu entkommen.

Aus zwei bis maximal drei Geschäftstreffen pro Tag wurden auf einmal fünf und ich ersparte mir die Transportkosten und den Frust, im stundenlangen Verkehr Zeit zu verschwenden. Und was noch viel wichtiger war: keine koreanischen Radiotalkshows mehr.

Natürlich blieb es mir nicht erspart, hier und da wieder mal Neukunden in ihrer Firma aufzusuchen, aber das hielt sich in Grenzen.

Die Koreaner sind sehr gesellig, wenn es nach einem langem Arbeitstag und Verhandlungen zum Essen geht.

Koreanische Restaurants haben immer einen Essbereich, der etwas erhöht ist, dort sitzt man auf einem dünnen Kissen auf dem Fußboden. Dieser Bereich wird nicht mir Schuhen betreten und man zieht diese vorher aus, also auf Löcher in den Socken achten. Diese Art des Sitzen wird von Koreanern als vornehm betrachtet und man sollte hierbei dem Gegenüber unterm Tisch nicht die Füße entgegenstrecken, sondern mit gekreuzten Beinen sitzen.

Nach der Einnahme der Mahlzeit wird das Restaurant normalerweise schnell verlassen und man geht zum inoffiziellen Teil des Abends über. Der kann zu einem „Kiseang-Haus" führen, das vergleichbar ist mit einem exklusiven Strip-Club, oder eventuell in die eine oder auch mehrere Karaoke-Bars.

Die Koreaner sind sehr trinkfreudig und das Nationalgetränk ist Soju, ein aus Reis oder Süßkartoffel hergestellter Schnaps, der vergleichbar mit dem japanischen Sake ist.

Meistens fließt dann am Abend sehr viel Alkohol und dabei gilt es Folgendes zu beachten: Man gießt sich niemals selber ein, vielmehr bietet man jemand anderen an, ihm einzuschenken. Das Ablehnen des Nachschenkens wird als beleidigend empfunden. Falls man nicht mehr weitertrinken möchte, sollte man sein Glas also nie ganz austrinken.

Wie schon gesagt, sind Koreaner sehr gruppenbezogen und man sollte versuchen, dabei etwas mitzuhalten und sich in die Gruppe einfügen, denn das verbindet und man erntet Respekt dafür, dass man sich nicht ausgrenzt. Dies kann aber am nächsten Morgen auch zu extremen Kopfschmerzen führen.

Abschließend sollten noch ein paar Tabus beachtet werden, die es absolut zu respektieren gilt: Die Zahl 4 klingt auf Koreanisch ähnlich wie das Wort „Tod", weswegen einige Gebäude keinen vierten Stock haben, sondern nur ein Stockwerk, das kurzerhand F genannt wird.
Es ist daher anzuraten, bei Vertragszahlen für ein Produkt oder Projekt nicht unbedingt die Zahl 4 in der Summe erscheinen lassen.
Geschenke sollten nicht in weißes oder schwarzes Papier verpackt sein, denn die Farben sind für Trauerrituale vorbehalten, stattdessen ist goldfarbenes Papier empfehlenswert.
Bei persönlichen Einladungen sollte man nie ein Haus mit Schuhen oder barfuß betreten, sondern nur mit Socken oder Hausschuhen.
Ein weiteres Tabu ist, niemals etwas mit der linken Hand zu offerieren, da dies leicht als beleidigend ausgelegt wird.

Zum Schluss meines Kapitels über Südkorea möchte ich noch den Rat hinzufügen, dass man nicht gleich abreisen sollte, wenn man am Morgen in der Zeitung ließt, dass Nordkorea Seoul wieder einmal in ein „Meer von Flammen verwandeln und das ganze Land in Asche legen" möchte. Das wiederholt sich alle paar Monate und ist meistens nur Propaganda, oder doch nicht …?

Die koreanische Küche ist einzigartig in ihren Geschmacksnoten und mein persönlicher Rat für alle Geschäftsreisenden ist, gleich am ersten Tag typisch koreanisch zu essen. Das heißt, so viel Knoblauch, Peperoni, Schalotten und Kimchee zu sich zu nehmen wie möglich. Denn jeder Koreaner, ob Mann oder Frau, hat immer eine Aura von Knoblauch um sich, die alle Vampire auf mindestens 30 Meter Abstand hält.

Die einzige Möglichkeit, dies zu ertragen, ist, genauso zu riechen!

Man gewöhnt sich sehr schnell an das Essen, da es vorzüglich schmeckt, und Besucher können nicht wirklich behaupten, in Korea gewesen zu sein, wenn sie nicht Kimchee probiert haben.

Kimchee ist eingelegter Chinakohl, scharf gewürzt mit rotem Peperonipulver. Es gibt ihn in dutzenden Varianten und er wird zu fast jeder Mahlzeit eingenommen.

Beim Fleisch sollte man vorsichtiger sein, denn der Koreaner isst auch gerne Hund.

Geräuschvolles Essen ist normal, man schmatzt laut und ausgiebig und auch sonst äußert man geräuschvoll sein Wohlbefinden.

Unbedingt vermieden werden sollte aber, sich beim Essen zu schnäuzen, dies wird als anstößig und unhöflich empfunden.

Und jetzt noch der Wetterbericht:

In Südkorea herrscht ein gemäßigtes Klima. Die heißeste Jahreszeit ist die Regenzeit von Juli bis August. Im Dezember bis Januar ist es am kältesten. Frühling und Herbst sind mild und zumeist trocken.

Das Land gehört zur gemäßigten Klimazone und es gibt vier Jahreszeiten. Allerdings ist das Klima in einigen subtropischen Gebieten an der Südküste, auf der Insel Jejudo sowie in den Gebirgsregionen über 1700 Meter anders.

4 Japan: Hightech vor dem Vorhang und die Wahrheit dahinter

Japan

Fläche: 377.887 km²
Internationales Kfz-Kennzeichen: J
Landeswährung: Yen
Unterschied zur MEZ: + 8 h
Internationale Telefonvorwahl: + 81
Netzspannung/Frequenz: 110 Volt, 50/60 Hertz
Internet-TLD (Top Level Domain): .jp

Japan ist eine konstitutionelle Monarchie mit einem Kaiser (Tenno), der aber nur eine rein repräsentative Funktion hat. Es gibt seit dem Ende des Zweiten Weltkrieges ein demokratisches System mit Verfassung und Parlament.

Japan ist ein Archipel mit etwa 4000 Inseln und den vier Hauptinseln Hokkaido, Honshu, Shikoku und Kyushu, der sich über eine Verwerfung vor der Ostküste Asiens erstreckt. Die Koreastraße zwischen Japan und Südkorea ist etwa 180 km breit. Die japanischen Inseln bilden einen etwa 2.500 km langen Bogen. Im Südwesten liegen das Südchinesische Meer und die VR China, im Westen das Japanische Meer, Süd- und

Nordkorea sowie Russland. Im Norden, jenseits der La-Pérouse-Straße, befindet sich die russische Insel Sachalin und im Nordosten wird Japan durch die Nemuro-Straße von den russischen Kurilen-Inseln getrennt. Die östlichen und südöstlichen Küsten Japans grenzen an den Pazifischen Ozean.

Die Bevölkerungszahl beträgt etwa 127 Millionen Menschen, von denen bilden Japaner mit 99 % den größten Anteil, die größte Minderheit sind Koreaner.

Die überwiegende Mehrzahl der Japaner bekennt sich sowohl zum Shintoismus als auch zum Buddhismus. Grob geschätzt, sind mehr als drei Viertel aller Japaner sowohl Shintoisten als auch Buddhisten.
Zum Christentum zählen nur etwa 2,5 % der Bevölkerung, wobei sich die Anzahl bekennender Christen in den letzten 25 Jahren fast verdreifacht hat.
Knapp 10 % aller Japaner bekennen sich zu weiteren Religionen, meist zu den sogenannte Neuen Religionen, die sich vom Buddhismus oder Shintoismus herleiten.

Tokio ist die Hauptstadt Japans. Der innere Bereich von Tokio allein hat neun Millionen Einwohner. In der Präfektur Tokio wohnen insgesamt 13 Millionen Menschen.
Tokio ist umgeben von Millionenstädten, Saitama im Norden, Chiba im Osten sowie Yokohama und Kawasaki im Süden. Im Westen befindet sich die Tama-Region mit vier Millionen Einwohnern. Insgesamt umfasst die Tokio-Metropolregion etwa 37 Millionen Menschen.
Weitere wichtige japanische Geschäftsstädte und Regionen von Bedeutung sind Osaka mit 2,7 Millionen, Nagoya mit 2,3 Millionen, Fukuoka mit 2,5 Millionen, Kobe mit 1,5 Millionen, Kyoto mit 1,5 Millionen und Sapporo mit 1,9 Millionen Einwohner, ohne die Umlandpräfekturen miteinzurechnen.

Japanisch ist die Landessprache, Geschäftssprache ist neben Japanisch Englisch. Zwei Silbenschriften und eine komplexe Zeichenschrift mit Tausenden von Zeichen sorgen dafür, dass dem westlichen Reisenden erst einmal alles Geschriebene verschlossen bleibt. Doch das ist nur die halbe Wahrheit: Seit einigen Jahren wird in Japan vieles auf Englisch beschriftet: U-Bahnen, Züge, Bahnhöfe und Straßenschilder sind fast überall zweisprachig. Sogar die englischen Ansagen sind von einer Qualität, von der man in Deutschland als Ausländer nur träumen kann. Und weil sie zweimal kommen, haben auch langsame Geister eine Chance, an der richtigen Haltestelle auszusteigen.

Geschäftsreisende benötigen kein Visum für 90 Tage, sofern sie weder einer Erwerbstätigkeit, einem Studium noch einer Berufsausbildung nachgehen wollen. Für die Einreise benötigt man lediglich einen gültigen Reisepass. Seit November 2007 werden Ausländern bei der Einreise jedoch Fingerabdrücke abgenommen und vor Ort eine Gesichtsaufnahme gemacht. Bei Weigerung kann die Einreise verweigert werden.

Die medizinische Versorgung in Japan ist mit der in Europa zu vergleichen. Hygienisch und technisch sind die Krankenhäuser in einem sehr guten Zustand. Obwohl in den großen Städten englisch- und deutschsprachige Ärzte zur Verfügung stehen, kann die Kommunikation mit den Ärzten ausgesprochen schwierig sein. Generell gilt für Japanreisende: Eine Auslandkrankenversicherung lohnt sich. Im Notfall werden dann auch die Behandlungs- und Transportkosten erstattet.

Die japanische Währung ist der japanische Yen, abgekürzt: ¥ (oder JPY bei Wechselkursen). Japan ist ein Bargeld-Land und in überraschend vielen Fällen werden Kreditkarten nicht akzeptiert. In den Business-Hotels und internationalen Restaurants ist das natürlich kein Problem. Aber trotzdem sollten man immer genügend Geld wechseln und Bargeld dabeihaben. Natürlich hängt dies davon ab, ob man ländliche Regionen oder etwa die Metropole Tokio besucht, aber eine angemessene Summe Bargeld sollte man immer mit sich führen. Es besteht die Möglichkeit, am Zielort bei Banken Euro in Yen zu tauschen oder Bargeld via Kreditkarte zu beziehen. Vor Abreise sollte man allerdings bei seinem Kreditkarteninstitut die Möglichkeiten und Gebühren des Auslandseinsatzes abfragen. Zudem sind in den japanischen Metropolen heute auch teilweise Zahlsysteme via Mobiltelefon im Einsatz.

Für den Mobilfunk benötigt man ein G3-Handy oder man leiht sich zum Beispiel ein Handy am Flughafen. Vorausbezahlte Telefonkarten sind auch üblich und überall erhältlich. Internet ist überall zugänglich, aber es gibt wenige WLAN-Hotspots und für diese muss man sich teilweise anmelden. Eine andere Möglichkeit, ins Internet zu gelangen, sind die japanischen Internetcafés, auch Mangacafés genannt, in denen es aber schwierig ist, seinen eigenen PC zu benutzen.

Wer geschäftlich nach Japan reist, hat die Wahl zwischen verschiedenen internationalen Flughafen und sollte als Reiseanlaufstation den ersten gesetzten Terminort wählen.
Die wichtigsten Flughäfen in Japan sind der Narita International Airport bei Tokio, der Kansai International Airport bei Osaka und der Central Japan International Airport bei Nagoya.

Tokio:
Der Narita Express verbindet den Flughafen mit dem Hauptbahnhof der Innenstadt von Tokio und den zentralen Bahnhöfe Shinagawa, Shinjuku und Ikebukuro, es bestehen Direktverbindungen nach Yokohama und Saitama. Der Keisei Skyliner Airport Express verbindet Narita mit dem Bahnhof Ueno in Tokio. Die Bahnfahrten dauern in der Regel circa 40 bis 60 Minuten.
Eine gute und günstige Alternative sind die Limousinen-Busse, die für die Fahrt ins Zentrum von Tokio etwa 60 bis 90 Minuten benötigen. Viele Busse halten an den großen internationalen Hotels.
Taxifahrten dauern etwa 60 bis 90 Minuten, aber es sollten eventuelle

Verspätungen durch schlechte Verkehrsbedingungen eingeplant werden. Außerdem sind die Taxifahrten vom Airport nach Tokio extrem teuer.

Osaka:
Der Flughafen Kansai International ist durch verschiedene Bus- und Bahnlinien mit dem Zentrum Osakas sowie umliegenden Städten wie Kyoto und Kobe verbunden.
Der JR Limited Express Haruka verbindet in 45 Minuten Fahrtzeit den Kansai Airport mit Osaka (Tennoji, Osaka, Shin-Osaka) und fährt weiter bis nach Kyoto.
Der Nankai Limited Express fährt vom Kansai Airport zum Bahnhof Namba im südlichen Zentrum Osakas in ca. 30 Minuten.
Auch hier ist gibt es die üblichen Limousinen-Busse ins Zentrum Osakas sowie nach Kyoto oder Kobe, sie sind günstig und schnell. Sie halten im Großraum Osaka auch an großen Hotels und benötigen ca. 60 Minuten.
Taxifahrten sind nicht zu empfehlen, da sie sehr teuer sind.

Nagoya:
Seit 2005 besitzt Nagoya einen internationalen Flughafen, der wie der Kansai Airport auf einer künstlichen Insel, ca. 35 km südlich vom Stadtzentrum, erbaut ist. Mit der Nagoya-Railroad-Meitsu-Linie gelangt man in etwa 30 Minuten zum Hauptbahnhof der Innenstadt.
Die Limousinen-Busse fahren alle großen Hotels in der Stadt an und auch weiter entfernte Ziel im Raum Nagoya. Mit dem Bus dauert es ungefähr eine Stunde in die Stadt.
Taxifahrten sind auch hier nicht zu empfehlen, da sie wiederum ein Mehrfaches wie Bahn oder Bus kosten.

Generell kann man sagen, dass Japan über ein hervorragendes öffentliches Transportnetz verfügt, das die Benutzung von Taxis und anderen Mietfahrzeugen vor allem in den Ballungsgebieten fast unnötig macht. Die Bahn- und Busverbindungen sind häufig schneller als Taxis und in jedem Fall günstiger.

Anfangs mag das ganze System der verschiedenen Bahnlinien etwas verwirrend wirken, aber man lernt sehr schnell, welche Linien wann wohin fahren.

Es gibt im Internet viele hervorragende Informationen über die Bahn- und Busverbindungen in Japan und man kann als Ausländer auch einen „Japan Rail Pass" kaufen. Die Firma wird es danken, da ein solcher Pass einiges an den nicht unerheblichen Reisekosten in Japan einsparen kann.

Die Hochgeschwindigkeitszüge der Shinkansen-Linie sind die beliebteste Verbindung zwischen den großen Metropolen Japans und es ist ein Erlebnis, mit dem Nozomi die 500 km lange Strecke zwischen Tokio und Kyoto in 140 Minuten zurückzulegen.

Für die kurzen Strecken von den Bahnhöfen zu den gewünschten Geschäftsadressen ist dann aber doch zumeist ein Taxi nötig.

Obwohl die meisten japanischen Großstädte internationale Metropolen sind, sprechen die Taxifahrer nur wenig Englisch. Außerdem sind die Städte sehr groß und oft kennt der Fahrer das gewünschte Ziel nicht.

Es ist daher ratsam, sich immer im Voraus eine Anfahrtsbeschreibung zu besorgen.

Ich bin oft und viel in Japan gereist und war immer begeistert von der Pünktlichkeit des Shinkansen und der Busse und Bahnen sowie von dem erstaunlich geordneten Transport so vieler Millionen von Menschen täglich.

Wo in der Welt sieht man salutierende Zugschaffner, Züge, die auf den Millimeter genau am Bahnhof an den Ein- und Aussteigemarkierungen halten und für Frauen und Schulmädchen reservierte Waggons haben.

Die für Frauen und Schulmädchen reservierten Waggons werden eingesetzt, um die berüchtigten Grabscher, auf Japanisch „Chikan", abzuhalten.

Einfach gesagt, Japans Transportwesen funktioniert und man braucht sich wenig Sorgen zu machen, um von A nach B zu gelangen.

Japan hat nach dem verlorenen Zweiten Weltkrieg eine freie industrialisierte Marktwirtschaft aufgebaut und ist in Asien, neben China, die stärkste Wirtschaftsmacht.

Die japanische Wirtschaft ist hoch effizient, ihre Stärken liegen besonders im internationalen Handel und in der forschungsintensiven Hochtechnologie. Japan gehört aber auch zu den Ländern mit der größten Importquote an landwirtschaftlichen Produkten der Welt, da nur ca. 12 % der japanischen Landfläche landwirtschaftlich genutzt wird.

Nachdem die alten „Zaibatsu"-Strukturen (Finanzcliquen) vom Vorkriegs-Japan durch eine Entflechtung der Konzerne auf der Basis des Antimonopoly Act abgeschafft worden waren, formierten sich neue Gruppen, die sogenannten „Keiretsu" (Netzwerkorganisationen).

Im Grunde waren es die alten Gruppen, nur unter neuem Namen, wie unter anderem die sechs größten, die Mitsui-, die Mitsubishi- und Sumitomo-, die Fuyo-, die Sanwa- sowie die DKB-Gruppe (Dai-Ichi Kangyo Bank).

Keiretsu bezeichnet den Verbund japanischer Unternehmen, die durch den Besitz gegenseitiger Firmenanteile aneinander gebunden bzw. voneinander abhängig sind. Keiretsu basiert auf langfristigen, familienähnlichen, durch gegenseitiges Vertrauen gekennzeichneten Beziehungen zwischen den beteiligten Unternehmen. Diese wirtschaftlichen Verbünde oder Netzwerkorganisationen bestehen in der Regel aus einer Vielzahl von Unternehmen, gruppiert um ein großes Industrieunternehmen, eine zentrale Großbank und ein Generalhandelshaus.

Es gibt die vertikalen Kereitsu, die in einer Pyramidenstruktur mit einem Kernunternehmen verbunden sind und deren Basis viele, vom Kernunternehmen abhängige, eng zusammenarbeitende Unternehmen bilden. Dem inneren Netzwerk der Kereitsu gehören komplementäre Handels-, Finanz- und kleinere Industrieunternehmen an. Im äußeren Netzwerk um diese Gruppe befinden sich verstreut viele Subunternehmen, Zulieferer und andere Service-relevante, dem großen Geflecht dienende Firmen. Diese Struktur findet man oft in der Automobilindustrie.

Des Weiteren unterscheidet man die horizontalen Kereitsu, bei denen sich Unternehmen aus verschiedenen wirtschaftlichen Bereichen über Kreuzbeteiligungen miteinander verbinden. Hierbei haben die Unternehmen mehr oder weniger nur finanzielle Beteiligungen untereinander, sind meistens in verschiedenen Industrien tätig und haben wenig direkte unternehmerische Verbindung.

Noch haben die Kereitsu Bestand, aber der Wandel der Zeit, westliche Investoren, der sogenannte Shareholder Value und andere externe Einflüsse haben ihre Strukturen bereits aufgeweicht und die alten Prinzipien des japanischen Wirtschaftswertesystems untergraben.

Es gibt in Japan ein paar gesellschaftlich und kulturell bedingte Eigenheiten, die sich im Wirtschaftssystem und im Geschäftsgebaren widerspiegeln, wie zum Beispiel die ausgeprägte konfuzianische Gesellschaftslehre.
Die stark entwickelte Gruppenideologie, in der sich der individuelle Japaner dem Wohl der Allgemeinheit unterordnet, findet ihren Widerhall in den Unternehmen, wo der einzelne Arbeiter nicht seinen eigenen Vorteil sucht, sondern das Wohl des Unternehmens immer Vorrang hat.
Diese Loyalität des Arbeitnehmers begründet aber auch die Beschäftigungspolitik der Unternehmen. Es ist allgemein üblich, dass Unternehmen eine lebenslange Beschäftigung gewähren und Arbeiter oder Angestellte bis zum 65. Lebensjahr, der Altersgrenze, beschäftigt bleiben, wenn nicht im Stammunternehmen, dann aber zumindest innerhalb der Keiretsu. Die Verbundenheit zwischen Unternehmen und Arbeitern geht so weit, dass viele der Angestellten ihr Privatvermögen bei der Keiretsu-Hausbank anlegen, die wiederum dem Unternehmen für Investments zur Verfügung steht.

In Japan gilt ein älterer Mensch als weise und in Firmen und Unternehmen spiegelt sich dies in der Führungshierarchie wider. Senioren mit einer langen Firmenzugehörigkeit sind meist in höheren Positionen tätig und verdienen auch mehr als die jüngeren Kollegen. Unternehmen haben oft

Gruppierungen von mehreren jüngeren Angestellte um einen Älteren herum, das sogenannte „Kohai-Senpai-Prinzip", wobei „Kohai" für „Lehrer" und „Senpai" für „Schüler" steht.

Ich gehe hier nur oberflächlich auf Kereitsu und japanische wirtschaftskulturelle Eigenarten ein und hoffe, es macht Sinn, was ich zu erklären versuche. Denn es ist für den Geschäftsreisenden wichtig, über die Verflechtung der Unternehmungen sowie deren Mitarbeiter und ihre absolute Loyalität zum Arbeitgebern Kenntnis zu haben, vielleicht nicht so sehr im Detail als mehr generell. Es gibt hierzu einiges an Literatur und wer viel und oft in Japan zu tun hat, sollte sich diese beschaffen und lesen. Vielleicht macht dies es nicht einfacher, Geschäfte in Japan abzuwickeln, aber, so können Sie mir glauben, es wird dadurch vieles verständlicher und es erklärt einiges über die Verhaltensweise im Umgang mit japanischen Unternehmungen und deren Angestellten.

Im Geschäftsleben wird sehr großer Wert auf Pünktlichkeit gelegt, man sollte daher darauf achten, bei Meetings und Geschäftsessen immer etwas vor der vereinbarten Zeit zu erscheinen.

Die Begrüßung in Japan erfolgt durch ein leichtes Verbeugen in Richtung des Gegenübers, je nach Rang und Status kann die Verbeugung auch etwas tiefer ausfallen. Der Handschlag, mittlerweile überall üblich, ist aber nicht mehr unbedingt notwendig, wenn man die japanische Form der Begrüßung praktiziert hat. Man sollte trotzdem abwarten, ob der Begrüßte einem zusätzlich die Hand entgegenstreckt.
In der Regel wird man durch Dritte vorgestellt, wobei ein im Rang niedriger angesiedelter Mitarbeiter seine Kollegen, angefangen beim Ranghöchsten, dem Gegenüber vorstellt.
Statt wie in der westlichen Kultur dem Namen ein „Herr" oder „Frau" bzw. ein „Mr." bzw. „Mrs." Namen voranzustellen, wird bei der Anrede in Japan dem Namen ein „-san" angehängt. Wie zum Beispiel „Satomoto-san" oder „Meier-san", es kann aber auch für Firmennamen angewendet werden wie „Mitsubishi-san" oder „Sanyo-san".

Ausländer werden von Japanern oft „Gaijin" genannt. Das bedeutet so viel wie „Nicht-Japaner" und ist abgeleitet von „gaikokujin" was „Fremde-Länder-Einwohner" heißt.

Visitenkarten werden „Meishi" genannt und man benötigt sehr viele von ihnen in Japan. Daher sollte man sich vor seiner Abreise reichlich eindecken. Wie fast überall in Asien üblich, werden auch in Japan die Visitenkarten mit beiden Händen übergeben und entgegengenommen.

Man behandelt die Visitenkarten mit Respekt und legt sie während des geschäftlichen Meetings vor sich auf den Tisch. Es gilt als unhöflich, die Visitenkarten einfach wegzustecken oder sie in irgendeiner Form zu beschreiben.

Man kleidet sich gepflegt, dunkler Anzug und Krawatte sind im Geschäftsleben Japans normal. Bunte Farben bei Krawatten oder anderen Accessoires gelten als unseriös und hinterlassen keinen guten Eindruck.

Saubere Schuhe und Strümpfe ohne Löcher sind wichtig, speziell wenn man nach den Meetings zum Essen in ein japanisches Restaurant geht, in denen oft die Schuhe ausgezogen werden.

Um Energie zu sparen, werden vom 1. Juni bis zum 30. September die Büros nicht mehr so stark klimatisiert und kurzärmelige Hemden ohne Jacketts sind die Norm. Auch Krawatten werden oft abgelegt, aber für jegliches Geschäftstreffen sollte man wieder proper gekleidet sein.

In Verhandlungen mit Japanern habe ich gelernt, dass man sich Zeit nehmen und die Verhandlungen langsam beginnen lassen sollte, um sie dann erst auf ein konkretes Thema zu lenken. Speziell bei Konflikten äußern Japaner ihre Meinung selten direkt und sind versucht, immer auszuweichen. Man sollte sich dem anpassen und, um gegenseitigen Gesichtsverlust zu vermeiden, auf Kompromisse hinwirken. In Japan werden in überschwänglichem Maße Komplimente gemacht. Man sollte, wenn es die Situation erlaubt, auch selbst reichlich welche aussprechen. Es wird als höflich empfunden und gehört zum guten Stil. Wenn einem Komplimente gemacht werden, sollte man sie höflich zur Kenntnis nehmen, leicht zurückweisen und herunterspielen. Es wird als Bescheidenheit, die hoch geachtet ist, immer gut ankommen.

Die Japaner sind sehr geschickt in Verhandlungen und testen einen neuen Geschäftspartner immer wieder aus. Sie erforschen sein Verhalten in verschiedenen Situationen und wie weit sie ihn zu ihrem eigenen Vorteil manipulieren können. Eine meiner besten Erfahrungen in Japan war die Neuentdeckung des kleinen Wortes „Nein". Man sollte sich schnell angewöhnen, nach der Methode „Geben und Nehmen" zu verhandeln und öfter mal Nein zu sagen.

Meine persönliche Erfahrung war folgende: Ich war ein Japan-Neuling und in einer meiner ersten Verhandlungen bei Mitsubishi Heavy Industries fragte mich mein Geschäftspartner, ob er die Maschine, die ich ihm anbot, auch in einer etwas längeren Version haben könnte. Es machte keinen großen Unterschied für uns und ich sagte ja, kein Problem. Danach kam die Frage, ob sie die Maschine auch in einer anderen Höhe bekommen könnten. Nach kurzem Überlegen und um den Auftrag nicht zu gefährden, sagte ich wiederum ja, warum nicht. Sofort wurde die nächste Frage gestellt, ob wir die Maschine auch etwas schneller machen könnten. Da ich wusste, dass wir schneller waren, als die Spezifikationen zeigten, sagte ich wiederum ja, das sollte machbar sein. Die nächste Frage kam sofort: ob die Maschine auch in der Firmenfarbe ihres Unternehmens lieferbar wäre, was ich wiederum mit Ja beantwortete, obwohl es dafür einer speziellen Lackierung bedurfte und es mit Mehrkosten verbunden war. Bei mir klingelten die Alarmzeichen, da die Fragen nach Änderungen der Spezifikationen nicht endeten und ich natürlich mit dem Auftrag erfolgreich sein wollte.

Nachdem ich Zusage nach Zusage gemacht hatte, riss mir der Geduldsfaden bei der Frage nach einem verkürztem Liefertermin. Erst eine Spezialkonstruktion und dann noch extra schnell – ich sagte einfach Nein und dachte, der Auftrag sei damit verloren. Aber was geschah zu meiner Verwunderung? Die Japaner sagten einfach nur „Okay" und die Unterzeichnung erfolgte ohne weitere Probleme.

Nach dieser Erfahrung habe ich natürlich nicht immer, aber immer öfter einfach Nein gesagt und dann oft einfach nur „Okay" gehört, ohne einen Auftrag zu verlieren.

Ich muss auch eingestehen, dass ich etwas vom Respekt gegenüber dem Hightech-Land während meiner weiteren vielen Reisen nach Japan verlor. Hinter dem Vorhang des supermodernen Technologie-Exportlandes und dem Glitzern der Großstädte waren Japans Fabriken und die Infrastruktur der Städte vielerorts einfach veraltet, reparaturbedürftig und ohne Frage absolut überholungsbedürftig. Im Ueno-Park sowie in vielen anderen Parks des Landes hatten Obdachlose permanent ganze Zeltstädte errichtet und man fragte sich schnell, wo das Sozialsystem Japans ist und ob die Anstellung auf Lebenszeit noch seine Berechtigung hat.

Dennoch hatte das Hightech-Japan immer wieder Überraschungen für mich bereit, wie zum Beispiel die Toilette in meinem Hotel in Ueno, Tokio.
Der beheizbare Sitz war das Eine, aber die Konstruktion für die integrierte Waschung meines Allerwertesten war etwas ganz Anderes.
Eine Bedienungskonsole neben der Toilette erweckte meine Neugier, ich presste also die verschiedenen Tasten und plötzlich kam langsam ein Metallstab aus der unteren inneren Rückwand der Toilette rausgefahren. Beim Blick auf den Metallstab und dem Pressen der nächsten Taste machte ich dann die nasse Erfahrung einer unfreiwilligen Gesichtsdusche. Vom ersten Schreck erholt und laut lachend, wurde aber mir dann sogleich beim Pressen der dritten Taste mein Gesicht durch ein Heißluftgebläse automatisch getrocknet. Zusätzlich muss ich dazu noch sagen, dass dieser Service in verschiedenen Stärken abrufbar war.
Es lebe der erfinderische Geist der Japaner und ein „Blowjob" der japanischen Art.

In Japan geht man nach dem gemeinsamen Geschäftsessen oft weiter in die Nachtclubs oder Hostessen-Bars und Alkohol fließt reichlich. Karaoke-Bars sind sehr beliebt und es gibt sie unzählig in allen Variationen, vom kleinen

Raum mit nur einer kurzen Bar mit fünf Hockern bis zum großen Saal mit etlichen Tischen und Bühne.

Ein normaler Abend mit meinem Geschäftspartner führte mich durch mindestens fünf dieser Etablissements pro Nacht und wir waren selten in derselben Bar zweimal.

Japaner sind kalkulierend und hoffen, dass der Konsum von Alkohol die Zunge lockert und sie Informationen erhalten, die sie bei normalen Gesprächen nicht bekommen. Man trinkt aber nicht nur aus diesem Grunde miteinander, sondern auch zum besseren Kennenlernen und um Hemmungen abzubauen. Es wird gegenseitig eingeschenkt und das Glas immer mit beiden Händen gehalten. Man sollte sich aber nie selber etwas einschenken, sondern warten, bis man nachgeschenkt bekommt.

Japaner trinken oft bis zum Abwinken und Stillstand der Augen. Gerade an den Zahltagen und bei Firmenfestivitäten sieht man sie oft hemmungslos betrunken aus einer Gaststätte torkeln. In der Regel betrinken sie sich zu solchen Anlässen sehr schnell und noch sehr früh am Abend, damit sie trotz Betrunkenheit ja den letzten Zug nach Hause nicht verpassen.

Wenn man dann morgens mit Kopfschmerzen aufwacht und das Zimmer wackelt, ist das nicht unbedingt auf den Alkohol zurückzuführen. Die Kopfschmerzen schon, aber das Zimmerwackeln kann durchaus ein Erdbeben sein. Japan hat ständig kleinere Erdbeben und manchmal auch größere so wie in Kobe 1995 oder gerade Anfang 2011 in Fukushima, nördlich von Tokio.

Noch ein paar kleine Verhaltensregeln sollte man beachten, wenn man in Japan unterwegs ist.

Immer alle Konflikte ruhig klären und ja nicht laut und wütend werden. Japaner sind harmoniebedacht und werten ein solches Verhalten als sehr negativ.

Niemals öffentlich die Nase putzen und falls sie einmal läuft, diskret auf der Toilette ausschnauben oder auch, wenn nicht anders möglich, einfach hochziehen. Dies wird als weitaus besseres Benehmen angesehen, als sich öffentlich die Nase zu putzen.

Falls man ein Golfer ist und die Möglichkeit hat, mit japanischen Geschäftspartnern Golf zu spielen, kann man sich sehr glücklich schätzen. Denn Golf
in Japan ist teuer und Abschlagszeiten sind nicht einfach zu bekommen.
Wie bei allem in Japan wird Pünktlichkeit auch beim Golf groß geschrieben.
Der erste Abschlag erfolgt auf die Minute genau. Man hat in Japan immer
zwei Abschlagszeiten, die für die ersten Neun und dann für die zweiten
Neun. Meistens ist nach den ersten Neun eine Pause von 45 bis 60 Minu-
ten eingeplant, in der man sich im Clubhaus erfrischt und gemütlich eine
kleine Mahlzeit zu sich nimmt.
Die japanischen Golfplätze sind perfekt und die Greens sehen aus, als ob
sie einer Maniküre unterzogen werden. Hinter jedem dritten Loch steht
ein kleines Rasthaus und es werden, je nach Jahreszeit, kalte oder heiße
Erfrischungstücher gereicht.
Die Caddies sind sehr gut trainiert und finden sehr schnell heraus, welchen
Schläger man für welchen Schlag benutzen möchte oder besser sollte.
Im Japan hat sogar beim Golfen die Technologie ihren Einzug gehalten. Ich
habe in Tokio auf einem Platz gespielt, der hatte sogar eine Rolltreppe zu
einem erhöhten Abschlag auf einem Hügel – man kann nur noch sagen:
Es lebe der Fortschritt!
Die Japaner sind leidenschaftliche Golfer und wetten bei einer Runde
Golf gerne um kleine Summen. Man sollte aber dem Irrglauben, dass
man den japanischen Geschäftspartner gewinnen lassen sollte, sofort
vergessen,
Japaner bewundern es, wenn jemand gut Golf spielt, und es erhöht das
Ansehen.
Natürlich ist es angebracht, falls man gewinnt, sofort mit dem Gewinn das
Essen oder die Getränke zu sponsern. Das kommt immer gut an und auch
wenn es zurückgewiesen wird, sollte man darauf bestehen.
Japaner achten, wie auch ich, beim Golf auf die Charaktereigenschaften
des Partners, ein gutes, ruhiges ehrgeiziges Spiel mit wenig Ärger über
schlechte Schläge bringt dem Kontrahenten Ansehen.
Also bitte nicht fluchen und den Schläger wegschmeißen, falls mal ein
Schlag danebengeht, es ist nicht gut fürs Geschäft.

Golf dauert in Japan einen ganzen Tag lang und wird immer mit einem ausgiebigen, traditionellen japanischen Bad im Golfclub abgeschlossen.

Wer Sashimi, Sushi, Teppanyaki, Tempura, Shabushabu, Teriyaki, Yakitory und allgemein japanisches Essen mag, ist natürlich in Japan im Land des Ursprungs dieser Köstlichkeiten.
Ich habe selten so gut und exquisit gegessen wie in Japan. Der dortige Hang zu Harmonie und Perfektion wirkt sich auch in der Präsentation der Speisen aus und wer jemals in einem Restaurant in Japan ein mehrgängiges Menü eingenommen hat, weiß, wovon ich rede.
Mir wurde einmal im Süden Japans eine kleine Tomate auf einer Eisschale gereicht, kunstvoll arrangiert. Diese Tomate gab es nur in dieser Region und nur zu einer bestimmten Jahreszeit. Ich habe bisher nie wieder in meinem Leben eine so gut schmeckende Tomate gegessen.
Im Gegensatz dazu gab es für einen alten Geschäftsfreund von mir nichts Besseres, als in den Restaurants jeder kleinen Seitengasse eines Ortes die lokalen kalten, übelriechenden Fischspezialitäten zu essen.
Es ist noch eine Eigenart zu erwähnen: Falls man in Japan mal nach einem Restaurant sucht, sollte man nicht wie bei uns immer nur ebenerdig, sondern mindestens bis in die Höhe von sechs Stockwerken Ausschau halten.

Und jetzt noch der Wetterbericht:
Japan hat vier deutlich voneinander abgegrenzte Jahreszeiten: Frühling, Sommer, Herbst und Winter. Zwei der schönsten Attraktionen Japans sind die Kirschblüte im Frühling und das kraftvolle Rot, Orange und Gelb des Herbstlaubes. Die Japaner genießen den Wechsel der Jahreszeiten und verfolgen ihn über spezielle Karten, die z.B. anzeigen, wo gerade die Kirschblüte oder das Herbstlaub in voller Pracht zu sehen sind.
Der hohe Norden und der Süden Japans haben ein ganz unterschiedliches Klima. Im März kann man zum Beispiel im Süden in der Sonne liegen und im Norden Ski fahren!

5 Mongolei: Weit ist die Steppe ...

Mongolei

Fläche: 1.566.500 km²
Internationales Kfz-Kennzeichen: MNG
Landeswährung: Tugrug, 1 Tugrug = 100 Mungh
Unterschied zur MEZ: Westmongolei: + 6 h, Zentralmongolei: + 7 h,
Ostmongolei: + 8 h
Internationale Telefonvorwahl: + 976
Netzspannung/Frequenz: 220 Volt, 50 Hertz
Internet-TLD (Top Level Domain): .mn

Die Mongolei ist ein noch relativ junger Staat. Seit 1992 ist sie eine Republik, vorher war sie eine Volksrepublik. Die Verfassung stammt aus
demselben Jahr. Das Einkammerparlament setzt sich aus 76 Abgeordneten zusammen. Das Staatsoberhaupt wird alle vier Jahre direkt gewählt.
Die Mongolei ist seit 1921 von China unabhängig, wurde allerdings erst
1946 vom Nachbarland anerkannt. Die Mongolei liegt in Zentral- und in
Ostasien. Im Norden grenzt das Land an die Russische Föderation und
im Süden an China. Die Mongolei hat keinen Meereszugang, ist also ein
Binnenstaat.

Trotz der immensen Größe leben nur ca. 3,1 Millionen Menschen in der
Mongolei. Etwa 94 % davon sind reine Mongolen, 4,2 % Kasachen, 1,1 %

Tuviner und darüber hinaus gibt es noch ein paar andere kleinere Minderheiten.
Die Hauptreligion in der Mongolei ist der lamaistische Buddhismus. Etwa 50 % der Einwohner folgen diesem tibetischen Buddhismus, weitere 40 % sind konfessionslos, 6 % sind Christen und ca. sind 4 % Muslime.

Mongolisch ist die Amtssprache des Landes, weitere Sprachen sind Kasachisch sowie Russisch und etwas Englisch. Die mongolische Sprache gehört zur altaischen Sprachfamilie, deren einzelne Sprachen in vielen Ländern Südosteuropas, in Vorder- und Zentralasien sowie in Südsibirien und Nordchina gesprochen werden. Zu den wichtigsten Vertretern der altaischen Sprachen gehören die Turksprachen, z.B. Bulgarisch, Usbekisch, Aserbaidschanisch, Kasachisch, Türkisch und die mongolische Sprache.

Die Hauptstadt ist Ulaanbaatar (Ulan Bator), sie hat knapp eine Millionen Einwohner, das ist fast ein Drittel der Bevölkerung. Ulaanbaatar ist das schnell wachsende Zentrum der Wirtschaft, Politik und Kultur des Landes. In kaum einem anderen Land der Erde ist so eine starke Zentralisierung aller Funktionen in nur einer einzigen Großstadt zu finden. 40 % der Gesamtbevölkerung der Mongolei leben in Ulaanbaatar, alle bedeutenden Hochschuleinrichtungen befinden sich in der Hauptstadt und nahezu die gesamte Industrieproduktion, mal abgesehen vom Bergbausektor, wird hier realisiert.

Für die Mongolei wird ein Visum benötigt, das von jeder mongolischen Botschaft oder jedem Konsulat des Landes ausgestellt wird. Standardvisa gelten für 30 Tage, sie können aber im Land ohne Probleme um 60 Tage verlängert werden.

Die medizinische Versorgung in der Mongolei ist nicht mit der westlichen zu vergleichen und an lokale Verhältnisse angepasst. Vielerorts ist die Verständigung mit den Ärzten sehr schwierig und es ist ratsam, für eine Reise in die Mongolei eine Reiserückholversicherung abzuschließen. Die Mitnahme einer eigenen kleinen Reiseapotheke ist ebenfalls empfehlenswert

Die Landeswährung in der Mongolei ist der Tugrik (MNT), ein Tugrik sind 100 Moengoe. 1 Euro entspricht ca. 1,39 MNT. Nehmen Sie vorzugsweise Reiseschecks in Dollar mit, diese können leichter getauscht werden als Euro. Da der Wechselkurs für Bargeld günstiger ist, sollten Sie es ausreichend in kleinen Scheinen dabeihaben. Denken Sie daran, in Ulan Bator ausreichend Geld zu wechseln, da Sie im Rest des Landes Schwierigkeiten haben werden, Banken zu finden. Kreditkarten von Visa, Mastercard und American Express werden nur in großen Hotels, Restaurants und Geschäften in der Hauptstadt angenommen. Ansonsten nützen sie Ihnen wenig. Es gibt in der Hauptstadt mittlerweile auch ATM-Geldautomaten, aber meistens nehmen die nur Visa-Karten und auch das klappt nicht immer.

In der Hauptstadt gibt es ein gut funktionierendes Telefonnetz und auch Auslandsverbindungen klappen normalerweise in beide Richtungen ganz gut. Mobilfunk und Internet sind weit verbreitet und erleben einen wahren Boom in der Mongolei. Fast alle Hotels bieten Internetzugang und es gibt zusätzlich reichlich Internetcafés, aber nur in den Städten. Die mongolischen Mobilnetzbetreiber verwenden das weitverbreitete GSM-System. Technisch steht also dem Roaming mit einem europäischen Mobiltelefon nichts im Weg. Voraussetzung ist, dass der eigene Anbieter mit einem mongolischen Netzbetreiber einen Roaming-Vertrag mit bezahlbaren Gebühren abgeschlossen hat. Und natürlich ist nur in der Umgebung von Ulaanbaatar mit Empfang zu rechnen. Auf dem Land bleibt man mit einem Satellitentelefon oder per Mittelwellenfunk erreichbar. Es lohnt, sich eine lokale SIM-Karte zu besorgen, da die Tarife innerhalb der Mongolei sehr günstig sind.

Die Mongolei ist ein geschichtsträchtiges Land und man wird sofort bei der Landung auf dem einzigen internationalen Flughafen „Genghis Khan" daran erinnert. Der Flughafen liegt etwa 18 km südwestlich der Hauptstadt. Die Fahrt mit dem Taxi oder der Hotellimousine in die Stadt dauert etwa 25 Minuten.

Die Mongolei gehört zu den zehn rohstoffreichsten Ländern der Welt. Kupfer, Gold, Silber und Uran sind reichlich vorhanden, zudem gibt es Seltene Erden, die für die Hightech-Industrie benötigt werden. Die Mongolei ist ungefähr viereinhalb mal so groß wie Deutschland, aber mit nur 3,1 Millionen Einwohner der am dünnsten besiedelte Staat der Welt. Wirtschaftlich gesehen, ist die Mongolei mit den vielen reichen Bodenschätzen in einer guten Position. Länder wie China und Russland sowie europäische Staaten wollen sich ihren Anteil an den Bodenschätzen sichern. Ihr Abbau trägt heute schon etwa 50 % zum Einkommen des Landes bei. Kohle, Kupfer Uranoxid, Eisenerz, Öl, Molybdän und andere wichtige Rohstoffe werden in den Minen gefördert und von den fast 6000 in der Mongolei bekannten Vorkommen werden heute erst etwa 170 kommerziell genutzt.

Die Mongolei ist durch ihre Bodenbeschaffenheit und das Klima nicht sehr geeignet für einen guten Ackerbau, aber die Nomaden sind sehr erfolgreich in der Viehwirtschaft und etwa 37 % des Landeseinkommens erwirtschaftet die Fleischproduktion für die hungrigen Nachbarn wie China und Russland.

Der Tourismus ist eine schnell wachsende Industrie und die Mongolei erfreut sich am Interesse der Welt an seiner Landschaft und seiner legendären Geschichte. Die Reisezeit ist aber leider durch kalte und harte Winter stark limitiert. Auch die für Urlaubsreisen nötige Infrastruktur benötigt dringend eine Überholung.

Wie in allen wirtschaftlich schnell wachsenden Ländern hat der rapide Wachstum immer ein zweites Gesicht, eine positive wie auch eine negative Ausstrahlung.

Die Städte wachsen und die Einwohnerzahl Ulaanbaators ist in den letzten zehn Jahren von 450.000 auf knapp eine Million Einwohner angewachsen. Sie wird schätzungsweise innerhalb der nächsten fünf Jahre weiter auf 1,3 Millionen steigen. Es müssen Wohnungen für die Bürger geschaffen werden und auch sonst muss die Infrastruktur an die neuen Verhältnisse angepasst werden.

Wie auch die Infrastruktur für den Abbau der Bodenschätze Fragen in Bezug auf die ökologischen Auswirkungen aufwirft, so hat auch der soziale Aspekt der Städteplanung Problemzonen, die schnell in Vetternwirtschaft und Korruption untergehen.

Die Möglichkeiten für gute Geschäfte sind vorhanden, aber die Gesetzgebung ist schwach und durchzogen von Bürokratie und Korruption. Die Undurchsichtigkeit der Regeln und Praktiken der Regierung in Bezug auf den privaten Geschäftssektor erleichtert die Geschäfte nicht gerade.

Es gibt keine Reisebeschränkungen im Land und man kann überall hinreisen, aber die bessere Infrastruktur beschränkt sich auf die Städte und auf dem Land selber sind die Straßen weniger ausgebaut und auch Hotels findet man im Landesinneren kaum.

Die Familienbindung hat die Generationen überdauert und noch heute sind 40 % der Mongolen Nomaden, sie leben umherziehend mit ihren Herden in der weiten Steppe.

In den ländlichen Gegenden findet man sogenannte Ger-Camps. Die mongolischen Gers sind typisch für den nomadischen Lebensstil der Mongolen und gehen bis in die Zeit von ca. 2500 bis 300 v. Chr. zurück.

Die mongolischen Gers sind aus Holz und Fellen gebaute Hütten, die aber mittlerweile erstaunlichen Komfort aufweisen, manche haben sogar Dusche und Toilette.

Wichtig für Geschäftsleute, die das erste Mal in die Mongolei reisen, ist, schnell persönliche Geschäftsbeziehungen aufzubauen, sowohl mit privaten Geschäftspartnern als auch mit den behördlichen Agenten. Beim Aufbau der Beziehungen ist es enorm wichtig herauszufinden, wer mit wem verbunden ist und ob es irgendwelche Familienbeziehungen zwischen ihnen gibt.

Man ist gut beraten, einen Geschäftsfreund zu fragen, ob er einen Agenten weiß, der sich mit den Geschäftspraktiken und lokalen Eigenarten auskennt. Die Frage nach einem Übersetzer hat sich damit gleichzeitig erledigt.

Die Mongolen sind stolz und sehr selbstsicher und eine Empfehlung oder Vorstellung durch eine dritte Person ist immer hilfreich.

Eine Begrüßung zwischen Geschäftsleuten ist in der Mongolei immer eine formelle Angelegenheit und unterscheidet sich von anderen asiatischen Ländern. Direkter, aber respektvoller Augenkontakt und ein kurzer Händedruck mit der Nennung des Familiennamens sind ausreichend. Egal, wie kalt es ist, man muss unbedingt darauf achten, eventuell gerade getragene Handschuhe beim Händedruck auszuziehen

Weder überreicht man die Namenskarten mit zwei Händen, noch verbeugt man sich. Trotzdem sollte man darauf achten, die Karten nicht salopp mit zwei Fingern zu übergeben oder die Karte des Anderen mit der nach unten zeigenden eigenen Handfläche entgegenzunehmen.

Mongolische Geschäftsleute sind meistens sehr formell und konservativ angezogen, Anzug mit Krawatte ist ein Muss und Mongolen nehmen es nicht gut auf, wenn man zu leger zu einer Besprechung erscheint.

Auch beim späteren gemeinsamen Essen sollte man nur dann die Krawatte abnehmen, wenn der Geschäftspartner einem dies anbietet.

Pünktlichkeit wird von den Gästen der Mongolen erwartet, aber nicht unbedingt einem selber entgegengebracht. Man sollte sich nicht wundern, wenn der Geschäftspartner einen einige Zeit warten lässt.

Viele der mongolischen Geschäftsleute und Behördenangestellten haben im Ausland studiert und kennen unsere westlichen Gepflogenheiten sehr gut. Darum kann man davon ausgehen, dass zumindest in jeder Besprechung einer der Teilnehmer englischsprachig ist.

Bevor man zum geschäftlichen Teil einer Besprechung kommt, wird zuerst über normale Themen wie Wetter, Essen oder die Reise gesprochen.

Die Mongolen sind sehr förmlich untereinander, können aber in den Besprechungen auch laut miteinander argumentieren. Also bitte nicht wundern, sondern ruhig und gelassen bleiben.

Mongolen respektieren einen, wenn man ihre kulturellen Eigenheiten anerkennt und sich dementsprechend verhält. Sie haben es nie eilig und sind sehr gut im Verhandeln, speziell wenn es um den Preis geht.

Darum ist es wichtig, den Entscheidungsträger zu identifizieren und sich nach dem normalen Hin und Her mit den anderen zum richtigen Zeitpunkt mit einem respektvollen Angebot direkt an diesen zu wenden.

Die Mongolen sind wie die Menschen der meisten asiatischen Länder in ihrer Hierarchie auf ältere Personen ausgerichtet. Dies gilt oft auch für die Führungspositionen in den mongolischen Firmen. Darum kann man davon ausgehen, dass der Älteste in einer Verhandlung meistens derjenige ist, der die Entscheidungen trifft.

Bevor man in die Verhandlungsräume geht, sollte man darauf achten, niemals vor einer älteren Person zu laufen, dies wird als Missachtung von Respekt interpretiert.

Man sollte außerdem den Gastgeber immer nach der Sitzordnung fragen und danach, wo er möchte, dass man Platz nimmt.

In Besprechungen sollte man auch niemals anfangen, seine Hemdsärmel aufzukrempeln, es wird einen als Nichtübereinstimmung und Ablehnung des Gesagten ausgelegt.

Mongolen sind nicht sehr vertragstreu und mögen Verträge immer etwas flexibel, damit Änderungen später leicht nachverhandelbar sind. Es ist daher sehr wichtig, in dieser Hinsicht immer etwas Spielraum einzuplanen.

Während eines Geschäftsbesuch in der Mongolei ist es Sitte, zumindest ein gemeinsames Mahl zu teilen.

Ein mongolisches Sprichwort sagt: „Zum Frühstück bleib allein, das Mittagessen teile mit deinen Freunden und für das Abendessen gebe zu deinen Feinden." Daraus leitet sich ab, dass Frühstück und Mittagessen die wichtigsten Mahlzeiten der Mongolen sind.

Eine Einladung zum Essen kann für ein Restaurant oder auch zuhause beim Geschäftspartner gelten, das hängt davon ab, wie freundschaftlich die Beziehungen sind.

Es ist in der Mongolei zu beachten, dass man das Essen, das serviert wird, mit den anderen teilt. Man isst mit den Händen und es ist besser und höflicher, die Speisen mit der rechten Hand von der Platte zu nehmen.

Es sollte auch nie ein Messer in die Richtung eines anderen gerichtet werden, dies wird als Drohung aufgefasst.

Wenn einem Speisen oder Getränke gereicht werden, sollte man sie mit beiden Händen entgegennehmen oder mit der rechten Hand allein, während die linke Hand den Ellbogen unterstützt.

Wer einmal in die Mongolei reist, sollte noch ein paar Ratschläge beachten, die begründet sind in der Kultur der Mongolen.

Berühre niemals den Hut eines Mongolen.

Niemals ein Feuer austreten, es gilt als heilig.

Niemals auf den Türrahmen der Eingangstür treten.

Nicht pfeifen in einem Ger.

Nicht gegen die Stützpfeiler im Ger lehnen.

Nicht mit dem ausgestreckten kleinen Finger auf etwas zeigen.

Natürlich gibt es noch einige Punkte mehr, doch man wird niemals alles behalten und beachten können und auf der Reise sowieso mindestens einmal in das berühmte Fettnäpfchen treten. Ich hoffe aber, es bleibt dann auch bei dem einen Mal.

Die Küche der Mongolei ist nicht so besonders, Hammelfleisch ist das Hauptnahrungsmittel, daneben gibt es aber auch Rindfleisch. Die traditionellen Gerichte bestehen praktisch alle aus Fleisch und Mehl. Als besondere Delikatesse gilt Murmeltierfleisch.

Getrunken wird Suutei Tsai, ein salziger Tee mit viel Milch, und auch Kumyss oder Airag, eine säuerliche schmeckende, vergorene Stutenmilch mit bis zu 3 % Alkohol, ist sehr beliebt. Aus ihr wird auch Milchschnaps hergestellt, der bis zu 12 % Alkohol hat. Des Weiteren gibt es als alkoholische Getränke den landeseigenen Wodka und Bier. In den großen Städten, zumindest in Ulaanbaatar, gibt es aber auch westliche Restaurants. Daher keine Sorge, man muss nicht gleich verhungern oder zum Mongolen werden. Bei privaten Einladungen aber sollte man sich 100 %ig auf traditionelles Essen einstellen und dabei es ist unhöflich, angebotene Speisen oder Getränke abzulehnen.

Und jetzt noch der Wetterbericht:

Durch die Lage im Hochland Zentralasiens findet man in der Mongolei ein extrem kontinentales und trockenes Klima. Die Temperaturen unterscheiden sich im Jahresverlauf sehr stark: Im Winter können die durchschnittlichen Tagestemperaturen auf minus 30 Grad Celsius fallen, im Sommer auf 20 Grad steigen. Aufgrund der großen Höhe sind die Abende auch im Sommer kühl. Die sommerlichen Temperaturen in der Gobi können 40 Grad und mehr erreichen, im Winter fällt hier Schnee und bis Juni bleiben einige Seen gefroren. In der Mongolei gibt es jährlich etwa 260 Sonnentage, nur im Sommer ist der Himmel bewölkt. Die Luftfeuchtigkeit ist normalerweise sehr gering.

Ulaanbaatar ist vielleicht die kälteste Hauptstadt der Welt. Die Temperaturen beginnen im Oktober unter null Grad zu fallen, sinken bis minus 30 Grad im Januar und Februar und bleiben bis April unter dem Gefrierpunkt.

6 China: Der Wettkampf, der keiner ist, und wo der Gewinner immer der Gleiche bleibt

Volksrepublik China

Fläche: 9.572.419 km²
Internationales Kfz-Kennzeichen: CN/CHN
Landeswährung: Yuan, I ¥uan (Renminbi)
Unterschied zur MEZ: + 7h
Internationale Telefonvorwahl: + 86
Netzspannung/Frequenz: 220 Volt, 50 Hertz
Internet-TLD (Top Level Domain): .cn

China wurde 1949 zur Volksrepublik China, ein kommunistischer Staat mit einem sozialistischen Einheitsparteisystem, in anderen Worten: ein Staat in Form einer demokratischen Diktatur des Volkes.
Der Nationale Volkskongress wird für fünf Jahre gewählt, ist das höchste Organ der Staatsmacht und besteht aus Abgeordneten der Provinzen, der autonomen Gebiete, der Städte und der Armee.
China grenzt im Norden an die Mongolei und Russland, im Osten an Nordkorea und den Pazifischen Ozean, im Süden an das Südchinesische Meer, Vietnam, Laos, Myanmar, Bhutan, Nepal und Indien und im Westen an Pakistan und Afghanistan sowie an Tadschikistan, Kirgistan und Kasachstan.

Mit rund 1,35 Milliarden Menschen ist China der bevölkerungsreichste Staat der Welt. Etwa 92 % der Bevölkerung sind Han-Chinesen, der Rest verteilt sich auf rund 55 nationale Minderheiten wie Zhuang, Hui, Mandschu, Miao, Mongolen, Koreaner, Turkvölker, Tibeter und andere.
China sah während der kommunistischen Regierungszeit Religion als klassenfeindlich an. Daraus folgt, dass man heute die Religionszugehörigkeit der Bevölkerung nur noch schätzen kann. Etwa 50 % der Bevölkerung gehören dem Buddhismus und 30 % dem Daoismus und Konfuzianismus an, die anderen 20 % verteilen sich auf Islam, Protestantismus, Katholizismus und andere Glaubensrichtungen.

Mandarin (Putonghua) ist die Landessprache, daneben gibt es sieben weitere chinesische Hauptdialekte wie Kantonesisch, Hakka und Wu, um nur einige zu nennen. Zusätzlich gibt es noch etwa 55 Sprachen der nationalen Minderheiten, unter anderem Tibetisch, Uigurisch, Mongolisch.
Englisch wird als Handelssprache allgemein akzeptiert.

Chinas Hauptstadt ist Beijing (Peking), Ende 2011 wohnten knapp 20 Millionen Menschen hier. Peking ist aber trotz der großen Einwohnerzahl nach Shanghai, mit ungefähr 23 Millionen, nur die zweitgrößte Stadt Chinas.

Man benötigt für die Einreise nach China ein Visum, das vor der Reise bei der zuständigen Botschaft oder einer chinesischen Auslandsvertretung eingeholt werden kann. Es gibt Visa für die einmalige Einreise oder für mehrfache Einreisen, mit unterschiedlichen Kosten verbunden und zeitlich begrenzt natürlich. Wer über Hongkong reist, kann ebenfalls sehr schnell, innerhalb eines Tages, ein Visum für China bekommen.

Die medizinische Versorgung außerhalb der großen Städte ist nicht mit dem westlichen Standard zu vergleichen und Sprachprobleme können ein Risiko bergen. In den großen Städten Chinas gibt es aber erstklassige Versorgung und auch spezielle Krankenhäuser für Ausländer.

Eine Reiserückholversicherung abzuschließen kann aber nicht von Schaden sein. Auch ist es empfehlenswert, sich vor einer Reise nach China mit einer guten Reiseapotheke auszustatten, denn westliche Medikamente sind dort schwer zu bekommen.

Wer Vertrauen in die traditionelle chinesische Heilkunst zeigt, wird angenehm überrascht sein, mit welch einfachen Methoden und Heilmitteln kleinere Beschwerden kuriert werden können.

Ich hatte dieses Vertrauen und einen entzündeten Rachen wie noch nie zuvor in meinem Leben. Ich konnte weder sprechen noch schlucken und werde nie vergessen, wie mir ein chinesischer Apotheker ein Pulvergemisch aus Melonenkernen und anderen, mir unbekannten Zutaten mit einem Rohr in den total zugeschwollenen und entzündeten Rachen blies. Ich konnte danach innerhalb weniger Stunden wieder schlucken und sprechen. Am nächsten Tag war ich total beschwerdenfrei und hatte noch etwas vom Pulver übrig, welches ich als mein Wundermittel noch Jahre später auf allen Reisen immer mit mir führte.

Kreditkarten werden in China in fast allen großen Hotels und Geschäften akzeptiert. Für alle Fälle sollte man aber auch Bargeld mit sich führen, um im einen oder anderen Ausnahmefall die Rechnung begleichen zu können. Es kann aber auch sein, dass bei einem Geschäft für die Bezahlung mit Kreditkarte ein paar Prozent Extragebühr verlangt werden.

Es gibt in den großen Städten überall Bargeldautomaten die fast alle internationalen Bankkarten akzeptieren, man kann hier problemlos Bargeld abheben.

Handy funktionieren in China überall und das Telefonnetz ist sehr gut ausgebaut. Um die teuren internationalen Roaminggebühren zu vermeiden, ist es immer anzuraten, sich eine Prepaid-Karte zu kaufen. Diese sind billig und man bekommt sie überall und in kleinen Läden um die Ecke. Mit eigener chinesischer Telefonnummer telefoniert es sich preiswert und wenn man möchte, kann man auch gleich ein chinesisches Handy für weniger als 15 Euro mit dazukaufen.

Das Internet wird stark zensiert und ist daher relativ langsam. Viele Webseiten öffnen sich nicht und die chinesische Zensur unterrichtet einen mit der Meldung, dass die Verbindung unterbrochen sei oder die Webseite nicht antworte. Das heißt aber noch lange nicht, dass man keinen Internetzugang hat, es gibt die chinesischen Versionen als Ausgleich, doch mit der Sprache oder, besser gesagt, den Schriftzeichen wird es dann etwas schwierig werden.

E-Mails sind kein Problem und auch WLAN gibt es fast in allen großen Städten Chinas sowie in den Internetcafés. In ländlichen Regionen ist es eher unwahrscheinlich, WLAN zu finden, aber China Telekom bietet auch Prepaid-Internetkarten an, mit denen man sich über GPRS einwählen kann.

Wenn wir uns China als einen für unsere Produkte oder Technologien guten Markt erkoren haben und in die Reiseplanung gehen, fangen die ersten Überlegungen an: Wohin in diesem Land?

China ist riesig und hat ca. 160 Großstädte von der Größe Berlins, London oder Paris, von denen kaum einer je den Namen gehört hat.

Etwa 40 % der Bevölkerung leben in den Städten und 60 % auf dem Land. Es wird angenommen, dass sich das Verhältnis in den nächsten zehn Jahren umkehren wird.

Die gigantischen Metropolen wie Shanghai und Peking zu besuchen, ist natürlich ein Muss, aber nach meiner Erfahrung sind dies auch die Städte mit den in Hinsicht auf Verhandlungen schwierigsten Chinesen.

Im Süden Chinas gegenüber von Hongkong liegen Shenzhen und Guangzhou, beides Metropolen der chinesischen Wirtschaftsproduktion und wichtige Städte für den Außenhandel Chinas.

Sowohl Städte wie Ningbo und Sushou als auch Nanking, mit unmittelbarer Nähe zu Shanghai, bieten eine gute Alternative für die Neuansiedlung von Firmen. Wuhan, Chongqing und Nanchang sind Metropolen im Herzen Chinas, deren wirtschaftliche Entwicklung massiv durch Infrastruktur und Investitionsanreize gefördert wird. Im Norden Chinas sind Städte wie Dalien, Harbin, Taiyuan, Jilin, Changchun und Fushun als Absatzmärkte und Neuindustrialisierungsorte interessant. Küstenstädte wie Tianjin, Hangzhou, Quingdao, Tangshan und Xiamen sind moderne Großstädte und wichtige Überseehäfen.

Im Westen des Landes liegt Ueruemqi, es ist die Hauptstadt der Provinz Xinjiang, die mit ihrem großen Anteil an muslimischer Bevölkerung immer wieder ethnischen Konfliktstoff birgt.

Chengdu, Shantou, Changsa, Zhengzhou, Lanzhou, Luoyang, Hefei, Handan, Anshan, Huainan und noch viele andere Städte erfahren seit 15 Jahren ein ununterbrochenes Wirtschaftswachstum, sind interessant und bieten viele Geschäftsmöglichkeiten.

Ich glaube, ich habe jetzt mit den vielen Städtenamen auch den letzten Leser total verwirrt und demonstriert, was es bedeutet, China zu bearbeiten und als ausländischer Geschäftsmann zu bereisen.

China modernisiert sein Land flächendeckend. Es hat die Ressourcen und die Finanzkraft für einen Umbau der Infrastrukturen, um die wirtschaftliche Entwicklung schnell voranzutreiben.

Chinas Westen erlebt einen anhaltenden Boom, da viele Unternehmen auf der Suche nach billigeren Löhnen von der teuren Ostküste ins weite Hinterland ziehen.

Dies beinhaltet aber auch die Risiken der kulturellen Eigenarten des Handels und der Geschäftstätigkeit in Bezug auf die Unterschiede der Regelungen der Regierung in Peking und der einzelnen Provinzregierungen.

Trotz dieser Unsicherheiten erhöht sich die Investitionsbereitschaft ausländischer Unternehmen, da in China ein immenser Binnenmarkt mit enormen Profiten entsteht.

Viele westliche Geschäftsleute, die in China Geschäfte machen wollen, sind verunsichert und wissen nicht so recht, wo sie den Anfang machen sollen. Der beste Weg, um in China Fuß zu fassen, ist *Guanxi*, Beziehungen, zu Chinesen aufzubauen.

Es ist wichtig oder besser gesagt essenziell für das Chinageschäft, ein persönliches Geflecht von guten Beziehungen und Vertrauen zwischen Vermittlern, Behördenmitgliedern und Geschäftspartnern herzustellen und zu pflegen.

Dann gibt es noch gewisse Verhaltensregeln, die ihren Ursprung in einer tausend Jahre alten Kultur haben. Jeder westliche Geschäftsmann hat davon gehört oder auch gelesen und jeder weiß einiges darüber, aber eigentlich so richtig eher gar nichts. Dazu kommt in China noch die heutige moderne Zeit mit Handy, Internet, Börse und Geldmachen-über-alles. Dies wirft die alten Wertvorstellungen manchmal über den Haufen oder aber vermischt sich zumindest mit den neuen Wertvorstellungen.

Die Chinesen sind sehr geschickt darin, diese Situation auszuloten, und nutzen die Unsicherheit der westlichen Geschäftspartner zu ihrem Vorteil.

Also Vorsicht im Wettkampf der Businesswelt, die Gewinner sind in China meist immer dieselben – und zwar die Chinesen selber!

Das Wichtigste, das man nach China mitbringen muss, ist Geduld und einen langen Atem in Verhandlungen. Wer schnelle Abschlüsse sucht, wird eventuell welche bekommen, aber nicht zu den Konditionen, die er bekommen könnte, wenn er mehr Geduld gehabt hätte.
Nichtsdestotrotz sollte man, wie in allen asiatischen Ländern, besonders in China die kulturellen Gepflogenheiten kennen. Ich werde daher ein paar Grundregeln beschreiben, die es unbedingt zu wissen und auch einzuhalten gilt.

Mian Zi nennt man „Gesicht" im Chinesischen, es ist mit dem Ansehen oder Ruf zu vergleichen. Man kann „Gesicht geben", „Gesicht nehmen" und auch „Gesicht verlieren".

Als „Gesicht geben" würde ich z.B. die Situation beschreiben, wenn man jemanden vor anderen lobt oder ein von anderen hergestelltes Produkt als sehr gut hervorhebt.
„Gesicht nehmen" passiert, wenn man jemanden vor anderen tadelt oder ein schlechtes Urteil über seine Produkte oder Projekte abgibt.
„Gesicht verlieren" geschieht, wenn man sich danebenbenimmt oder Ver-

sprechen nicht einhält, wenn man vor anderen heruntergeputzt wird oder auch, wenn man vertraglich zugesagte Spezifikationen nicht einhalten kann.

Ich glaube, das erklärt es einigermaßen, aber man sollte immer auf der Hut sein, die Vielfältigkeit des *Mian Zi* ist unerschöpflich und kann auch durch Gesten und ein falsch gewähltes Gesprächsthema ausgelöst werden. Werden wir Ausländer es jemals ganz verstehen? Ich glaube nicht. Aber wenn man etwas sensibel für fremdes Verhalten ist und die Grundregeln beherrscht, wird es schon einigermaßen gut gehen.

Die richtigen Kontaktaufnahme ist in China wichtig und der erste Besuch beim Kunden kann entscheidend sein. Daher ist anzuraten, Angestellte zu schicken, die auch den richtigen Titel führen, wie „Direktor", „Präsident" oder „Chairman".

Hierarchie hat große Bedeutung in China und wenn ein unbedeutender kleiner Angestellter geschickt wird und er trifft, und das mit Sicherheit, auf den Direktor und die gesamte Führungsriege des Kunden, erleiden diese sofort Gesichtsverlust. Damit hat sich dann alles weitere erübrigt und man kann natürlich gleich vergessen, dann noch ein Geschäft anzubahnen.

Die Missachtung der Hierarchie ist in China also absolut zu vermeiden.

In China gibt es zusätzlich die Vermittler oder Mittelsmänner. Diese kulturelle Eigenheit wird häufig wenig beachtet und unterschätzt. Mittelsmänner sind meist ältere Personen, die langjährige Erfahrungen haben, großes Vertrauen genießen und die Geschäftspartner zusammenbringen.

Es können aber auch ohne weiteres Frauen die Position des Vermittlers ausüben. In China, anders als bei uns im Westen, ist die geschlechtliche Gleichberechtigung in Führungspositionen schon lange eine Selbstverständlichkeit.

Höflichkeit, Respekt, Pünktlichkeit und Etikette sind wichtige Attribute der chinesischen Gesellschaft, unabhängig vom Alter oder Geschlecht.

Als Kleidung werden von uns westlichen Handelspartnern Geschäftsanzüge erwartet und diese werden auch von den Chinesen in den internationalen Metropolen wie Shanghai und Peking getragen.

In den Provinzstädten ist es etwas weniger formell, aber natürlich legen auch hier mehr und mehr chinesische Geschäftsleute Wert auf gepflegte Kleidung wie Businessanzüge und Statussymbole, die Reichtum zum Ausdruck bringen.

Wer sich etwas leisten kann, zeigt dies auch, Kommunismus oder Sozialismus – wen schert das heute noch? „Reich werden ist glorreich", hatte schon der Reformer Deng Xiaoping formuliert.

Man begrüßt sich in China mit „Ni Hao", was so viel wie „Guten Tag" bedeutet. Dieser Grußformel folgen eine leichte Verbeugung und ein sanfter Händedruck.

Die Namenskarten sollte man mit beiden Händen übergeben und auch so entgegennehmen, das ist ein absolutes Muss.

Man sollte darauf achten, dass chinesische Namen meistens dreiteilig sind und der Familienname stets am Anfang steht, z.B. „Wong Heng Meng" oder „Foo Wai Wai". In diesem Fall sollte man also seinen Gegenüber mit „Herr Wong" oder oder „Herr Foo" anreden.

Die Chinesen schweigen in Verhandlungen oft und gerne und testen die Geduld des Partners. Also bringen Sie viel Zeit und gute Nerven mit. Lassen Sie sich nicht nervös machen, denn das gehört zum allgemeinen Verhandlungsgeschick der Chinesen. Studieren Sie bei den Schweigeeinlagen in aller Ruhe Ihre Papiere und warten Sie, bis einer der Chinesen wieder das Wort ergreift.
Ich habe in Verhandlungen mit Chinesen vermeiden gelernt zu glauben, dass die Chinesen nicht wissen, was man will. Glauben Sie mir: Sie wissen

es ganz genau. Falls Sie dann den Fehler begehen und mit Belehrungen die Sache auf den Punkt bringen wollen, wird dies als Arroganz ausgelegt und man hat sich in eine nachteilige Position manövriert.

Zeigen Sie sich als entgegenkommend und kompromissbereit, aber bleiben Sie auch hart, konsequent und emotionslos, ein starker Verhandlungspartner erntet Respekt.

Seien Sie während der Verhandlungen mit Chinesen vorsichtig mit allen Ihren Aussagen. Es wird fast immer Protokoll geführt, was bei Unstimmigkeiten oft als eine Art Beweisführung dient, um später nachzuvollziehen, wer was und wie gesagt hat.

Bei Gesprächsthemen außerhalb des Geschäftsinteresses sollten Themen wie Politik, Sex, Menschenrechte oder auch Geld vermieden werden. Denken Sie an die Gefahr des Gesichtsverlusts, also Vorsicht vor diesem Fettnäpfchen, es könnte peinlich werden. Sport, Reise und Familie sind Themen, die immer genügend Gesprächsstoff liefern.
Vermeiden Sie bei Unstimmigkeiten oder anderer Meinung die direkte Ablehnung der Ansicht des chinesischen Gesprächspartners und bemühen Sie sich, ihm durch Sätze wie „Ich finde Ihre Meinung interessant" Gesicht zu geben oder das eigene Gesicht zu bewahren.

Kleine Geschenke bewahren die Freundschaft, heißt es auch in China und es ist immer angebracht, etwas Nettes, am besten aus der Heimat, mitzubringen. Auf billige Werbegeschenke der eigenen Firma sollte man aber verzichten. Wichtig ist, dass das Geschenk passend und schön verpackt ist. Es eignen sich dafür am besten Farben wie Rot Gelb und Gold, Schwarz und Weiß oder Blau hingegen sind zu vermeiden. Meistens wird das Geschenk erst geöffnet, nachdem man gegangen ist.

Rituale, Gebräuche und Kultur beherrschen die Geschäftswelt Chinas und wer denkt, dass das alles ist, der irrt sich, denn es setzt sich lustig fort beim genauso wichtigen, aber gemütlicheren Teil des Geschäftes, der Einladung zum Essen und Trinken.

Die Chinesen lieben große Dinner-Banketts und zehn, zwölf verschiedene Gänge sind dabei keine Seltenheit. Es wird geschlürft und geschmatzt, auch der kleine Aufstoßer ist keineswegs als anstößig zu sehen, man gewöhnt sich dran.

Gerichte, die man nicht mag, sollte man einfach heimlich in die Serviette spucken und dann unterm Tisch geschickt entsorgen. Eine weitere und akzeptierte Möglichkeit, gewisse Köstlichkeiten zu entgehen, ist die Ausrede, dass man allergisch ist.

Die Essstäbchen darf man tunlichst nicht in den Reis stecken, denn das wird nur bei Beerdigungen symbolisch für den Verstorbenen praktiziert.

Nie bei Tisch die Nase schnäuzen, sondern dies am besten auf der Toilette erledigen. Denn es wird als sehr unhöflich empfunden.

Im Gegensatz dazu ist eine Unsitte der Festlandchinesen das andauernde und notorische Spucken auf der Straße. Es wird aber heute schon mit 50 Yuan, umgerechnet fünf Euro Bußgeld geahndet.

Dazu fällt mir noch eine Geschichte ein, die mir 1988 in Fuzhou im Green Lake Hotel widerfahren ist. Es war Sonntag, ich saß allein an der Hotelbar und beobachtete die sehr hübsche Bedienung hinter dem Tresen. Sie servierte mir einen Kaffee und gerade, als ich meine Tasse ansetzte, zog die junge Dame richtig tief und weit von unten holend hoch und spie das Resultat vor mir in das Spülbecken. Ich war sprachlos und geschockt, bezahlte kurzerhand und verließ daraufhin das Hotel.

Unweigerlich begleitet jedes Bankett ein Trinkgelage und es ist Brauch, dass jeder Chinese am Tisch mit dem westlichen Geschäftsmann einmal oder auch mehrfach anstößt.

Darum aufgepasst; mit zehn Chinesen am Tisch ist die Wahrscheinlichkeit, betrunken zu werden, sehr hoch. Begleitet wird dies Miteinander-Anstoßen meist von den Worten „Gan Bei" was so viel wie „Auf ex austrinken" bedeutet. Wenn nur das Wort „Peng" gesagt wird, muss man das Glas nicht in einem Zug leeren.

Während meiner unzähligen Banketts mit chinesischen Delegationen habe ich eine Kontermöglichkeit gefunden, um den unzähligen „Gan Bei"-Wünschen zu entkommen, und die geht wie folgt: Man nimmt sich den Chef der chinesischen Delegation als Zielperson. Wenn man selber zu zweit oder zu dritt ist, geht jeder einmal kurz hintereinander zum Chef und trinkt mit ihm „Gan Bei". Dies zwei- bis dreimal praktiziert hat zur Folge, dass das Dinner ein schnelles Ende findet und man sich selber die Trunkenheit und die Kopfschmerzen am nächsten Tag erspart. Dies hat immer gut geklappt, nur dann nicht, wenn man auf einen richtig trinkfesten Chinesen trifft, dann geht diese Taktik schnell nach hinten los.

Der chinesische Schnaps Maotai ist das Grausamste, was man in China trinken kann, und bis heute verfolgt mich die Erinnerung des üblen Geruchs und noch übleren Geschmacks. Maotai hat zusätzlich noch die furchtbare Eigenschaft, dass man noch Stunden später ständig und unablässig aufstoßen muss und einem jedes Mal der üble Geschmack wieder den Mund pelzig werden lässt.

Die Trinkgelage in China enden oft im Kampftrinken und wie immer bei einem Wettkampf gibt es nur einen Gewinner – und das sind meistens die Chinesen.

Die Banketts enden meist abrupt und ohne große Vorwarnung und zwar dann, wenn der chinesische Chef aufsteht, falls er das noch ohne Hilfe alleine kann. Man wird dann noch kurz nach draußen zum schon wartenden Fahrzeug begleitet, es wird kurz gewunken und das war es dann.

Aber sehr oft werden die Geschäftsleute anschließend noch in die unvermeidlichen Karaoke-Bars gebracht. Diese sind bei den Chinesen besonders beliebt, aber man sollte aufpassen, denn das Nachtleben in China kann zu einem ziemlich freizügigen Abenteuer werden. Ich habe einige interessante Erlebnisse gehabt und frage mich heute noch, wie ich da immer heil rausgekommen bin. Dazu fällt mir noch eine Geschichte ein, die sich während einer meiner ersten Reisen nach China im Jahre 1988 zugetragen hat. Dazu muss ich noch sagen, dass in dieser Zeit alles noch recht harmlos war, viele Chinesen liefen noch im Mao-Einheitslook herum und Nachtleben existierte so gut wie gar nicht, oder zu mindestens nicht für Ausländer oder uns „Langnasen", wie wir auch heute noch in China genannt werden. Es gab noch die FEC (Foreign Exchange Currency), man tauschte diese illegal auf dem Schwarzmarkt gegen normale Renminbi eins zu fünf oder sogar zu sechs ein und besaß auf einmal viel Geld, für das es dann am Ende doch nichts zu kaufen gab. Warum? Weil jeder von einer Langnase in FEC bezahlt werden wollte.

Also die Situation, die sich zutrug, war folgende. 1989 landete ich in Shanghai mit meinem Freund Michael N. in der Red Bar. Es war eine der ersten Nacht-bars mit Neonlichtreklame. Wir verzehrten allen Whiskey, der vorhanden war, und wollten dann mit unseren getauschten Renminbi zahlen. Der Wirt war so gar nicht einverstanden damit und bestand auf FEC-Bezahlung. Lang-nase = FEC, das war seine Losung und es wurde auf einmal sehr ungemütlich. Gerade waren wir noch die besten Freunde des Wirtes und auf einmal kamen er und einige seiner Stammgäste in bedrohlicher Art und Weise auf uns zu. Wir entkamen der brenzligen Situation, so volltrunken wie wir waren, nur, indem wir den vierfachen Preis in lokaler Währung bezahlten.

Die chinesische Küche ist vielfältig und gut und es gibt einfach alles in hundert verschiedenen Variationen. China hat eine traditionsreiche Kü-che, die aufgrund der Ressourcen der verschiedenen Regionen unglaublich vielfältig ist. Immer bestimmen die landwirtschaftlichen Bedingungen die Auswahl der Grundnahrungsmittel. In China ist nicht nur wichtig, was auf den Tisch kommt, sondern auch, wie es auf den Tisch kommt. Es gibt acht übergeordnete Regionalküchen, die die verschiedenen Landesteile repräsentieren. Grob gesagt, isst man im Norden salzig, im Osten sauer, im Süden süß und im Westen scharf – doch gibt es hier viele spannende Details und Unterschiede.

Natürlich gibt es auch Delikatessen wie geröstete Skorpione, eingelegte Magenzotteln, viele Gerichte aus Eingeweiden, aber das sollte einen nicht davon abhalten, alles mindestens einmal zu kosten.

Und jetzt noch der Wetterbericht:
China besitzt aufgrund seiner großen geografischen Ausdehnung ver-

schiedene Klimazonen mit ausgeprägten jahreszeitlichen Schwankungen. Nordchina hat ein kühles bis gemäßigtes Klima, nördlich des Yangze-Flusses sind die Winter zum Teil sehr kalt und die Sommer heiß und trocken. Südchina hat subtropisches bis tropisches Klima, im Sommer heiß und feucht, während der Regenzeit zwischen Juli und September gibt es hier häufig Taifune. Klimatische Ausnahmen bilden die Höhenlagen des Himalayas und die Wüsten des Landes.

7 Macao & Hongkong: Tore zu Südchina

Macao

Sonderverwaltungsregion der Volksrepublik China
Fläche: 26,8 km²
Internationales Kfz-Kennzeichen: MAC
Landeswährung: Pataca (MOP$), unterteilt in 100 Avos
Unterschied zur MEZ: + 7h
Internationale Telefonvorwahl: + 853
Netzspannung/Frequenz: 220 Volt, 50 Hertz
Internet-TLD (Top Level Domain): .mo

Macao, auf portugiesisch „Macau", ist ein Stadtstaat, Es war die erste europäische Kolonie im „fernen Osten", gegründet im 16. Jahrhundert von den Portugiesen.
1999 wurde Macao als zweite Sonderverwaltungszone in die Volksrepublik China integriert. Macao, auf Chinesisch „Aomen", liegt in der Nähe von Hongkong im Mündungsdelta des Perlflusses, im Süden Chinas direkt am Südchinesischen Meer.
Das Gebiet der heutigen Sonderverwaltungszone bestand ursprünglich aus drei Inseln. Durch Landaufschüttungen wurde die Inseln Taipa und Coloane miteinander und Macao mit dem Festland verbunden.

Macao hat etwa 570.000 Einwohner, davon sind ca. 95 % Chinesen und 5 % anderer Abstammung. Es ist mit 18.428 Menschen pro Quadratkilometer die am dichtesten besiedelte Region der Welt.
Überwiegend, zu etwa 50 %, sind die Einwohner Macaos Buddhisten, es gibt einen kleinen Prozentsatz von 15 % Katholiken und der Rest der Bevölkerung folgt einem anderen Glauben oder ist religionslos.

Die offiziellen Landessprachen in Macao sind Chinesisch (Kantonesisch) und Portugiesisch. Englisch ist die akzeptierte Handelssprache. Es existiert aber noch eine weitere Sprache, die allerdings heute nur noch von einer recht kleinen Gruppe Einheimischer gesprochen wird: Patua ist das sprachliche Zeugnis der rund 450 Jahre währenden Anwesenheit der Portugiesen. Der portugiesisch-asiatische Sprachmix weist Einflüsse von Malaiisch, Kantonesisch, Englisch, Spanisch, Indisch und Japanisch auf.

Für die Einreise nach Macao wird, bis auf einige Ausnahmen, allgemein kein Visum benötigt. Man bekommt bei der Ankunft automatisch eines mit 90 Tage Gültigkeit ausgestellt.

Die medizinische Versorgung in Macao ist vergleichsweise teuer, dafür wird jedoch auch ein sehr guter medizinischer Standard geboten. Es empfiehlt sich für eine Reise nach Macao aber trotzdem, mindestens Schutzimpfungen gegen Tetanus, Diphtherie und Hepatitis A durchzuführen. Auch sollte ein Reiserückholversicherung abgeschlossen werden.

Die Pataca (MOP$) ist die offizielle Währung in Macao. Alle gängigen Kreditkarten werden in der Regel von Hotels, Restaurants und Geschäften akzeptiert. Kreditkarten mit dem Cirrus- oder Maestro-Symbol werden in Macao von einigen Geldautomaten angenommen, aber nicht in Geschäften.
Reiseschecks können in Banken, Wechselstuben und in vielen Hotels eingetauscht werden. Sie sollten in Euro, US-Dollar oder britischen Pfund Sterling ausgestellt sein.

Mit dem eigenen Handy zu telefonieren, ist mit 3G-Service und Roaming kein Problem. Macao hat eine der höchsten Benutzerdichten für Handys in der Welt, mit 1,1 Millionen Zulassungen kommt man hier auf 200 %, oder, in anderen Worten, auf zwei Handys pro Einwohner. Auch die Internetbenutzer befinden sich mit 70 % Anwendernutzung an der Weltspitze. Die meisten Hotels bieten Internetzugang auf dem Zimmer und/oder im Business-Center. Wer keinen eigenen Rechner dabei hat, kann in zahlreichen Internetcafés seine Mails abrufen oder surfen.

Macao liegt in Nachbarschaft zu der chinesischen Provinz Guangdong, am Westufer des Perlflussdeltas. Es ist über die Landenge beim Grenzübergang Portas do Cerco mit dem Gongbei-Distrikt verbunden oder kann auch über Hongkong mit Fähre oder Helikopter sehr schnell erreicht werden.
Macao hat einen internationalen Flughafen, der auch von Europa aus angeflogen wird. Der Flughafen liegt auf der Insel Taipa.
Am Flughafen von Macao gibt es einen kostengünstigen Taxiservice sowie sehr gute Busverbindungen mit Haltestellen an allen wichtigen Hotels.
Wer über Hongkong einreisen möchte, kann den Fährdienst am Flughafen Hongkong nutzen, die Überfahrt dauert ca. 45 Minuten.
Es gibt noch weitere Fährverbindungen zwischen Hongkong und Macao, das Macao Ferry Terminal im Shun Tak Centre und das China Ferry Terminal in Tsim Sha Tsui auf Kowloon.
Die Überfahrten gehen stündlich und dauern ca. nur eine Stunde.
Wem Macao zu langweilig ist oder wer sowieso in den beiden Städten Geschäftstermine wahrnehmen möchte, kann also ohne Weiteres in Hongkong sein Hotel buchen und in Macao seine Geschäftspartner treffen. Man braucht nur kurz mit der Fähre bequem und problemlos übersetzen.

Macaos Wirtschaft ist durch seine Größe stark begrenzt. Landwirtschaft gibt es hier so gut wie gar nicht und die industrielle Fertigung beschränkt sich auf die Textil- und Elektronikindustrie. Was Macao interessant macht, ist, dass es einen Freihafenstatus hat, also niedrige Steuern und der Staat übt so gut wie keine Finanzkontrolle aus.

Ein weiterer wirtschaftlicher Vorteil ist die Nähe zur Guangdong-Provinz im Perlflussdelta. Diese Nähe und Kooperation zwischen den Landesteilen wird von China als Tor zur Öffnung der südchinesischen Wirtschaftszonen genutzt. In Macao als internationalem Handelszentrum und noch wichtiger Finanzzentrum für die Guangdong-Provinz floriert die Abwicklung der Geschäfte in Südchina.

Macao ist Gründungsmitglied der WTO und hat mehr als 120 Handelsabkommen mit verschiedenen Ländern weltweit.

Tourismus ist ein wichtiger Faktor der Wirtschaft Macaos, es ist mit seinen vielen Casinos das „Las Vegas des Ostens" geworden. Fast 30 % der Bevölkerung arbeiten im Tourismussektor, in Casinos, Hotels und Restaurants.

Der Finanzsektor ist in Macao durch die geringe oder kaum vorhandene Kontrolle sehr lukrativ. Es wurde so zu einer der Steueroasen der Welt und jede international tätige Bank hat zumindest ein registriertes Büro in Macao. Offshore-Bankgeschäfte in Macao sind steuerfrei und es werden auch keine anderen Gebühren erhoben. Die Aktivitäten, die unter solche Offshore-Geschäfte fallen, sind Consulting, Datenverarbeitung, Programmierung, Administration und Archivierung, Entwicklung und Versuch sowie Schifffahrt und Luftfahrt-Management.

Wer geschäftlich nach Macao kommt, wird schnell feststellen, dass die Geschäftsetikette hier, kulturell gesehen, wie in China ist. Es gibt kaum Unterschiede, es ist nur festzustellen, dass in Macao aufgrund der langen Zeit der Unabhängigkeit von China einige Businesspraktiken eher westlichem Standard entsprechen.

Zur Küche muss man sagen, dass sie sehr speziell ist, eine Mischung von Gerichten aus Portugal, Asien und Afrika. Natürlich wird auch die traditionelle Küche Portugals und Chinas gepflegt. Man nennt sie die macanesische

Küche und sie ist eine Fusionsküche mit einer einzigartigen Mischung verschiedener Richtungen, die durch die Seefahrer geprägt wurde. Rezepte und Zutaten aus allen Herren Länder kamen in Macao zusammen und es entstand daraus die macaische Küche.

Minchi, ein Hackfleischgericht mit Bratkartoffeln, Soja, Zwiebeln und gebratenen Eiern, afrikanisches Hühnchen, gegrillt in Piri-Piri-Pfeffer, Linguado Macao, gebratene Seezunge, oder Feijoadas, ein Eintopf aus Gemüse, und Tacho, ein herzhafter Eintopf aus verschiedenen chinesischen Gemüse- und Fleischsorten, darunter Schweinefleisch und scharfe Wurst, der seinen Ursprung in Brasilien hat, sind wohl die bekanntesten Gerichte der macanesischen Küche.

Und jetzt noch der Wetterbericht:

Das Klima in Macao ist gemäßigt bis subtropisch. Die jährliche Durchschnittstemperatur liegt bei etwa 20 Grad Celsius. Von Januar bis März ist es sonnig, aber kühl, von April bis Juni wird es heiß und die Luftfeuchtigkeit steigt auf über 80 %. Tropische Stürme sind in dieser Zeit keine Seltenheit. Von Juni bis September regnet es am häufigsten und es kommt auch manchmal zu tropischen Stürmen. Oktober bis Dezember ist die angenehmste Zeit in Macao mit sehr viel sonnigen Tagen, warmen Temperaturen um die 20 Grad und niedriger Luftfeuchtigkeit.

Hongkong

Sonderverwaltungsregion der Volksrepublik China
Fläche: 1.099 km²
Internationales Kfz-Kennzeichen: HK
Landeswährung: Hongkong-Dollar HKD (HK$)
Unterschied zur MEZ: + 7h
Internationale Telefonvorwahl: + 852
Netzspannung/Frequenz: 220 Volt, 50 Hertz
Internet-TLD (Top Level Domain): .hk

Hongkong, zu deutsch „duftender Hafen", ist ein Stadtstaat. Er ist seit
dem 1. Juli 1997 eine Demokratie und wird als Sonderverwaltungszone
der Volksrepublik China geführt. Die Autonomie Hongkongs bleibt für 50
Jahre bestehen, dies war Bestandteil des Vertrages über die Übergabe der
britischen Kronkolonie Hongkong an China. Hongkong befindet sich an der
Mündung des Perlflusses und ist dem Südchinesischen Meer zugewandt.
Das Gebiet an der Südostküste von China, bestehend aus Hongkong Island, der Halbinsel Kowloon und den New Territories, erstreckt sich über
1.100 Quadratkilometer.

Es leben etwa 7 Millionen Einwohner in Hongkong, davon 95 % Chinesen
und etwa 5 % anderer Abstammung. Mit einer sehr großen Bevölkerungsdichte und wenig Wohnraum ist Hongkong eine sehr teure Stadt. Hier

leben nach offiziellen Angaben auch um die 100.000 Cage People (Käfig menschen), Bewohner, die mit mehreren Personen in einem Raum leben. Die Räume sind in abschließbare Käfige oder Holzboxen mit etwa zwei Kubikmeter Fläche unterteilt. Teilweise sind sie auch zwei- oder dreistöckig gestapelt. Eine Küche und Toilette für zehn Personen muss genügen. Der Mietpreis für einen Käfig liegt bei etwa 100 bis 150 Euro pro Jahr, ungefähr der Preis für eine Nacht in einem Hotelzimmer mittleren Standards.

In Hongkong haben ungefähr 90 % der Einwohner eine konfuzianische, tao-istische oder buddhistische Weltanschauung und etwa 10 % sind Christen.

Englisch, Chinesisch und Kantonesisch sind die offiziellen Landessprachen.

Reisende aus den meisten westlichen Länder benötigen kein Visum für Hongkong. Bei der Einreise bekommt man bei der Ankunft automatisch eines für 90 Tage ausgestellt. Noch eine weitere kleine Eigenart von Hong-kong ist, das man für die auf der anderen Seite des Flusses liegende Wirt schaftsmetropole Shenzhen in China direkt am Grenzübergang ein auf fünf Tage auf die Region begrenztes Visum bekommt.

Die medizinische Versorgung ist exzellent und es besteht keine Impfpflicht oder irgendeine andere medizinische Beschränkung. Als internationale Metropole verfügt Hongkong über hervorragende Krankenhäuser, die höchsten internationalen Ansprüchen gerecht werden. Die Ärzte sind mit westlicher und chinesischer Medizin vertraut und sprechen meist auch Englisch. Medikamente erhält man häufig schon während der Behandlung beim Arzt oder in den gut sortierten Apotheken. Man sollte vor der Abreise prüfen, ob die Krankenversicherung eine ärztliche Behandlung im Ausland abdeckt und ein Reiserückholversicherung beinhaltet.

Die Währung in Hongkong ist der mit HK$ abgekürzte Hongkong-Dollar, Geld wechseln kann man in den meisten Hotels, in Banken und in Wechsel-stuben. Viele Hotels, Restaurants und Geschäfte akzeptieren verschiedene

Kreditkarten wie Mastercard, VISA, American Express und Diners Club. ATM-Automaten zum Abheben von Hongkong-Dollar mit Mastercard und VISA gibt es in Hongkong vielerorts, ebenso Jetco-Automaten für American Express. Reiseschecks, die auf US-Dollar, Euro oder britische Pfund ausgestellt sind, werden fast überall angenommen und es gibt zahlreiche Express-Cash-Geldautomaten zum Einlösen von Travellerschecks.

Handy-3G-Service und Internetzugang sind in der Millionenmetropole überall zugänglich. Man ist gut beraten, sich wegen der hohen Roaming-kosten eine SIM-Karte zu besorgen, die in jedem Telefonladen erhältlich ist. Kostenlosen WLAN-Service erhalten Sie in allen Passagierterminals des internationalen Flughafens inklusive der Ankunfts- und Abflugebene vor und nach dem Sicherheitsbereich.
Kostenlosen Internetzugang bieten viele Bistros, Cafés oder Bars. Auch öffentliche Plätze wie die MTR-Stationen von Wan Chai und Central.

Hongkong liegt wie Macao am Delta des Perlflusses, dem Südchine-sischen Meer zugewandt. Der Viktoria-Hafen trennt Hongkong Island von Kowloon und die Neuen Territorien erstrecken sich bis zur chine-sischen Grenze, wo gleich auf der anderen Seite des Flusses Shenzhen, die nächste Sonderwirtschaftsmetropole, wartet. Hongkong ist das Tor zu Shenzhen. Das Gebiet umfasst etwa 260 Inseln und die größte da-von ist Lan Tau, auf der sich der internationale Flughafen Chek Lap Kok befindet. Chek Lap Kok löste den alten, sehr schwierig anzufliegenden Flughafen Kai Tak ab.

Ich bin oft in Kai Tak gelandet und es war immer ein Erlebnis, wenn man dachte, die rechte Flügelspitze der 747 wird gleich die Wäscheleine vom Balkon einer Wohnungen mitnehmen. Flugkapitäne benötigten ein spe-zielles Training, um Kai Tak anzufliegen. Die Landebahn war sehr kurz und man dachte immer, hoffentlich bremst der Flieger vor ihrem Ende. Meistens klappte es, manchmal nicht, dann landete ein Flugzeug halt mal im Hafenbecken.

Der neue Flughafen ist modern und durch die U-Bahn, auch MTR (Mass Transit Railway) genannt, sowie durch schnelle Fährverbindungen mit Macao oder Shenzhen verbunden.

Hongkong gilt als eine der Finanzmetropolen der Welt mit einer sehr liberalen Marktwirtschaft. Die soziale Absicherung aber wie Krankheits- oder Altersvorsorge ist jedem selbst überlassen.

Die Industrieproduktion hat sich nach Südchina verlagert und viele Hongkong-Unternehmer haben ihre Fabriken heute dort. Das heißt, man trifft sich nach wie vor zu den Verhandlungen in Hongkong, aber die Produkte werden jenseits der Grenze in den Billiglohnregionen gefertigt. Hongkong selber besitzt wenig Ressourcen und ist stark vom internationalen Handel und Finanzgeschäften abhängig Als Umschlaghafen für chinesische Produkte verliert Hongkong mehr und mehr an Bedeutung, da sind heute chinesische Häfen wie Guangzhou, Xiamen und Shenzhen viel weiter.

Der Tourismus hat sich verlagert: vom internationalen Besucher zum Besucher direkt aus China. Mit steigenden Zahlen und als wichtige Einnahmequelle für den Hongkong-Einzelhandel wird der Besuch aus China mit Reiseerleichterung gefördert.

Wer geschäftlich nach Hongkong reist, gerät im Geschäftsalltag in einen Schmelztiegel der Verhaltensformen, wo alles erlaubt ist. Natürlich sollte man je nach Geschäftspartner die Verhaltensregeln beachten, und da die Mehrheit chinesischer Abstammung ist, würde ich raten, den chinesischen kulturellen Geschäftsregeln zu folgen.

Die jahrelang herrschende britische Kronkolonie hat zwar ihren Einfluss in der Geschäftsetikette hinterlassen, aber da die meisten Geschäftspartner Chinesen sind, blieb sie in ihrem Wesen absolut chinesisch.

Ich habe in Hongkong die schnellsten Abschlüsse in meiner Karriere als Verkäufer getätigt. Hier heißt es wirklich „Time is Money" und es geht irgendwie alles schneller.
Ich würde einen Hongkonger beschreiben als jemanden, der beim Gehen telefoniert, isst und trinkt, und zwar alles zur gleichen Zeit.
Hongkong ist hektisch und unruhig, laut und Beton, aber sehr faszinierend und in der Nacht ein unvergesslicher Anblick, ein Lichtermeer aus Leuchtreklamen.

Geschäftsessen sind ein Erlebnis, die Küche Hongkongs ist kantonesisch und gut sowie absolut frisch. Wer sehr gerne Fisch und andere Meeresfrüchte isst, wird seine wahre Freude haben. Berühmt ist Hongkong für seine Dim Sum, kleine gefüllte und dann in einem Bambuskorb gedämpfte Teigtaschen. Die Füllungen können aus allen denkbaren Sorten von Fleisch, Meerestieren und -früchten, aber auch aus Ei und Süßem bestehen. Ein kantonesisches Restaurant erkennt man am Geräuschpegel der Gäste, die ständig laut und unaufhaltsam in ihrem kantonesischen Singsang miteinander reden.

Und jetzt noch der Wetterbericht:
In Hongkong herrscht subtropisches Klima mit feuchten und heißen Sommern und trockenen und milden Wintern. Die Temperaturen im Januar betragen fünf bis 15 Grad Celsius und steigen in den Sommermonaten auf durchschnittlich fast 30 Grad an. Besonders ungewohnt mag die hohe Luftfeuchtigkeit sein, vor allem in den Monaten April bis August. Werte von 97 % sind keine Seltenheit. Von April bis September sorgt der Monsun für große Niederschlagsmengen, vor allem in Form plötzlicher und starker Wolkenbrüche. Im Hongkonger Sommer von Juli bis September ist Taifun-Saison. Während dieser orkanartigen Stürme herrscht teilweise Ausgangsverbot und die Bürotürme auf Hongkong Island werden von der Regierung vorsorglich geschlossen. An diese Einschränkungen sollte man sich auch halten. Hongkong kann man das ganze Jahr über bereisen, jedoch sind die Monate Juni bis August klimatisch oft sehr anstrengend.

8   Taiwan: Annäherung an China

Republik China auf Taiwan

Fläche: 36.188 km²
Internationales Kfz-Kennzeichen: RC
Landeswährung: New Taiwan Dollar (auch Yuan oder Kuai genannt)
Unterschied zur MEZ: + 7h
Internationale Telefonvorwahl: + 886
Netzspannung/Frequenz: 110 Volt, 60 Hertz
Internet-TLD (Top Level Domain): .tw

Taiwan (offiziell: Republik China) ist international, bis auf wenige Ausnahmen, weder als völkerrechtliche Vertretung Chinas noch als unabhängi-
ger Staat anerkannt. Der Sieg der Kommunisten 1949 im chinesischen
Bürgerkrieg auf dem chinesischen Festland veranlasste die oppositionelle
Partei der Kuomintang zum Rückzug auf die Insel Taiwan. Taiwan, von
den portugiesischen Seefahrern auch Formosa („schöne Insel") genannt,
wurde als „Republik China auf Taiwan" oder „Nationalchina" ausgerufen.
Die Regierung der Volksrepublik China betrachtet Taiwan seitdem als
abtrünnige Provinz und droht mit militärischer Besetzung, falls es sich
jemals für unabhängig erklären sollte. Die Insel Taiwan liegt im westlichen Pazifik und ist durch die Formosastraße vom chinesischen Festland
getrennt. Das Land besteht aus der Hauptinsel Taiwan, den Penghu-

Inseln, der Insel Quemoy und den Matsu-Inseln. Insgesamt umfasst das Staatsgebiet 85 Inseln.

In Taiwan leben ca. 23 Millionen Menschen, die sich aus drei Bevölkerungsgruppen zusammensetzen: den Taiwanern, auch Altchinesen genannt, mit ca. 84 %, den Festlandchinesen mit ca. 14 % und den Ureinwohnern mit ca. 2 % Anteil.

Die Glaubensrichtungen in Taiwan sind vorwiegend mit etwa 95 % der Bevölkerung Buddhismus und Taoismus sowie Konfuzianismus, daneben gibt es etwa 4,3 % Christen und einige wenige Muslime.

Die offizielle Sprache der Taiwaner ist Hochchinesisch (Mandarin). Taiwanesisch als Dialekt wird von ca. 15 Millionen Menschen gesprochen, weniger verbreitet ist der Hakka-Dialekt, welcher von den eingewanderten Han-Chinesen gesprochen wird. Englisch ist die Geschäftssprache.

Die Hauptstadt von Taiwan ist das im Norden des Landes gelegene Taipeh mit ca. 2,7 Millionen Einwohnern. Weitere nennenswerte Städte sind Taichung in der Mitte mit ca. 800.000 und Kaohsiung in Süden mit ca. 1,6 Millionen Einwohner.

Es besteht für die Bürger der meisten EU-Länder keine Visumpflicht und sie erhalten bei der Einreise einen Besuchsaufenthaltsrecht von 90 Tagen, lediglich ein gültiger Reisepass mit mindestens sechs Monaten Gültigkeit ist notwendig.

Taiwan hat generell eine gute medizinische Versorgung und es brauchen keine speziellen Impfungen vor einer Reise gemacht werden. In Taipeh ist die Versorgung sehr gut, auf dem Land kann es eventuell etwas problematisch werden in Bezug auf Hygiene oder medizintechnische Behandlung. Eine gute Reiseapotheke und eine Reiserückholversicherung sind auf alle Fälle angebracht.

Die Währung Taiwans ist der Neue Taiwan-Dollar (NT$). Die Währung ist nicht frei konvertierbar, der Wechselkurs ist staatlich festgelegt und überall gleich. Die Landeswährung darf nur in Höhe bis 40.000 NT$ ein- und ausgeführt werden, die Einfuhr von Devisen ist frei, muss aber deklariert werden. Es dürfen nicht mehr Devisen aus- als eingeführt werden, Umtauschbelege sind ggf. vorzuzeigen. Mit Bank- und Kreditkarte kann man Geld aus Automaten ziehen und Kreditkarten werden in den meisten größeren Hotels, Restaurants und Geschäften angenommen. Reiseschecks sind einfacher zu tauschen, wenn sie auf US-Dollar lauten.

Alle GSM-Handys funktionieren in Taiwan einwandfrei. Um den hohen Roamingkosten zu entgehen, sollte man vorübergehend auf die eigene Telefonnummer verzichten und sich in einem Service-Center einer lokalen Telefongesellschaft eine Prepaid-Karte kaufen. Diese sind in verschiedenen Stufen ab 500 NT$ erhältlich.

Internetzugang ist kein Problem, Taiwan hat das weltgrößte Hotspot-Netz, das ziemlich flächendeckend Taipeh und einen Teil des Landes umfasst. Preise für die Nutzung liegen bei ca. 2,50 Euro pro Tag. Es gibt aber auch Café-Shops, die freien Zugang für die Kosten eines Getränkes bieten.
Zu beachten ist noch das taiwanesische Stromnetz, das mit 110 Volt und 60 Herz läuft, aber das sollte für heutige Notebooks und Handy kein wirkliches Problem mehr darstellen.

Taiwan wird von vielen Luftfahrtgesellschaften direkt angeflogen und mit Kaohsiung im Süden und Taoyuan im Norden gibt es zwei internationale Flughäfen zur Auswahl. Der Transfer vom Flughafen Taoyuan zum rund 40 Kilometer nordöstlich gelegenen Taipeh benötigt je nach Verkehrsaufkommen zwischen 40 und 60 Minuten.
Verschiedene Airport-Busse fahren für ca. 100 bis 150 NT$ unterschiedliche Hotels im Stadtgebiet an. Zum Vergleich: Taxis kosten für die gleiche Strecke ungefähr 1.200 NT$. Diese gibt es zwar im Überfluss, aber Vorsicht, wenige der Taxifahrer sprechen Englisch und es ist ratsam, sich

immer die Adresse des Hotels oder Geschäftspartners in chinesischer Schrift aufschreiben zu lassen.

Taiwan hat eine moderne Infrastruktur und das Straßennetz sowie das Eisenbahnnetz sind sehr gut ausgebaut. Inlandflüge zwischen den taiwanesischen Großstädten sowie zur Grünen Insel, der Orchideeninsel und zum Penghu-Archipel gibt es fast stündlich. Man kann aber auch in nur 90 Minuten mit dem Hochgeschwindigkeitszug zwischen Taipeh und Kaohsiung pendeln. Der Zug hält auf der Strecke in Taichung, Hsinchu, Chiayi und Tainan und ist damit ideal für Geschäftsreisende, die auf ihrer Reise mehrere Städte zu besuchen haben. Seit dem 9. Februar 2005 gibt es auch Direktflüge zum chinesischen Festland.

Taiwan zählt zu den vier sogenannten asiatischen Tigern und hat eine hoch entwickelte, stark exportabhängige Marktwirtschaft. Seine Wirtschaftsentwicklung wird vorwiegend von der IT-Industrie, aber auch von traditioneller Schwerindustrie wie der Petrochemie getragen. Notebooks, Smartphones, Motherboards und eine Vielzahl von weiteren elektronischen Bauteilen wird von taiwanesischen Unternehmen gefertigt.

Man kann fast sagen, dass die weltweite IT-Branche Komponenten in Taiwan einkauft. Taiwan versucht sich als Forschungs- und Entwicklungsstandort zu etablieren und teurere Fertigungen auszulagern. Es hat durch verbesserte Beziehungen zur Volksrepublik China angefangen, Fertigungen aufs Festland auszuweiten, aber es investiert auch in Südostasien wie z.B. in Vietnam. Es ist interessant zu wissen, dass die Volksrepublik China mittlerweile der wichtigste Handelspartner Taiwans ist, noch vor den USA und Japan.

Für den Geschäftsreisenden ist zu bedenken, dass, obwohl Taiwan sich sehr viel eher zu einem modernen Industriestaat entwickelt hat, chinesische Kultur und Traditionen sich hier besser als auf dem chinesischen Festland erhalten haben. Beispielsweise verwendet Taiwan immer noch die traditionellen Langzeichen der chinesischen Schreibweise, wohingegen die Volksrepublik vereinfachte Kurzzeichen eingeführt hat.

Riten des Konfuzianismus, die chinesische Kultur und Tradition, Gesicht wahren, geben, nehmen, das Lächeln als Entschuldigung und alle anderen schon unter dem Kapitel China beschriebenen Geschäftsverhalten treffen auf die Taiwaner genauso zu wie auf alle Chinesen.

Das wirklich Gute ist, dass jemand, der geschäftlich nach Taiwan reist, nicht viel dazuzulernen braucht, wenn er schon Erfahrungen auf diesem Gebiet in China gemacht hat.

Taiwaner legen viel Wert auf Sauberkeit und Aussehen und man sollte sich daher den Regeln anpassen. Dies steht aber etwas im Widerspruch zu einer Unsitte, die mir immer wieder aufgefallen ist, und zwar das Kauen und Ausspucken der Überreste der Betelnuss. Man findet überall rote Flecken auf den Straßen, die Zeugnis dieser Unsitte sind.

Die Luft in den Städten Taiwans ist sehr schlecht und die Städte sind meistens überzogen von Smog, was auf die schnelle wirtschaftliche Entwicklung und eine kaum vorhandene Umweltpolitik zurückzuführen ist. Es konnten aber inzwischen durch die Einführung eines Mülltrennungs- und Wiederverwertungssystems deutliche Erfolge im Umweltbereich verzeichnet werden. Taiwan ist dabei, in eine grüne Energiepolitik zu investieren, und hofft, in den nächsten Jahren durch Energieeffizienz und andere Maßnahmen eine deutliche Reduktion von CO_2 zu erzielen.

Naturkatastrophen sind ein weiteres Problem Taiwans. Regelmäßige Taifune von Juni bis Oktober und tausende von kleineren Erdbeben jährlich in der Stärke drei bis sechs können für einen Geschäftsreisenden immer zu einem Erlebnis werden.

Die Küche Taiwans ist wohl die abwechslungsreichste der Welt. Man findet fast alle Küchenstile der chinesischen Küche, exzellente japanische Küche und natürlich die lokale taiwanesische Küche. Einzelne Portionen für jeden Gast gibt es, außer in den westlichen Restaurants, hier nicht. Alle teilen sich, wie bei den Asiaten üblich, die gemeinsam bestellten Gerichte. Der

Vorteil ist, dass man so die Möglichkeit hat, sehr viele verschiedene Gerichte während einer Mahlzeit zu probieren.

In gesellschaftlicher Runde ist ein „Hot Pot" zu empfehlen, ein großer, köchelnder Suppentopf in der Mitte des Tisches, in dem die beteiligten Personen die diversen Zutaten selbst nach und nach kochen.

In Taiwan werden sehr viel Fisch und Meeresfrüchte zubereitet, aber auch Geflügel, Rind und Schweinefleisch. Reis, Nudeln und gedünstetes Gemüse sind die Hauptbeilagen. Taiwan ist aber auch berühmt für seine Schlangen-Restaurants und Schlangen-Cocktails. Wer noch nie einen Schlangen-Cocktail (Schlangenblut) probiert hat sollte einmal auf dem Taipeher Nachtmarkt in die Schlangen-Allee gehen.

Und jetzt noch der Wetterbericht:

Das Klima auf der Insel Taiwan wird durch den Wendekreis des Krebses beeinflusst, welcher genau durch die Insel Taiwan verläuft und die Grenze zwischen Tropen und Subtropen bildet. So sind die nördlichen Gebiete von Taiwan durch ein subtropisches Klima geprägt, die südlichen Gebiete hingegen durch tropische Klimazüge, die durch entsprechende Höhenlagen unterstützt werden. Man sollte aber daran denken, dass es auf der Insel Taiwan unterschiedliche Arten von Höhenlagen gibt, die dafür sorgen, dass in manchen Gebieten trotz südlicher oder nördlicher Lage gemäßigte klimatische Voraussetzungen vorherrschen. Zwischen Juni und Oktober treten gehäuft Taifune auf.

9 Philippinen: Nur das Notwendigste, aber auch das, wenn möglich, nur gebraucht

Republik der Philippinen

Fläche: 300.000 km²
Internationales Kfz-Kennzeichen: RP
Landeswährung: Philippinischer Peso (PHP)
Unterschied zur MEZ: + 7h
Internationale Telefonvorwahl: + 63
Netzspannung/Frequenz: 220 Volt, 60 Hertz
Internet-TLD (Top Level Domain): .ph

Die Philippinen sind eine demokratische Präsidialrepublik und haben seit 1987 eine neue Verfassung. Das Land war lange Zeit eine spanische Kolonie und nachdem die Amerikaner es für einige Zeit besetzt hielten, wurde es 1916 in die Unabhängigkeit entlassen. Die Regierung besteht aus einem vom Präsidenten berufenen Kabinett. Den Kongress bildet das Repräsentantenhaus und ein vom Volk gewählter Senat.

Die Philippinen sind eine Gruppe von 7.107 Inseln, die im Malaiischen Archipel in Südostasien liegen und von denen nur etwa 2000 bewohnt sind. Damit ist die Inselgruppe das größte Archipel der Erde. Sie wird im Nordwesten vom Südchinesischen Meer, im Nordosten und Osten vom Pazifischen Ozean im Süden von der Celebessee und im Südwesten von der Sulu-See umschlossen.

Die Bewohneranzahl beträgt ca. 100 Millionen, mit wachsender Tendenz. Die Bevölkerung der Philippinen setzt sich aus mehreren ethnischen Gruppen zusammen, in der Mehrheit Stämme, die vermutlich über Südchina eingewandert sind. Als Ureinwohner des Inselstaates gelten die Negritos.

Die Philippinen behaupten stolz von sich, die einzige christliche Nation in Asien zu sein. Mehr als 86 % der Bevölkerung ist römisch-katholischen Glauben und etwa 8 % gehören verschiedenen anderen christlichen Glaubensrichtungen an. 4 % sind muslimischen Glaubens, sie bewohnen vorwiegend die Inseln Mindanao, Sulu und Palawan. Etwa 3 % folgen dem buddhistischen, taoistischen oder konfuzianischen Glauben und der Rest der einheimischen Religion.

Die Landessprache auf den Philippinen ist Filipino. Daneben gibt es noch ca. 170 Lokalsprachen und Dialekte wie Cebuano, Ilokano, Illongo, Bikolano und viele andere. Die Handelssprache und Behördensprache ist Englisch, sie wird an den Schulen als zweite Landessprache gelehrt.

Filipino ist die moderne, standardisierte Variante der Sprache Tagalog, die von rund 15 Millionen Menschen in der Region in und um die philippinische Hauptstadt Manila als Muttersprache gesprochen wird. Es wird angenommen, dass – je nach Schätzung variiert es – zwischen 70 und 90 Millionen Menschen Filipino sprechen, von denen die Mehrzahl allerdings eine andere philippinische Sprache als Muttersprache hat und Filipino als Zweitsprache verwendet.

Die Hauptstadt des Inselstaates der Philippinen trägt den Namen Manila und ist mit ihren 1,7 Millionen Einwohnern, den 11,6 Millionen in der Agglomeration und den sogar 19,2 Millionen Einwohnern in der Metropolregion die wichtigste Stadt des Landes. Manila ist nicht nur wirtschaftlich und politisch das Zentrum der Philippinen, sondern auch in kultureller Hinsicht. Außerdem bildet sie den Hauptverkehrsknotenpunkt des gesamten Archipels und befindet sich auf der größten, nördlichsten Insel der Philippinen.

Bürger aus den meisten Staaten der EU benötigen kein Visum und erhalten bei der Einreise kostenlos eine 21 Tage gültige Aufenthaltserlaubnis. Diese kann gegen eine Gebühr auf weitere 59 Tage verlängert werden. Bei der Einreise muss der Reisepass noch mindestens sechs Monate gültig sein, zudem wird ein Rück- oder Weiterflugticket verlangt.

Die medizinische Ausstattung auf den Philippinen ist in Manila sowie den größeren Metropolen des Landes ziemlich gut. Es gibt hoch qualifizierte private Krankenhäuser und stationäre ärztliche Versorgung, was in ländlichen Gegenden leider nicht der Fall ist. Medikamente sind in den Apotheken gut verfügbar und die Ärzte sprechen in der Regel Englisch. Empfohlene Impfungen sind Hepatitis A und es wird generell empfohlen, noch folgende zu erwägen: gegen Hepatitis B bei längeren Aufenthalten und engerem Kontakt zur einheimischen Bevölkerung, gegen Tollwut und Japanische Enzephalitis vor allem in ländlichen Gebieten, und gegen Meningokokken-Meningitis bei Reisen in die Cordilleras im Norden Luzons. Eine Reiserückholversicherung vor der Reise abzuschließen ist immer angebracht.

Die Währung auf den Philippinen ist der philippinische Peso (PHP), der in 100 Centavos unterteilt ist. Die meisten ausländischen Währungen können ohne Probleme bei Banken, Hotels und autorisierten Devisenhändlern umgetauscht werden. Außerhalb von Manila wird die Bezahlung in philippinischen Pesos bevorzugt. Die meisten Hotels, Ressorts, Geschäfte und Restaurants akzeptieren alle gängigen Kreditkarten, aber man sollte den Abrechnungsvorgang immer persönlich beobachten. Geldautomaten gibt es in Manila und den größeren Metropolen auch, aber es ist ratsam, nach der Nutzung sein Geld sofort zu zählen und es nicht gleich einzustecken und weiterzugehen. Oft sind die Geldautomaten auch defekt oder geben nur begrenzte Beträge aus. Etwas Bargeld für Notfälle in US-Dollar oder Euro sollte aber in jedem Fall mitgeführt werden.

Neben dem gut ausgebauten Landtelefonnetz sind die Philippinen die Nation, die weltweit am meisten textet, und daher kann man sagen, dass das mobile Telefonnetz sehr gut ausgebaut und bis auf einige Inseln unein-geschränkt verfügbar ist.

Man sollte sich aber in einem der Handy-Shops oder beim Straßenhändler eine philippinische SIM-Karte kaufen, um den teuren Roamingkosten zu entgehen.

Internetcafés sind überall auf den Philippinen zu finden. Die Kosten sind sehr gering, sie betragen so zwischen 20 und 30 PHP pro Stunde. Eine WI-FI-Verbindung gibt es in vielen Hotels, Shoppingcentern und Restaurants und auch schon in einigen Ressorts. Wer unabhängig von WI-FI-Netzen sein möchte, der kann sich einen Globe- oder Smart-USB-Stick besorgen, um über diese Handyanbieter eine Verbindung zum Internet zu erhalten.

Wer geschäftlich auf die Philippinen reist, sollte sich auf alle Fälle darüber im Klaren sein, dass es ein gefährliches Land ist. Die südlich gelegenen moslemischen Inseln, wie die Region um Mindanao, sind besonders ge-fährlich und von jeglichen Überlandfahrten ist hier dringend abzuraten. Entführungen von Ausländern kommen auf Mindanao überdurchschnittlich oft vor. Terroristische Anschläge und Entführungen machen aber auch vor Manila nicht halt.

Aber auch die allgemeine Kriminalitätsrate ist sehr hoch und man sollte es vermeiden, Schmuck, teure Uhren oder zu viel Bargeld mit sich her-umzutragen. KO-Tropfen, durch Fremde in Bars ins Getränk geschüttet, sind keine Seltenheit. Auch die Polizisten sind nicht immer, was sie sein sollten, und Vorsicht ist geboten, wenn man fälschlicherweise irgendeiner Missachtung oder Straftat bezichtigt wird.
Es ist ratsam, nicht allein auszugehen, sondern am besten zusammen mit lokalen Freunden.

Das soll aber jetzt nicht heißen, dass man sich im Hotelzimmer einschlie-ßen soll und gar nicht ausgeht. Downtown-Manila und auch andere Städte haben ein gutes Nachtleben und viele sehr gute Restaurants und Pubs, die relativ sicher sind. Ich bin immer in Makati, Downtown-Manila, abends zum Green Belt im Ayala Center gegangen. Es offeriert Shopping, Restaurants, Pubs und wird von einer guten Mischung aus Ausländern und Einheimischen besucht.

Und bitte die Nerven bewahren, falls bei einem Besuch einmal das Wetter verrückt spielt oder der Boden wackelt. Die Philippinen werden regelmäßig von Taifunen heimgesucht und es gibt auch aktive Vulkane sowie gelegentliche Erdbeben.

Als Geschäftsreisender landet man meist auf dem Ninoy Aquino International Airport in Manila. Wenn man in Manila ankommt, gibt es gleich eine Stresssituation, denn am Ausgang hinter dem Zoll warten die „Taxi-Schlepper" für die verschiedenen Taxiunternehmen. Am besten geht man hier einfach weiter. Vor dem Gebäude findet man die Büros von sicheren Taxiunternehmen. Der Preis für eine Fahrt nach Manila City liegt bei ca. 500 Peso. Name und Fahrtziel werden registriert und der Fahrer muss sich die Leistung bei Ankunft bestätigen lassen. Die Fahrzeit zwischen Flughafen und dem Stadtzentrum von Manila ist sehr unterschiedlich, abhängig von der Tageszeit kann sie im günstigsten Fall 30 Minuten, während Stoßzeiten jedoch bis zu zwei Stunden betragen.

Zum Flugverkehr ist zu sagen, dass alle philippinischen Fluggesellschaften Einflugverbot in die Europäische Union haben, da die internationale Zivilluftfahrtorganisation erhebliche Sicherheitsbedenken angemeldet hat. Okay, was bedeutet das für den Flugverkehr zwischen den Inseln? Ich überlasse es jedem selbst, Rückschlüsse zu ziehen, und wie sagt man so schön: „Happy Landing!".

Auch die öffentlichen Verkehrsmittel auf den Philippinen sind technisch nicht unbedingt als sicher einzustufen und speziell nachts sollte man ihre Benutzung vermeiden.

Zur Stromversorgung muss man noch sagen, dass es oft zu Zusammenbrü-
chen kommt. Vorwiegend in den ländlichen Gegenden sind Blackouts an
der Tagesordnung. Die Netzfrequenz ist 60 Herz anstatt der üblichen 50
Herz, aber das sollte für moderne Handys, Laptops und Kameranetzteile
kein Problem darstellen.

Die Philippinen sind ein Entwicklungsland und die Wirtschaftsstruktur teilt
sich in Landwirtschaft, die rund ein Drittel der Bevölkerung beschäftigt,
und den Rest, der sich auf Industrie und den Dienstleistungssektor verteilt. Als Billiglohnland ist die Elektronikindustrie für viele Firmen attraktiv
und der Dienstleistungssektor im Bereich der Telekommunikation, wie die
Callcenter, wird in den nächsten Jahren mit zweistelligen Wachstumsraten
entscheidend zum Bruttosozialprodukt beitragen.

Der Tourismus ist immer noch stark ausbaubar und bietet ein großes
Potenzial.

Die steigende Armut und Ungleichheit bei der Einkommensverteilung ist
ein großes Problem, denn die Regierung ist nicht in der Lage, der Situation
Herr zu werden. Der Anteil der Bevölkerung, die mit weniger als ein bis
zwei US-Dollar pro Tag auskommen müssen, liegt bei ca. 25 %.

Internationale Wirtschaftsexperten sind sich einig, dass die Schere zwischen Arm und Reich trotz Wirtschaftswachstum immer weiter auseinanderklaffen wird.

Natürlich wird dies niemanden davon abhalten – und sollte es auch nicht
–, seine Geschäftsinteressen zu verfolgen und seine Produkte im Land
anzubieten. Es ist nur wichtig, sich der allgemeinen Lage bewusst zu sein,
da diese einen gewaltigen Einfluss auf die Abschlussquote hat.

Die Filipinos sind sehr Preis-orientiert und kaufen nur das, was unbedingt
für ihre Produktion nötig ist. Ich bin immer gefragt worden, ob ich das

Angebotene nicht auch als gebrauchtes Produkt hätte. Aus meiner Erfahrung kann man hier „Nice to have"-Produkte („schön zu besitzen") eher schnell vergessen und nur „Must have"-Produkte („muss man besitzen") sind gut zu verkaufen.

Die Philippinen sind ein kulturelles Patchwork, beeinflusst durch Spanien, die katholische Kirche, Amerika und verschiedene asiatische Länder. Weder total dominiert von westlichen noch von östlichen kulturellen Einflüssen, sind die Philippinen so ziemlich einzigartig in Asien.

Filipinos sind sehr stolze Menschen und in der philippinischen Kultur sind die asiatischen Einflüsse wie *Face* im Einklang mit dem lateinamerikanischem Macho-Gehabe bis hin zu Rachegelüsten, falls man einmal einen Filipino oder seine Familie beleidigt.

Die meisten philippinischen Firmen sind in Familienbesitz und es gibt sehr starke hierarchische Strukturen innerhalb der einzelnen Familien. Viele der Familienmitglieder studieren im Westen und übernehmen danach entweder einzelne Sektionen der Firma oder auch ganze Tochterunternehmungen. Es ist enorm wichtig, die richtigen Kontakte in einer philippinischen Organisation aufzubauen. Zusätzlich sollten diese in der Familienhierarchie hoch genug angesiedelt sein. Man sollte unbedingt darauf achten, die eigenen Leute mit den richtigen Titeln zu schicken, wenn man hochgestellte Familienmitglieder kontaktiert, denn wie schon beschrieben, ist auf den Philippinen *Face* sehr wichtig. Ein grober Fehler ist, den Einfluss von Familie und Vetternwirtschaft auf Geschäftsentscheidungen zu unterschätzen, denn es werden oft Partner bevorzugt, die der Familie nahestehen.
Wer Geschäfte auf den Philippinen machen möchte, sollte sich auf eine sehr persönliche Art des Geschäftswesens einstellen. Es ist immer gut, wenn man von einem gemeinsamen Geschäftsfreund oder Vermittler vorgestellt wird, das erleichtert den Aufbau von Vertrauen und den Einstieg in die Verhandlungen.
Wenn man philippinische Geschäftsleute das erste Mal trifft, sollte man

auf die richtige Form der Anrede achten. Personen ohne Titel werden mit „Herr" oder „Frau" angeredet und die mit Titel in einer Kombination aus dem Titel und dem Familiennamen, wie zum Beispiel „General Lakondo" oder „Rechtsanwalt Romero". Später, wenn man sich besser kennt, ist es weniger formell und man nennt sich beim Vornamen.

Die Geschäftskultur ist sehr freundlich und es wird viel Wert auf Harmonie gelegt. Es gilt das Konzept „Pakikisama", was bedeutet, dass man mit jedermann gut auskommt. Filipinos mögen keine direkte Konfrontation, es sei denn, sie fühlen sich persönlich beleidigt. Negative Stimmung und offener Widerspruch sind selten in Verhandlungen anzutreffen und das Wort „Nein" wird nicht gerne benutzt, da Filipinos keine direkte Ablehnung mögen, aber auch ein Ja ist auf den Philippinen noch lange kein Ja. Man muss mehr zwischen den Zeilen einer Besprechung lesen bzw. hören und die versteckten Winke mit dem Zaunpfahl verstehen lernen. Das hat natürlich zur Folge, dass eine Verhandlung sich sehr lange hinziehen kann, auch über mehrere Sitzungen.

Zeit ist sehr dehnbar auf den Philippinen und man kann leicht frustriert werden, wenn die Verhandlungen kein Ende nehmen. Normalerweise beginnen Verhandlungen immer mit viel Smalltalk, bevor man dann zum Kern des eigentlichen Geschäftes kommt. Der Smalltalk gehört zur generellen Vertrauensbildung und ist sehr wichtig für den weiteren Verlauf des Gespräches. Man sollte auch nach einer Stunde nicht ungeduldig werden und zur Geschäftsordnung rufen. Zusätzlich ist es ratsam, auf die Körpersprache zu achten und das fortwährende Lächeln sollte man ja nicht als Zustimmung deuten, es kann auch Verlegenheit anzeigen, dass kein Geld vorhanden ist oder der Familienrat beschlossen hat, von der Konkurrenz zu kaufen.

Obwohl es auf den Philippinen so scheint, als sei alles sehr informell, werden Geschäftskarten, am besten mit Titel, wie überall sonst üblich formell übergeben. Man gibt sich offiziell die Hand und manchmal, aber nur wenn man sich besser kennt, gibt es auch einen leichten Klaps auf den Arm als Zeichen der Freundschaft.

Der Dresscode ist formell und man trägt leichte sommerliche Geschäftsanzüge mit Hemd, das auch kurzärmelig sein kann, sowie Krawatte oder auch den Barong Tagalog, ein leichtes, langärmeliges Hemd ohne Krawatte. Die Geschäftstermine sollte man einige Wochen vor seiner Reise vereinbaren und einen Tag vorher nochmals bestätigen. Zu Geschäftstreffen sollte man pünktlich erscheinen, auch wenn die Filipinos selber als eher unpünktlich gelten und auch so erscheinen.

Noch ein paar kurze Tipps:
Direkter und ständiger Augenkontakt sollte vermieden werden, denn Starren wird als sehr unhöflich aufgenommen.
Nicht mit dem Mittelfinger auf Personen zeigen, es wird als eine sehr obszöne Gestik empfunden und kann zu Konsequenzen führen.
Nicht die Stimme erheben oder Filipinos beim Reden unterbrechen, das gilt als sehr respektlos.
Auch sollte man keine Witze über die Filipinos, ihre Religion oder auf Kosten anderer machen.
Bürokraten sind überall sehr langsam, aber auf den Philippinen kann mit einem „kleinen Geschenk" Dinge schneller in Bewegung setzen. Dies sollte man aber einem lokalen Repräsentanten überlassen.
Bringen Sie immer genug kleine Gastgeschenke mit auf die Philippinen, es hilft, die Freundschaften zu festigen, aber denken Sie daran, dass sie immer nett verpackt sind.
Entertainment ist auf den Philippinen ein wichtiges Element, um Geschäfte und Geschäftsbeziehungen zu festigen. Über ein gutes Mittagessen oder Dinner kann oft mehr erreicht werden als durch stundenlange Besprechungen.
Es bleibt noch übrig, zu sagen, dass es üblich ist, „Mabuhay" zu sagen. Das heißt „Willkommen" oder auch: „Du sollst leben".

Die philippinische Küche ist eine Mischung aus der spanischen, indischen chinesischen und malaiischen Küche. Zu den vielen Reisgerichten werden immer frischer Fisch oder Meerestiere angeboten. Gewürzt wird auf den Philippinen generell nicht so scharf, wie dies aus anderen asiatischen Ländern bekannt ist. Anstelle der scharfen Gewürze verwendet man hier lieber Kokosmilch, in der häufig Gemüse und Fleisch gekocht wird. Aus den chinesischen Einflüssen stammen die bekannten philippinischen Teigtaschen (siopao), die mit Fleisch oder auch Gemüse gefüllt und frittiert werden.

Und jetzt noch der Wetterbericht:
Auf den Philippinen herrscht tropisches Regenklima, wobei insbesondere in den tiefer gelegenen Gebieten das Klima heiß und niederschlagsreich ist. Die Temperaturen auf den Philippinen fallen das ganze Jahr nicht unter 20 Grad Celsius. In den Monaten April und Mai ist es besonders heiß und Manila verzeichnet dann schon mal Werte bis 40 Grad. An allen Küsten des Südchinesischen Meeres bestimmt der Monsun das Wetter. Die Zeit von Januar bis Mai ist überwiegend trocken, von Juni bis November herrscht Regenzeit. Im Osten von Luzon fällt der meiste Regen allerdings in der Zeit von Dezember bis März. Der Ostteil von Südluzon kennt keine ausgesprochenen Trockenzeiten, der meiste Niederschlag ist von November bis Januar zu erwarten. Von Juli bis Oktober ist es sehr schwül, dann werden die nördlichen und mittleren Inseln besonders häufig von Taifunen heimgesucht.

10 Vietnam: Man spricht Deutsch

Sozialistische Republik Vietnam

Fläche: 326 797 Km²
Internationales Kfz-Kennzeichen: VN
Landeswährung: Dong
Unterschied zur MEZ: +6h, zur Sommerzeit + 5h
Internationale Telefonvorwahl: + 84
Netzspannung/Frequenz: 220 Volt, 50 Hertz
Internet-TLD (Top Level Domain): .vn

1858 erfolgte die Eroberung durch Frankreich und danach der Zusammen-schluss von Vietnam mit Kambodscha und Laos zu Französisch-Indochina. Im Zweiten Weltkrieg wurde Vietnam von den Japanern okkupiert. 1945 erklärte es seine Unabhängigkeit unter Präsident Ho Chi Minh. Der Krieg Frankreichs gegen das Land dauerte von 1946 bis 1954, bis schließlich die französischen Streitkräfte nach der Einnahme der Festung Dien Bien Phu kapitulieren mussten. Es erfolgte die Teilung Vietnams in zwei Hälften, den kommunistischen Norden und den sozialistischen Süden. 1964 provozierte die USA einen Zwischenfall im Golf von Tonkin und bombardierte darauf-hin den Norden. 1968 erfolgte der höchste Einsatz von amerikanischen Bodentruppen mit einer Zahl von über 550.000. 1969 starb Ho Chi Minh. Im selben Jahr wurden die Friedensgespräche eröffnet und im Jahr 1973 schließlich ein Abkommen über die Beendigung des Krieges unterzeichnet und die letzten US-Truppen zogen ab. 1975 kam es zum Fall Saigons und wenig später zur Wiedervereinigung der beiden Teile Vietnams. 1976 fanden die ersten gesamtvietnamesischen Wahlen statt.

Die Sozialistische Republik Vietnam ist ein lang gestreckter, am Südchinesischen Meer liegender südostasiatischer Küstenstaat mit Grenzen zu China, Laos und Kambodscha.

Vietnam ist ein Vielvölkerstaat und hat circa 90 Millionen Einwohner. Knapp 90 % der Bewohner sind Vietnamesen, die von ihrer Abstammung her mit den Südchinesen verwandt sind und die sich selbst als Kinh bezeichnen. Daneben gibt es kleinere Völker wie Tai, Nung, Miao, Yao, Khmer, Moi und andere. Nur rund 20 % der Bevölkerung leben in Städten. Ballungszentren der Besiedlung sind im Norden die Gebiete um den Roten Fluss, im Süden das Mekongdelta und ein schmaler Küstenstreifen. Weite Teile von Vietnam sind recht dünn besiedelt.

Verschiedenste Glaubensrichtungen und Religionen sind in der vietnamesischen Bevölkerung tief verwurzelt und seit Jahrtausenden Bestandteil ihres Lebens. Sie vermischen sich miteinander und ergänzen sich. So kann ein Vietnamese Mitglied der kommunistischen Partei sein und sich ehrfürchtig vor Buddha verneigen. Eine besondere Rolle spielt der Ahnenkult. In wohl keinem vietnamesischen Haushalt fehlt ein Altar, auf dem sich Opfergaben wie zum Beispiel Räucherstäbchen, Obst und Schnaps befinden, um die Ahnen zu verehren, sie um Rat zu fragen und zu ihnen zu beten. Da Religion im Sozialismus immer als Gefahr galt, geben 80 % der Bevölkerung an, religionslos zu sein, 9,5 % sind Buddhisten, 6,5 % Katholiken und der Rest gehört anderen Glaubensrichtungen an.

Die Landessprache in Vietnam ist Vietnamesisch. In den touristischen Gebieten kann man sich aber auf Englisch verständigen. Vietnamesisch hat mit Chinesisch eine gewisse Verwandtschaft, viele Worte haben einen

chinesischen Ursprung. Daneben werden Englisch als Geschäftssprache, Chinesisch, Khmer sowie viele Dialekte und Französisch gesprochen.
Die Hauptstadt ist Hanoi im Norden des Landes mit fast 2,6 Millionen Einwohnern, in der erweiterten Provinz Hanoi leben ungefähr 6,4 Millionen Menschen. Eine weitere bekanntere Businessmetropole im Süden ist Ho Chi Minh City, früher auch Saigon genannt, mit etwa 7 Millionen Einwohnern.

Für die Einreise nach Vietnam benötigt man ein Visum, von dem es zwei Arten gibt: eines für Touristen, welches in der Regel für eine Einreise und vier Wochen Aufenthalt ausgestellt wird, und das Visum für Geschäftsleute für die mehrfache Einreise sowie eine Aufenthaltserlaubnis von ein bis drei Jahren. Ein Visum muss vor der Reise bei der Botschaft von Vietnam beantragt werden.

Die medizinische Versorgung in Vietnam unterscheidet sich sehr von der in den westlichen Ländern, sie ist weder modern noch sehr hygienisch. Es gibt einige internationale Kliniken, die westlichen Standard bieten, eine gute Versorgung ist somit nur beschränkt gewährleistet. Eine gut gefüllte Reiseapotheke ist daher anzuraten, speziell wenn man auf gewisse Medikamente angewiesen ist. Schutzimpfungen sind nicht notwendig, aber die üblichen wie gegen Tetanus, Polio und Hepatitis sollten vor Abreise aufgefrischt werden. Moskitos sind eine Plage und das Denguefieber sowie Malaria treten während der Regenzeit häufiger auf. Auch für Durchfall-Erkrankungen gerade während der Regenzeiten sollte man sich rüsten. Zudem Trinkwasser nur aus Flaschen zu sich nehmen. Rohe Salate und Gemüse sollte man meiden.

Die offizielle Währung ist der Vietnamesische Dong (VND). Euro oder US-Dollar sollte man in bar oder in Form von Reiseschecks mitnehmen. Für Einkäufe außerhalb der Städte sollte man kleinere Scheine in Dong oder in US-Dollar bei sich haben, denn oft ist kein Wechselgeld vorhanden. Für Geldumtausch sind die größeren Schmuckläden der Städte zu empfehlen. Diese sind zuverlässig und bieten bessere Umtauschkurse als die Hotels oder Banken. Bessere Hotels und Restaurants akzeptieren nur US-Dollar und andere Devisen. Die gängigsten internationalen Kreditkarten werden in den größeren Hotels, in guten Restaurants und Geschäften akzeptiert. In den großen Städten gibt es auch Geldautomaten (ATM), die herkömmliche Kredit- und Maestro-Karten akzeptieren, aber Vorsicht: Es werden extrem hohe Gebühren verlangt.

Die Kommunikationsgebühren in Vietnam sind hoch, aber man kann tadellos telefonieren. Prepaid-Karten für Handys kann man ohne Probleme kaufen und eine SIM-Karte kostet etwa 15 US-Dollar

Den besten internationalen Tarif findet man bei den Postämtern, die gebührenpflichtige Anrufe und Fax-Dienstleistung anbieten. Die zentralen Postämter in Hanoi, Saigon und Hue akzeptieren auch Telefonkarten von verschiedenen internationalen Telekommunikationsfirmen. Es ist unmöglich, aus Vietnam Collect Calls (R-Gespräche) zu machen. Für günstigere Kosten wählen Sie einfach 171- 00- und die gewünschte Nummer.

Internet und E-Mail sind in den meisten großen Orten im ganzen Land leicht verfügbar. Auch einige Hotels bieten diese Dienstleistung an und in den großen Städten gibt es viele Internetcafés. Die Geschwindigkeit der Internetverbindung ist aber von der Tageszeit abhängig. Die durchschnittlichen Kosten für Nutzung des Internets belaufen sich auf rund 4000 VND pro Stunde.

Einige Hotels für Geschäftsreisende in Hanoi und Saigon sind mit High-Speed-Internet-Zugang im Business-Center und im Gästezimmer ausgestattet.

Was Kriminalität anbelangt, ist Vietnam ein vergleichsweise sicheres Land. Es gibt kaum Gewaltdelikte gegen Ausländer. Natürlich nimmt die Anzahl der Diebstähle zu und hier und da werden Touristen auch mal bei Taxifahrten mit manipulierten Taxametern abgezockt, doch wer aufpasst, kann dies vermeiden. Wertgegenstände sollte man immer im Hotelsafe deponieren, da aus Hotelzimmern manchmal gestohlen wird.

Beliebter wird auch der Kreditkartenbetrug und man sollte beim Bezahlen die Karte immer im Auge behalten.

Zur Verkehrssicherheit ist zu sagen, dass Vietnam mit seiner Statistik von mehr als 12.000 Toten pro Jahr weltweit führend ist. Darum ist große Vorsicht im Straßenverkehr geboten und es ist besser, auf Nachtfahrten über Land zu verzichten. Taxifahrer sollten Sie ruhig zurechtweisen, falls Sie sie für Rennfahrer halten, ansonsten einfach anhalten lassen, aussteigen und ein neues Taxi nehmen.

Vietnams Wirtschaft ist durch die Kriege des Landes gegen Frankreich und die USA geprägt. Deren Hinterlassenschaften haben zu dem Versäumnis geführt, in Friedenszeiten eine moderne Entwicklung zu schaffen.
Die kommunistische Nachkriegsära hat wie in China erst auf Bodenreformen gesetzt, dann aber auf die industrielle sowjetische Linie umgeschwenkt. Mit dem Einmarsch 1978 in Kambodscha kam noch die internationale Isolation hinzu, die dem Land viel Zeit und Möglichkeiten nahm, die eigene Wirtschaft in Schwung zu bringen.

Erst 1986, nach heftigen Diskussionen über die weitere Entwicklung des Landes, begann der Umschwung und mit der Aufhebung des US-Handelsembargos 1994 der Aufschwung der Wirtschaft. Die Verfassung wurde 2002 geändert und um zwei Passagen erweitert, um ein marktorientiertes Wirtschaftssystem und einen Rechtsstaat etablieren zu können. Heute ist Vietnam ein aufstrebender Staat mit viel Potenzial und langfristigen Aussichten für gute Geschäfte.

Das Geschäftsleben in Vietnam ist geprägt nicht nur durch die Kultur und die Sprache, sondern hauptsächlich durch die verschiedene Denkweise der Vietnamesen. Vietnamesen denken in vielen Dingen tatsächlich anders. Wer in Vietnam und mit den Vietnamesen Geschäfte machen will, muss sie verstehen und ihre Geschichte und Kultur studieren.
Die Ursachen und Hintergründe ihres Andersseins und Andersdenkens

beruhen teilweise auf der tausendjährigen Geschichte, den Indochinakriegen und auf einer 30-jährigen sozialistischen Gleichheitspolitik.
Der Konfuzianismus ist sehr ausgeprägt im Leben der Vietnamesen, die Familie und die Kommune sind der Mittelpunkt, der Einzelne zählt wenig.

Wer in Vietnam geschäftlich unterwegs ist, sollte bei Geschäftstreffen immer gepflegte und saubere Kleidung tragen. Schmutzige Schuhe oder nicht gebügelte Kleidung zeugen von Geringschätzung des Gegenübers und können dazu führen, dass man nicht ernst genommen wird.
Ansonsten ist der Dresscode relativ informell, ein kurzes Hemd, eventuell mit Krawatte, ist meistens ausreichend. Natürlich, je nach Branche, hat auch die Tendenz zur Formalität mehr und mehr Einzug gehalten. Insbesondere bei offiziellen Anlässen und Treffen mit hohen Beamten ist der Anzug mittlerweile die passende Bekleidung.
Man sollte darauf achten, dass starkes Schwitzen als sehr unfein gilt, und daher vermeiden, nassgeschwitzt in eine Besprechung zu gehen. Was leicht gesagt ist bei 35 Grad Celsius im Schatten und 90 % Luftfeuchtigkeit in Saigon. Ich hatte mir angewöhnt, immer 15 Minuten früher zum Termin zu erscheinen und mich erst mal, falls verfügbar, in einem klimatisierten Raum etwas abzukühlen und frisch zu machen.

In Vietnam habe ich immer reichlich Visitenkarten gebraucht, da bei internationalen Geschäftstreffen fast immer die halbe Abteilung der Firma anwesend ist. In Vietnam legt man die empfangenen Visitenkarten nach Betrachtung vor sich auf dem Tisch und man sollte auf keinen Fall vergessen, sie hinterher mitzunehmen.

Es wird wie in allen Ländern Asiens immer gern gesehen, wenn man die gängigen Begrüßungsfloskeln in der Landessprache kennt, So sagt man z.B. „Xin Chao", ausgesprochen: „Sin Tschau", was so viel bedeutet wie: „Ich wünsche einen freundlichen guten Tag".
Grundsätzlich sollte man, wie in allen asiatischen Ländern üblich, den Ranghöchsten und Älteren immer zuerst begrüßen.

Die Franzosen brachten unter anderem das Händeschütteln nach Vietnam, bei der traditionellen Begrüßung unter Vietnamesen wird dagegen nur eine leichte Verbeugung bzw. ein Beugen des Kopfes angedeutet.
Beide Hände für die Begrüßung zu verwenden, ist ein Zeichen tiefen Respekts und daher bei der ersten Begegnung eher selten bzw. für hochrangige oder alte Gesprächspartner reserviert.

Den Titel des Gegenüber bei der Anrede zu benutzen, ist relativ üblich in Vietnam. Man sagt z.B. „Direktor Nguy" oder „Präsident Dung" usw. Es hat mich immer wieder erstaunt, wie pünktlich die Vietnamesen sind, man kann hier ohne Weiteres von einer Gemeinsamkeit der Deutschen und der Vietnamesen ausgehen. Dies gilt natürlich fast ausschließlich für das Geschäft, im Privatleben ist man da weniger genau. Hektik und Zeitdruck sind unbeliebt bei den Vietnamesen und es ist ratsam, sie nicht zu drängen oder irgendwie Ungeduld auszustrahlen. Je ruhiger man wirkt und sich gibt, um so mehr Respekt erntet man, zu viel Hektik bewirkt das Gegenteil und kann sogar zum Gesichtsverlust führen.

Eine Eigenart, die ich erlebt habe in Vietnam, war, dass ich immer sehr schnell nach sehr persönlichen Dingen gefragt wurde: ob ich verheiratet sei, wie viele Kinder ich hätte, wie viel ich verdiene. Dies ist begründet im Versuch der Vietnamesen, Vertrauen aufzubauen. Je mehr man über sich erzählt, um so schneller fassen die Vietnamesen Vertrauen zu einem. Im Vergleich zu westlichen Geschäftsverbindungen, die meistens, auch nachdem man sich schon lange kennt, rein geschäftlich bleiben, sind die Verbindungen in Vietnam sehr schnell freundschaftlich und persönlich.

Die Vietnamesen sind sehr loyale und hart arbeitende Menschen und immer sehr hilfreich eingestellt. Falls man in Vietnam eine Firma gründen möchte, sollte man aber immer auf professionelle Hilfe zurückgreifen und keine Kosten sparen. Man kann kein Geschäft in Vietnam betreiben, ohne selber vor Ort zu sein oder einen eigenen Mann dort zu postieren. Nur mit einem lokalen Management zu arbeiten, ist nicht ratsam. Die Kontrolle der täglichen kleinen Ausgaben führt manchmal zu Überraschungen. So erzählte mir ein guter Freund, dass er, als er die Benzinrechnungen kontrollierte, feststellte, dass nach der Buchabrechnung seine Firmenwagen mit einem Liter Benzin nur 3 km gefahren sind. Auf diese Weise entdeckte er ein kleines Nebengeschäft der Fahrer der Firma. So etwas kann sich schnell summieren und ein Geschäft kann leiden, wenn diese kleinen Kosten in die Höhe gehen.

Man sollte sich auch nicht wundern, wenn man auf Deutsch angesprochen wird, da viele Vietnamesen in der ehemaligen DDR studiert und auch gearbeitet haben. Wir hatten einmal mit einem unserer Kunden, der Armeedruckerei Nr. 2 in Saigon, einen wundervollen Abend im Hoa-Vien-Brauhaus (Chech-Bierhaus) in der Mac Dinh Chi Street im Herzen der Innenstadt. Es schien, als wäre es ein Treffen der deutschsprachigen Vietnamesen, so viele der anwesenden Personen sprach Deutsch.

Wer Mitarbeiter für sein Büro in Vietnam sucht, sollte ruhig in deutscher Sprache inserieren, und ich kann garantieren, dass er schnell fündig wird. Ein Geschäftsbesuch ohne Sightseeingtour ist wie ein Vertrag ohne Unterschrift und die vietnamesischen Gastgeber bringen die Besucher gerne zu den Tunneln von Cu Chi. Dies ist ein Tunnelsystem, in dem sich vietnamesische Partisanen, die Vietkong, im Vietnamkrieg von 1960 bis 1975 versteckt hielten. Die Tunnel liegen ungefähr ein bis zwei Stunden Autofahrt außerhalb Saigons und sind es wirklich wert, besucht zu werden.

Leider änderte sich mit der Öffnung zur westlichen Kultur auch die Mode in Vietnam und die Frauen in den Städten tragen jetzt mehr und mehr westliche Kleidung. Ich finde es schade, denn persönlich war ich immer fasziniert vom Anblick hunderter hübscher Mädchen in ihren Ao Dai, dem traditionellen zweiteiligen Hosenanzug aus feiner Seide.

Es war ein wundervoller Anblick, hunderte dieser Mädchen in Ao Dais auf ihren Fahrrädern, oder heute Motor Skootern, an Ampeln stehen und dann alle auf einmal gleichzeitig in einem wilden Knäuel aus bunten Farben davonrasen zu sehen.

Die vietnamesische Küche bietet weit mehr als Frühlingsrollen. Über die Jahrhunderte hinweg haben viele Nationen das südostasiatische Land beeinflusst. Chinesen, Japaner, Franzosen und Amerikaner hatten Vietnam besetzt und haben ihre kulinarischen Spuren hinterlassen. Es kristallisierten sich so drei unterschiedliche Küchen heraus. Im Norden gibt es die klassische Suppenküche mit Schwerpunkt Fisch und wenig Schärfe. In Zentralvietnam kommen die thailändischen Einflüsse wie Kokosmilch zum Tragen, während der Süden sich von den scharfen Currys Indiens in Verbindung mit Früchten hat inspirieren lassen. Unverwechselbar vietnamesisch ist die Fischsauce, die die Vietnamesen „Nuoc Mam" nennen. Was für die Chinesen die Sojasauce ist, ist für die Vietnamesen der Nuoc Mam. Pur ist sie sehr salzig, man benutzt sie als Gewürz in Suppen und Speisen; gestreckt mit Limettensaft, individuell abgeschmeckt mit Chili, Salz und Pfeffer, wird sie auch sehr gerne als Dip für Frühlingsrollen, zu Fisch und Fleisch etc. gegessen. Die Küche Vietnams ist ausgezeichnet und ein Geschäftsessen immer ein Erlebnis. Es existiert kaum etwas, das nicht verwertet wird. Es gibt befruchtete Enteneier, gegrillte Ratten, Schweinegebärmutter und Suppen mit ganzen Entenküken. Auf den Straßen sieht man ganze Hunde am Spieß, auf dem Markt kauft man Kröten zum Rösten, es gibt krokodilartige Tiere im Glas, filetierte Pythons, Mäuse und Würfel aus Hühnerblut. Gedämpfte Hühnerfüße gelten als Delikatesse.
Glück, so heißt es noch heute in ländlichen Gegenden, ist, sich satt zu essen.

Und jetzt noch der Wetterbericht:
Durch die große Längenausdehnung des Landes unterscheidet sich das Klima zwischen Nord- und Südvietnam erheblich. Im Norden gibt es ausgeprägte Jahreszeiten mit gemäßigtem tropischen Wechselklima, eine kühle Jahreszeit von November bis April und eine heiße von Mai bis Oktober. Der Süden ist während des ganzen Jahres tropisch warm bis sehr heiß. Die heißen Monate sind von Februar bis Mai, etwas kühler ist es von November bis Januar. Die meisten Niederschläge fallen im ganzen Land während des Südwest-Monsuns von Mai bis Oktober.

11   Laos: Den Reis wachsen hören

Laos

Fläche: 236.800 km²
Internationales Kfz-Kennzeichen: LAO
Landeswährung: Kip
Unterschied zur MEZ: + 6h
Internationale Telefonvorwahl: + 856
Netzspannung/Frequenz: 220 Volt, 50 Hertz
Internet-TLD (Top Level Domain): .la

1893 eroberten die Franzosen Laos und gliederten es als Protektorat Laos in die französische Kolonie Indochina ein. Nach der japanischen Besatzung im Zweiten Weltkrieg erlangte das Land 1954 durch die Niederlage der Franzosen im ersten Indochinakrieg seine Unabhängigkeit. Nach dem Ende des zweiten Indochinakrieges (Vietnamkrieg) übernahmen die kommunistisch und neutralistisch geprägten Kräfte der Pathet Lao nach einer unblutig verlaufenden Revolution im Jahre 1975 die Macht und proklamierten am 2. Dezember 1975 die Demokratische Volksrepublik Laos.

Laos hat keinen Zugang zum Meer und grenzt im Norden an China, im Osten an Vietnam, im Süden an Kambodscha und im Westen an Thailand und Myanmar. Abgesehen von der Flussebene am Mekong entlang der

Grenze zu Thailand ist das Land, insbesondere im Norden, bergig und teilweise dicht bewaldet.

Laos ist das einzige Binnenland Südostasiens und besteht zu großen Teilen aus Gebirgen, die sich von Norden nach Süden fast durch das ganze Land ziehen. Einzig im südwestlichen Grenzgebiet zu Thailand finden sich einige Ebenen.

Laos ist mit ca. 6,5 Millionen Einwohnern einer der kleineren Staaten in Südostasien. Die Bevölkerung lässt sich in drei ethnische Hauptgruppen untergliedern. Etwa 60 % der Bevölkerung sind Lao Loum, Laoten des Tieflandes; ca. 27 % sind Lao Theung, Bergvölker der Mon-Kmer, und ca. 13 % sind Lao Soung, sinotibetische Völker des Hochlandes.

Die wichtigste Religion in Laos, mit einem mehr als 70 %igen Anteil an der Bevölkerung, ist der Theravada-Buddhismus. Zahlreiche Bergvölker sind Anhänger des Ahnenkults und des Animismus, mitunter in Verbindung mit dem Buddhismus. Es ist eine verbreitete Sitte, dass Jungen oder junge Männer ein paar Tage bis Wochen in einem Tempel als Mönche verbringen. Ebenso haben fast alle Familien einen kleinen Altar in ihrem Haus. In den Städten finden sich kleine Gruppen von Muslimen, Christen sowie Anhänger vietnamesischer und chinesischer Religionsgruppen.

Die offizielle Landessprache ist Lao, daneben werden auch Französisch und Englisch als Geschäftssprachen gesprochen, außerdem gibt es zahlreiche Stammessprachen.

Die Hauptstadt von Laos ist Vientiane, sie hat etwa 350.000 Einwohner, im gesamten Ballungsraum leben aber ungefähr 620.000 Menschen. Auf Deutsch heißt Vientiane „Stadt des Mondes" oder auch „Stadt des Sandelholzes". Sie ist eine der ruhigsten und beschaulichsten Hauptstädte Südostasiens. Die Stadt liegt inmitten einer üppigen Landschaft am Ufer des Mekong, direkt an der Landesgrenze zu Thailand. Seit 1994 sind beide

Länder durch die sogenannte Friedensbrücke verbunden, die hier als erste Brücke über den Mekong überhaupt erbaut wurde.

In der Regel reist man nach Laos mit dem Flugzeug an, der internationale Flughafen Wattay liegt ungefähr fünf Kilometer außerhalb von Vientiane. Die meisten Hotels bieten einen Transportservice, ansonsten nimmt man eines der vielen Taxis für umgerechnet fünf US-Dollar. Die Fahrt bis in die Innenstadt dauert nicht mehr als zehn Minuten.

Für die Einreise nach Laos wird ein Visum benötigt, das entweder bei der Botschaft beantragt oder auch bei der Einreise ins Land direkt am Flughafen oder an den internationalen Grenzübergängen gegen eine Gebühr erteilt werden kann. Die Aufenthaltsdauer beträgt 30 Tage, kann aber im Land verlängert werden. Bei Überziehung der 30 Tage ohne offizielle Verlängerung werden Geldstrafen von bis zu zehn US-Dollar pro überzogenem Tag fällig. Man sollte darauf achten, dass der Einreisestempel mit Datum im Pass sauber eingetragen ist, ansonsten kann es zu Schwierigkeiten bei der Ausreise oder bei Polizeikontrollen kommen.

Aufgrund der mangelhaften hygienischen Verhältnisse, der unzureichenden Versorgung mit Medikamenten und veralteten medizinischen Ausrüstung ist es ratsam, hier besser nicht krank zu werden. Also definitiv eine Reisekrankenversicherung mit Reiserückholklausel abschließen.

Bei der Einreise sind keine Impfungen vorgeschrieben, abgesehen von einem Basisschutzprogramm für alle Reisenden (Diphtherie, Tetanus, Polio, Hepatitis A und B, Typhus). Fälle von Denguefieber und Malaria sind in Laos sehr häufig und nicht nur auf die Regenzeit begrenzt. Daher sollte man, auch wenn es sehr heiß ist, hautbedeckende helle Kleidung tragen und öfter mal ein Insektenschutzmittel aufsprühen, auch eine Malariaprophylaxe ist nicht unbedingt schädlich.

Dann gibt es noch die altbewährte Methode für die Nacht, einfach unter einem Moskitonetz zu schlafen, was eigentlich sehr schön ist.
Vom Trinken des Leitungswassers ist dringend abzuraten und es ist auch nicht zum Zähneputzen geeignet. Rohes Gemüse und Salate sollte man meiden und man sollte sich auch häufiger mal die Hände waschen.
Eine gut gefüllte Reiseapotheke mit ein paar Kohletabletten gegen Magen- und Darmprobleme ist mit Sicherheit eine sehr gute Idee für Laos.

Die offizielle Währung in Laos ist der Laotische Kip (LAK). Neben dem Kip dienen der thailändische Baht und der US-Dollar als nahezu gleichberechtigte Zahlungsmittel. Man sollte aber bedenken, dass der Kip außerhalb von Laos wertlos ist und nicht getauscht werden kann. Kreditkarten können in Vientiane in den größeren Hotels und in einigen Restaurants benutzt werden, ansonsten ist auf Bargeld zurückzugreifen.
Laotische Kip können auch mit Kreditkarten bei verschiedenen Banken gegen Gebühr bezogen werden. An vereinzelten Geldautomaten mit dem Cirrus-Zeichen kann man auch Bargeld ziehen, aber diese Automaten sind nur in den größeren Städten zu finden und auch dann nur bedingt zuverlässig.

Laos ist etwas hinter der Zeit zurück, was moderne Cyber- Kommunikationstechnik anbelangt, und wichtige Post sollte immer nur per Einschreiben verschickt werden. Mobiltelefone funktionieren nur in den größeren Städten und auch da nur bedingt. Roamingkosten sind extrem hoch, wenn man denn eine Verbindung bekommt, daher sind Telefonkarten oder hohe Telefonkosten hier angesagt.
Es gibt Internetcafés in Vientiane und anderen Städten, aber High-Speed-Internet nur in Vientiane.

Was die Sicherheit anbelangt, muss man mehrere Aspekte beachten. Einmal die Kleinkriminalität wie z.B. Taschendiebstahl usw., die mit vermehrter Öffnung und zunehmenden westlichen Besucherzahlen zunimmt.
Vorsicht ist auch geboten, da es vorkommt, dass Reisenden Drogen, teilweise mit gravierenden gesundheitlichen Auswirkungen, in die Getränke

gemischt werden und die Betroffenen in Folge ausgeraubt werden. Also keine Fremden an den Drink lassen und vorm Toilettengang das Getränk ganz austrinken.

Die Verkehrssituation ist nicht gerade unproblematisch. Auch wenn der Sicherheitsstandard des lokalen Luftverkehrs sich durch den Einsatz neuer Flugzeuge verbessert hat, sollte man trotzdem nur begrenzt auf Inlandsflüge zurückgreifen. Schlechtes Wetter, fehlende Wartung und kurzfristig ausfallende Flüge wegen Mangels an Passagieren und veraltete chinesische Flugzeuge machen sie mehr zum Abenteuer als zur ruhigen Geschäftsreise. Von der Alternative, eines der Schnellboote zu nehmen, rate ich wegen der häufigen Unfälle tunlichst ab. Viele haben einen tödlichem Ausgang und es ist einfach zu gefährlich.

Die letzte Alternative, die Überlandreise, ist auf Grund der schlechten Straßenverhältnisse aber auch nicht viel besser, was die Sicherheit anbelangt. Vor allem bei Dunkelheit, mit fehlender Beleuchtung der Straßen und vielen alkoholisierten Fahrern, sollte man nicht fahren oder sich fahren lassen, sondern nur bei Tageslicht. Dann kommen noch in einigen Provinzen bewaffnete Überfälle vor oder auch an der Grenze zu Vietnam, abseits der markierten Routen, können einem noch nicht explodierte Mienen oder Bomben die Reise erschweren. Denn während des zweiten Indochinakrieges (Vietnamkrieg) bombardierten die amerikanischen Streitkräfte Laos massiv. Es wurden hier mehr Bomben abgeworfen als im Zweiten Weltkrieg auf Deutschland und Japan zusammen.

Alles in allem ist Laos also nicht unbedingt als geschäftsreisefreundlich einzustufen, was das Reisen außerhalb der Hauptstadt angeht. Ach ja, noch ein kleiner Hinweis: Wenn ein Ausländer in einen Verkehrsunfall verwickelt wird, hat er immer irgendwie Schuld und muss zahlen, den Schaden sowieso und oft genug auch Schmerzensgeld, ob er gefahren ist oder nicht, spielt erst mal keine Rolle. Als Erstes wird schon mal der Pass einbehalten und erst nach angemessener Bezahlung bekommt man ihn dann wieder.

Wer an den laotischen Frauen Gefallen findet, sollte sich bewusst sein, dass es unter Strafe von bis zu 5000 US-Dollar oder sogar Haftandrohung verboten ist, mit einheimischen Frauen unter einem Dach zu wohnen. Erpressung oder auch nächtliche Razzien in Hotels sind keine Seltenheit.

Den Reisepass sollte man immer bei sich haben, Zuwiderhandeln kann zu hohen Strafen führen.

Und zuletzt noch der Hinweis, dass die Ausfuhr von Buddhastatuen verboten ist. Für die Mitnahme von Antiquitäten ist eine entsprechende Genehmigung des Department of Heritage in Vientiane erforderlich. Wer am Flughafen ohne Ausfuhrpapiere erwischt wird, hat sehr schlechte Karten.

Die wirtschaftliche Situation in Laos steckt noch tief in den Kinderschuhen verglichen mit aktiveren Staaten wie Vietnam oder Thailand. Seit den 1980er Jahren ist die laotische Regierung jedoch bemüht, die Öffnung zu einem mehr marktwirtschaftlichen System voranzutreiben, und dies mit Erfolg, wie Wachstumsraten zwischen 6 und 8 % zeigen. Geberstaaten unterstützen die Reformanstrengungen und es wird Laos eine solide Wirtschafts- und Finanzpolitik nachgesagt. Industrielle Landwirtschaft, Tourismus und auch Bergbau sind Bereiche, die maßgeblich dazu beitragen, das Land voranzubringen und das meiste Entwicklungspotenzial bieten.

Der Aufbau der Energieversorgung durch Wasserkraftwerke, der Abbau von Mineralien wie Kupfer, Gold und Eisenerz sowie die Monokultur in der Plantagenwirtschaft führten schon zu ersten negativen Auswirkungen auf die Umwelt. Es ist leider auch abzusehen, dass in der nahen Zukunft noch mehr Raubbau an der Umwelt betrieben wird, auch wenn die Regierung bemüht ist, dies mit neuen Gesetzen zu regulieren und einzudämmen. Fehlendes Umweltbewusstsein und finanzielle Vorteilsucht, gepaart mit nicht unerheblicher Korruption, sind die Gegenströme, die es zu meistern gibt.

Laos ist ein buddhistisch geprägtes Land und die strenge Gläubigkeit hat die Gebräuche und Etikette im Alltagsleben sowie im Geschäftsleben stark beeinflusst. Die Familie ist das Zentrum eines jeden Laoten. Es wird von jedem männlichen Mitglied erwartet, dass er einmal im Leben für eine Zeit, auch wenn nur kurz, zum Mönch wird. Dies bringt im spirituellen Sinn großen Verdienst für die gesamte Familie, genauso wie das Geben von Essen an die Mönche.

Die Laoten sind im Generellen ein sehr tolerantes Volk, aber wenn man als Geschäftsreisender ins Land kommt, sollte man einige Dinge doch streng beachten.

Man sollte sich bedeckt kleiden und auch wenn es heiß ist, weitgehend langärmelige Hemden tragen. Jacketts und Krawatte sind mehr für formale Anlässe gedacht.

Die traditionelle Begrüßung wird „Nop" oder auch „Wai" genannt. Man faltet die Hände dazu in Brusthöhe zusammen, ohne den Körper zu berühren. Es ist immer ratsam und höflich, eine solche Begrüßung in derselben Form zu erwidern, da es Respekt vor der Kultur bescheinigt.

Der westliche Handschlag hat aber auch in Laos seinen Einzug durch die Franzosen gehalten und ist im heutigen Geschäftsleben eine alltägliche Begrüßungsform geworden.

Laotische Namen sind wie oft im asiatischen Raum auf den ersten Blick interessante Zungenbrecher, aber beim genauen Hinschauen kann man alle Namen wundervoll nach Silben und deren Aussprache trennen. Man muss sich nur etwas Mühe geben und dann ist es wirklich kinderleicht. Zum Beispiel wird „Prime Minister Khamtay Siphandon" „Kham-tay Sip-han-don" ausgesprochen, wobei das h mehr oder weniger verschluckt wird. Der erste geschriebene Name ist also der Familienname und die richtige Anrede ist „Mr. Khamtay" oder auch, wenn der Titel bekannt ist, „Prime Minister Khamtay".

Visitenkarten sollten immer mit beiden Händen übergeben und auch so entgegengenommen werden. Immer höflich die Karte studieren und niemals gleich wegstecken.

Verhandlungen verlaufen immer sehr ruhig, gelassen und in Harmonie.

Man darf nie vergessen, dass alles durch die Augen strenggläubiger Buddhisten gesehen wird, weswegen aufbrausendes Verhalten und Lautwerden als harmoniezerstörend empfunden und missbilligt wird.

Also immer versuchen zu lächeln, auch wenn es manchmal schwerfällt, und vor allem ruhig bleiben, damit kommt man immer am Weitesten, alles andere führt zu absolut gar nichts.

Es ist wichtig zu feilschen, aber nicht zu übertrieben, ein oder zwei Runden sind meistens genug, um ein für beide Seiten akzeptables Ergebnis zu erreichen.

Wie in allen buddhistisch geprägten Kulturen ist der Kopf der heiligste Teil des Körpers und man sollte tunlichst vermeiden, jemanden dort zu berühren, und auch nicht den kleinen süßen Kindern über den Kopf streicheln. Die Füße wiederum sind die am wenigsten heiligen Körperteile, daher bitte nicht die Fußsohlen auf jemanden richten oder mit gekreuzten Beinen sitzen.

Das Zeigen mit dem Finger ist ungehörig und man sieht oft, dass Laoten mit der ganzen Handfläche Richtungshinweise geben oder auf eine Person deuten.

Nicht etwas nur mit der linken Hand entgegennehmen, da dies als Zeichen von Respektlosigkeit angesehen wird.

Geschenke sollte man in grünes oder rotes Papier einwickeln, weißes Papier sollte man vermeiden, da es Unglück bedeutet.

Mönchen immer mit Respekt entgegentreten und Schuhe bei allen Pagodenbesuchen sowie beim Betreten von privaten Häusern immer ausziehen, bevor man die letzte Stufe betritt.

Die Franzosen, die Laos lange Jahre als Kolonialherren in Indochina beherrschten, haben eine schöne Erklärung für das ruhige und ausgeglichene Wesen der Laoten:

„Die Vietnamesen pflanzen den Reis, die Kambodschaner schauen dabei zu und die Laoten hören den Reis wachsen."

Die laotische Küche ist der thailändischen oder kambodschanischen Küche zwar ähnlich, da sie die gleichen Hauptnahrungsmittel wie Reis, Nudeln, Huhn, Fisch und Gemüse verwendet. Beim genauen Hinschauen und natürlich beim Essen stellt man aber fest, dass die Laoten viel mehr Kräuter und Gewürze verwenden, was den Gerichten einen ganz eigenen Geschmack verleiht.

Zum Frühstück gibt es in Laos die traditionelle Foe, eine wohlschmeckende Brühe aus Reisnudeln, frischem Gemüse und Schweine- oder Hühnerfleisch. Auf einem separaten Teller werden weitere Zutaten wie Kräuter und Gewürze gereicht, die je nach Belieben hinzugefügt werden können. Die Auswahl reicht hier von Limonensaft, Fischsauce, frischer Minze über Basilikum bis zu feurigen Chilis.

Eine weitere traditionelle Spezialität ist Laap, ein würziger Salat aus klein gewürfeltem Fisch, Rinder-, Schweine- oder Hühnerfleisch sowie Klebreis, Limettensaft, Minze und Chilis.
Was auf den ersten Blick verwunderlich wirkt und nicht recht zu der laotischen Küche passen mag, sind die allseits von Straßenhändlern angebotenen französischen Baguettes. Dieses Überbleibsel der französischen Kolonialbesetzung gehört als fester Bestandteil zur laotischen Küche und wird entweder zum Frühstück mit Kondensmilch beträufelt oder tagsüber als Sandwich serviert.

Und jetzt noch der Wetterbericht:
Es gibt keine Jahreszeiten im eigentlichen Sinn, sondern nur einen Wechsel von Regen- und Trockenzeit. Von Mai bis November herrscht Monsunklima mit einer feucht-heißen Regenzeit, von Dezember bis Februar ist es trocken und sehr heiß, auch im März und April ist es meistens sehr heiß, aber mit wesentlich mehr Niederschlägen.

12 Kambodscha: Die Harmonie kehrt zurück

Königreich Kambodscha

Fläche: 181.040 km²
Internationales Kfz-Kennzeichen: K
Landeswährung: Riel
Unterschied zur MEZ: I 6h
Internationale Telefonvorwahl: + 855
Netzspannung/Frequenz: 220 Volt, 50 Hertz
Internet-TLD (Top Level Domain): .kh

Nach dem unvorstellbaren Grauen des Pol-Pot-Regimes, dem zwischen 1975 und 1979 zwischen einer und drei Millionen Menschen und damit fast 30 % der Bevölkerung zum Opfer fielen, sowie den Jahren der vietnamesischen Besatzung und politischer Instabilität ist nach dem Tode Pol Pots am 15.4.1998 endlich Frieden in Kambodscha eingekehrt. Kambodscha ist heute laut Verfassung seit 1993 eine konstitutionelle Monarchie mit König Norodom Sihamoni als Staatsoberhaupt. Es liegt in Südostasien an der Grenze zu Thailand zwischen Vietnam und Laos.

Kambodscha hat eine Bevölkerung von ca. 14,7 Millionen Menschen, die zu 90 % aus dem Volk der Khmer besteht. 5 % sind Vietnamesen, 2 % Chinesen und etwa 3 % Laoten, islamische Cham und als Moi bezeichneten Angehörige verschiedener Bergvölker. Die Mehrheit der Bevölkerung lebt im Tiefland am Mekong und vorwiegend in Dörfern rund um den größten Binnensee Asiens, dem Tonle Sap. Während der Herrschaft der Roten Khmer wurden die Städte entvölkert und auch heute leben nur ca. 19 % der Menschen wieder in Städten, aber die Zahl wächst ständig.

Die jahrelangen Kriegswirren haben zu einer sehr jungen Bevölkerung und einem Frauenüberschuss geführt.

95 % der Bewohner Kambodschas sind Theravade-Buddhisten und 5 % gehören anderen Religionen an.
Ursprünglich aus Indien kommend, lehrt der Theravade-Buddhismus, dass Leben in dieser Welt und Tod durch die Reinkarnation unmittelbar miteinander verbunden sind. Jeder Mensch wird an seinem Verhalten in diesem Leben gemessen und im nächsten Leben als ein höheres oder niedrigeres Wesen wiedergeboren. Beschrieben wird dies mit dem Begriff „Karma": „Wenn du Gutes tust, ist dein Karma gut", oder auch andersrum; „Du erntest, was du säst".

Die folgenden Prinzipien sind Grundlagen des Theravada-Buddhismus:

* Habe die richtigen Gedanken.
* Habe die richtigen Ziele.
* Spreche die wahren Worte.
* Vollbringe gute Taten.
* Verdiene dein Brot auf die richtige Art und Weise.
* Bemühe dich, das Richtige zu tun.
* Sei geistig wach.
* Meditiere.

Phnom Penh ist die Hauptstadt des Landes Kambodscha. Die Stadt befindet sich im zentralen Süden des südostasiatischen Staates und hat ca. 2 Millionen Einwohner. Phnom Penh ist damit die bei Weitem größte Stadt Kambodschas.

Die Landessprache ist Khmer und wird von 90 % der Bevölkerung gesprochen. Sie ist abgeleitet vom Sanskrit oder Pali. Durch die jahrelange französische Kolonialmacht sind auch viele französische Wörter miteingeflossen. Die Geschäftssprache Englisch wird weithin akzeptiert, aber auch Französisch geht hier und da.

Für den Geschäftsreisenden erfolgt die Anreise meist auf dem Luftweg. Die internationalen Flughäfen in Kambodscha sind der Phnom Penh International Airport, ungefähr 7 km westlich von der Stadt Phnom Penh, und, als zweitgrößter Flughafen, der Siam Reap International Airport, der aufgrund seiner Nähe zur Tempelanlage von Angkor Wat die meisten Einreisen verbucht. Der dritte internationale Flughafen ist der Preah Sihanouk International Airport, 18 km außerhalb von Sihanoukville gelegen.

Taxis können ohne Probleme am Flughafen für die Fahrt zum Hotel in die Stadt genommen werden. Beachtet werden sollte aber, dass der Preis meistens ein Fixum und kein Taxameter vorhanden ist. Nach Phnom Penh kostet das Taxi ungefähr 7 US-Dollar und nach Siam Reap ungefähr 5 US-Dollar. Die meisten Hotels bieten für ihre Gäste aber freien Transport von und zum Flughafen.

Ein Einreisevisum ist Pflicht für Kambodscha und man erhält es bei jeder kambodschanischen Botschaft mit einer Gültigkeit für 30 Tage. Man kann auch ein E-Visum beantragen, das hat aber nur für die Einreise über bestimmte Grenzübergänge Gültigkeit. Dann gibt es noch Visa bei der Einreise, die auch für 30 Tage Gültigkeit haben, aber nur an bestimmten Grenzübergängen.

Impfungen sind für Kambodscha nicht direkt vorgeschrieben, aber man sollte doch Tetanus, Diphtherie und Polio auffrischen. Prophylaxe für Hepatitis und eventuell Malaria kann auch nicht schaden, es kommt darauf an, wo man innerhalb Kambodschas hinreisen möchte. Helle Kleidung, Schlafnetze, Vitamin B1 (die Ausdünstungen sind dann nicht nach dem Geschmack der Mücken) und Schutzlotion helfen, sonstige Risiken zu verringern.

Es ist auch ratsam, sich von Geflügelfarmen fernzuhalten, da es doch hin und wieder Ausbrüche der gefürchteten Vogelgrippe gibt.

Die medizinische Versorgung ist nicht mit der europäischen zu vergleichen und es gibt nur wenige Kliniken mit gehobenem Standard und dann auch nur in größeren Städten wie Phnom Penh und Siam Reap.

Es ist auf alle Fälle angeraten, eine Reiserückholversicherung abzuschließen und bitte die gut gefüllte Reiseapotheke nicht vergessen und auf Hygiene achten: Kein Leitungswasser trinken, Eiswürfel und Salate oder rohes Obst sowie Gemüse vermeiden. In allen Süßwassergewässern lauert die Gefahr der Schistosomiasis (Bilharziose) und man sollte auch auf Baden verzichten.

Die Landeswährung ist der kambodschanische Riel (KHR), aber der US-Dollar ist genauso gängig, wenn er nicht sogar mehr bevorzugt wird. In den größeren Städten ist es kein Problem, Geld zu wechseln, aber außerhalb wird es schon schwieriger und man sollte genug Bargeld dabeihaben, wenn es aufs Land geht. Bargeldabhebungen über EC- oder Kreditkarte sind bei Banken und Western-Union-Agenturen in touristischen Zentren möglich. Kreditkarten werden in allen größeren Hotels, Restaurants und auch schon in vielen Geschäften akzeptiert. Die Servicegebühren schlagen aber mit mindestens 3 % zu Buche. Das Einwechseln von Reiseschecks kann mit zeitraubenden Schwierigkeiten verbunden sein und erweist sich außerhalb von Phnom Penh und Siem Reap zumeist als unmöglich.

Die Telekommunikation ist unproblematisch und es gibt fast überall, auch innerhalb des Landes, ein gut ausgebautes Mobilfunknetz. Handybesitzer sollten sich eine einheimische SIM-Karte besorgen, um mit der Karte im

Land und nach außen zu telefonieren. Leider ist der Erwerb nur über einen Einheimischen möglich, der sich aber schnell finden lässt.

In den touristisch erschlossenen Städten gibt es überall Internetcafés. Die Verbindungen sind recht zügig und die Computer haben im Regelfall auch die neueste Software. Viele Internetshops bieten auch weitere Dienstleistungen an: Brennen von CDs, Bilder ausdrucken, Speicherkarten von Digitalkameras auslesen, Internettelefon usw.

Alle Post bitte nur per Einschreiben verschicken.

Zum weiteren Transport im Land ist zu sagen, dass die meisten Straßen sich in einem sehr schlechtem Zustand befinden. Das Risiko von Unfällen ist relativ hoch und Nachtfahrten sind zu vermeiden. Es gibt noch keine Möglichkeit, selbst mit dem Auto zu fahren, man kann sich allerdings problemlos ein Auto mit Fahrer mieten. Auch Überfälle sind nicht gerade selten und es ist zu erhöter Vorsicht zu raten. Zwischen den größeren Orten und Städten bestehen regelmäßige und gute Busverbindungen. Das Fahren mit diesen Bussen ist billig und bequem. Man kann den Sitzplatz reservieren und muss mit keiner Überfüllung rechnen.

Das Reisen mit dem Flugzeug ist wie in einigen anderen Ländern in Südostasien ein Abenteuer und die kambodschanischen Fluggesellschaften verfügen in keiner Weise über die hohen westlichen Sicherheitsstandards. Dann gibt es noch die Bootsverbindungen, aber auch hier ist Vorsicht geboten, denn die Touren sind lang, gerade während der Trockenzeit, und außerdem gibt es keine Toiletten an Board.

Die wirtschaftliche Entwicklung Kambodschas ist stark geprägt durch seine Geschichte und deren Extreme. Die Herrschaft der Khmer-Königreiche vom 9. bis 15. Jahrhundert kann man als Hochzeit bezeichnen. Die Bauten von Angkor Wat und die vielen Tempelanlagen sind Zeugnisse dieser Blütezeit. In der Zeit danach erlebte Kambodscha einen enormen Druck durch die expansionsstarken Länder Vietnam und Siam (Thailand) und wandte sich an Frankreich um Hilfe. Aus der französische Schutzmacht wurde dann eine Kolonialmacht und es entstand Widerstand auf kambodschanischer Seite. Der wurde dann kurzzeitig unterbrochen durch die Besetzung der Japaner im Zweiten Weltkrieg. 1953 erlangte Kambodscha endlich seine Unabhängigkeit von Frankreich und blühte wieder auf. Es erklärte sich während des Vietnamkrieges für neutral, doch es blieb nicht von ihm verschont. Amerikanische Bomber luden ihre Last, die sie nicht auf Vietnam abgeworfen hatten, kurzerhand über Kambodscha ab. Vietnamesen und Amerikaner nutzten Kambodscha als Nachschubroute und beide bildeten mit einigen politischen kambodschanischen Gruppierungen auch Kämpfer aus.

Kambodscha hatte durch amerikanische Bomben sehr viele Todesopfer auf dem Land zu beklagen und das trieb die Bevölkerung in die Städte. Die Roten Khmer kamen dann unter Pol Pot an die Macht und verbreiteten Angst und Schrecken. Ihre Herrschaft kostete fast 3 Millionen Kambodschanern das Leben. Die Städte wurden leergeräumt, fast die gesamte Elite des Landes in den sogenannten Killing Fields ermordet und die Infrastruktur zerstört. Die Roten Khmer, Khmer Rouge, griffen aber auch immer wieder Vietnam an, bis dies dann in Kambodscha einmarschierte und dem Regime ein Ende setzte. Ende der 1980er Jahre zogen die Vietnamesen ab und die UN übernahm für einige Zeit das Mandat der Verwaltung. 1993, mit den ersten Wahlen, kehrte Normalität ins Land zurück und der Bürgerkrieg endete endlich 1999 mit der Aufgabe der letzten Roten Khmer.

Demokratisch ist das Land natürlich immer noch nicht und seit 1985 regiert Premierminister Hun Sen. Man sagt allgemein, dass Demokratie nicht Kambodschas Stärke ist, sondern mehr der Hang zur Korruption.

Die Hoffnungen auf eine positivere Zukunft Kambodschas ruhen heute vor allem auf der wachsenden Textilindustrie, der Baubranche, der Landwirtschaft und dem Tourismus. 2012 reisten mehr als 3 Millionen Touristen nach Kambodscha, vor allem um die Zeugnisse des einstmals mächtigen Khmer-Königreiches mit den gewaltigen Tempelanlagen von Angkor und anderen Zeugnissen der Khmer-Architektur sowie den Königspalast von Phnom Penh zu besichtigen. Mit seinen schönen Sandstränden hat Kambodscha ein weiteres großes touristisches Potenzial, das wegen der mangelhaften Infrastruktur zu großen Teilen noch nicht genutzt werden kann. Neben einigen Bodenschätzen hat die Entdeckung von Erdöl und Erdgas im sogenannten Khmer-Becken vor der Küste die Hoffnung auf eine ökonomische Entwicklung des Landes verbessert.

Die Kambodschaner oder Khmer sind ein recht freundliches, tolerantes und religionsbezoges sowie harmoniebedachtes Volk. Sie achten stets auf saubere, ordentliche Kleidung und denken lieber an Heute und Morgen als an die schreckliche Vergangenheit, was man ihnen auch nicht verdenken kann.

Bitte daran denken und nicht vergessen: Wer mit Kambodschanern Geschäfte macht, sollte, wenn es überhaupt sein muss, immer warten, bis der Gesprächspartner das Gespräch auf die Vergangenheit bringt, man selbst sollte sich nicht mit Fragen oder unzulänglichen Bemerkungen an Untiefen seiner Vergangenheit rühren. Man kann davon ausgehen, dass jeder Khmer irgendwo Verwandte in den Kriegswirren und unter Pol Pots Schreckensherrschaft verloren hat.

Man sollte förmliche Geschäftskleidung tragen, helle Anzüge sind okay, aber sie sollten nicht zu laut sein.

Khmer mögen Pünktlichkeit und es wird als respektlos angesehen, wenn man sie warten lässt.

Viele der Verhaltensregeln im Umgang mit Khmer sind ähnlich denen gegenüber Laoten, Thais oder auch Burmesen und sind teils religionsbezogen mit Ursprung im Buddhismus.

Dies hat auch auf einige Regeln im Geschäftsverhalten Einfluss. Man begrüßt sich mit dem sogenannten Sompeah, der nichts anderes als der thailändische Wai ist. Händeschütteln wird wie im Western praktiziert und es kam auch hier durch die Franzosen ins Land.

Namenskarten in Englisch sind okay und sie werden immer mit beiden Händen überreicht. Eine Übersetzung der Namenskarte auf der Rückseite in Khmer ist mit Sicherheit als Plus einzustufen. Wer sich diese Mühe macht, hat gute Karten, im wahrsten Sinne des Wortes.

Die Namenskarten sollten mit Respekt behandelt werden, denn sie reflektieren die Person, und so, wie man die Karte behandelt, behandelt man auch die Person, also die Karte weder küssen noch sie auf den Boden schmeißen.

Englisch als Geschäftssprache ist allgemein akzeptiert, aber nicht jeder in Kambodscha spricht es. Es kann durchaus ratsam sein, für wichtige Verhandlungen einen eigenen Übersetzer dabeizuhaben.

Wichtig ist, dem Protokoll der Begrüßung und der hierarchischen Struktur zu folgen, also respektvoll gegenüber den älteren Teilnehmern des Meetings zu agieren. Die höchstrangige Person sollte immer als Erstes begrüßt und umgekehrt auch in der eigenen Reihe vorgestellt werden. Danach sollte man die Anwesenden nach ihrem Titel und ihrer Funktion vorstellen.

Es ist also schon wichtig, sich von vornherein darüber zu informieren, wer in der Firma wer ist und mit wem man Geschäfte machen möchte. Nicht zu vergessen ist herauszufinden, wer die Entscheidungen trifft, denn diese können lange auf sich warten lassen, wenn man die falschen Leute trifft.

Der erste Kontakt von Angesicht zu Angesicht ist sehr wichtig, um die unterschiedlichen Ansichten über das Geschäft herauszufinden. Diese können sich wirklich sehr von den eigenen unterscheiden und nichts ist schlimmer, als in die falsche Richtung zu verhandeln.

Immer ruhig bleiben, nicht ärgerlich oder laut werden und nicht vergessen: keinen Gesichtsverlust provozieren. Auch die Khmer sind sehr sensibel, was den Gesichtsverlust anbelangt, und Vorsicht ist in jeder Hinsicht ist geboten.

Wie die meisten Asiaten sind auch die Khmer nicht sehr direkt in ihren Aussagen und ein Ja ist nicht unbedingt ein Ja sowie ein Nein kein Nein, es kann immer auch ein Vielleicht bedeuten. Auf alle Fälle bedeutet es weiterverhandeln und nicht gleich den Vertrag für die Unterschrift herauszuholen oder abzureisen.

Einen guten Rat kann ich noch geben: Manchmal einfach einmal eine Zeit lang nichts zu sagen und aus dem Fenster zu schauen und so zu tun, als ob man gar nicht dazugehört, das wirkt Wunder, glauben Sie mir. Es wird auch von den Khmer angewandt, wenn sie unterschiedlicher Meinung mit Ihnen sind, die Regel ist, besser nichts zu sagen, als zu widersprechen.

Eine Besprechungsagenda ist meistens nicht viel wert, da oft Themen hin und her diskutiert werden und wieder aufflammen, wenn man sie schon lange abgehakt hatte. Besprechungen gehen so lange, bis alle Punkte zur Zufriedenheit geklärt sind – und damit ist die Zufriedenheit der Khmer gemeint.

Nicht zu hart in Verhandlungen drängen und mehr Zurückhaltung an den Tag legen, ist ein weiterer Rat, den ich geben kann.

Emotionen weitgehend vermeiden und falls mal ein Khmer zu lange lächelt, hat er mit Sicherheit die Hälfte des Gesagten nicht verstanden. Dann gibt es nur eins: Noch mal langsam wiederholen, auf klare Aussprache achten und zu langen Augenkontakt vermeiden.

Auch in Kambodscha gilt die alte Regel: „Kleine Geschenke erhalten die Freundschaft".

Khmer als Sprache ist außerordentlich schwierig und es wird als nette Geste empfunden, wenn man versucht, ein paar Brocken der Landessprache zum Besten zu geben. Also rein ins Internet und ein paar Floskeln lernen, kann ich da nur sagen, lockert absolut die ersten Berührungsmomente auf.

Einladungen zum Geschäftsessen folgen der Tat und es heißt „Schuhe aus!", bevor man das Haus betritt, im Restaurant aber bitte anlassen.

Wer nach Kambodscha kommt, sollte sich auf alle Fälle einmal den berühmten Apsara-Tanz anschauen. Der klassische Tanz stellt Szenen aus dem Epos Reamken und Legenden aus der hinduistischen sowie brahmanischen Götterwelt dar. Die Apsaras, göttliche Nymphen, sind tausendfach als Figuren in den Tempelanlagen von Angkor zu bewundern.

Die kambodschanische Küche wurde stark von der indischen, chinesischen und thailändischen Küche beeinflusst, ist aber wesentlich milder, wenn auch trotzdem gut gewürzt. Die traditionelle Kochkunst der Khmer ist einzigartig und die gehobene Küche bietet Essen vom Besten: herrlich frische Fischgerichte, köstlich zubereitete Enten, wunderbares Hühnchen-Curry, zart gebratenes Rindfleisch in Butter und vieles mehr.

Hier gibt es aber auch sehr außergewöhnliche Gerichte: gegrillte Schlangen, Schnecken, Frosch-Curry, die legendären frittierten Spinnen und angebrütete Enteneier, die Jugend und Schönheit verleihen sollen.
Man folge der Sitzordnung des Gastgebers und wartet, bis der Älteste anfängt. Und bitte: Niemals Geschäfte während des Essens diskutieren!

Und jetzt noch der Wetterbericht:
Das tropische Klima Kambodschas wird vom Monsun bestimmt, der zwei Jahreszeiten mit sich bringt: die Regenzeit von Mai bis Oktober und die Trockenzeit von November bis April. In der Regenzeit fällt nicht durchgehend Niederschlag, sondern es gibt täglich einen oder mehrere Schauer, die allerdings auch sehr heftig ausfallen oder viele Stunden anhalten können. Die Temperaturen schwanken das ganze Jahr über zwischen 30 und 35 Grad Celsius, wobei es im März und April am heißesten wird.

13 Myanmar: Aus der Isolation in die Erneuerung – oder doch nicht?

Myanmar, Birma oder Burma

Fläche: 678.577 km²
Internationales Kfz-Kennzeichen: MYA
Landeswährung: Kyat
Unterschied zur MEZ: + 5,5 h
Internationale Telefonvorwahl: + 95
Netzspannung/Frequenz: 220-230 Volt, 50 Hertz
Internet-TLD (Top Level Domain): .mm

Myanmar ist eine Präsidialrepublik. Es ist seit dem 4. Januar 1948 von Großbritannien unabhängig, bis 1989 hieß das Land Burma. Der offizielle Name des Landes ist „Pyidaungsu Thamada Myanmar Naing-Ngan Daw" (Republik der Union von Myanmar). Am 4. Februar 2011 wurde der ehemalige Militärgeneral Thein Sein als ziviler Präsident eingesetzt und das Land führt jetzt zunehmend wirtschaftliche und politische Reformen durch. Myanmar grenzt an Thailand, Laos, China, Indien und Bangladesch sowie den Golf von Bengalen.

In Myanmar leben etwa 55 Millionen Menschen. 40 % von ihnen gehören Volksgruppen wie den Shan, Karen, Karenni, Kachin, Arakan, Chin und Mon an. Die birmanische Mehrheit stellt die herrschende Klasse.

Die große Mehrheit der Einwohner Myanmars ist, wie in den meisten Länder Südostasiens, stark durch den Theravada-Buddhismus geprägt. Etwa 89 % der Bevölkerung sind Buddhisten. Neben dem Buddhismus ist in Myanmar eine Form des Animismus weit verbreitet, bei dem Geister verehrt werden, die als „Nat" bezeichnet werden.
Weiter sind 4 % Christen, weitere 4 % Muslime, 0,5 % Hindus und 2,5 % sind Anhänger von Naturreligionen sowie des Konfuzianismus.

Myanmars Sprache wird Birmanisch genannt und als meistgenutzte Sprache von ca. 70 % der Bevölkerung gesprochen, daneben gibt es noch Arakenesisch, Chin, Mon, Karen und Shan, mit allen Dialekten zusammen kommt man auf 111 verschieden Sprachen. Die birmanische Sprache hat ihren Ursprung in Sanskrit, Pali, Piu und Mon.

Pyinmana ist erst seit 2006 Hauptstadt Myanmars. In der Stadt leben geschätzte 100.000 Einwohner. Zur Hauptstadt wurde ein Areal bei Pyinmana, das vollständig Pyinmana Naypyidaw heißt. Um den Regierungssitz wird ein relativ großes Geheimnis gemacht. Für Touristen ist der mitten im Dschungel gelegene Ort gesperrt. Bis 2005 war Rangun die Hauptstadt von Myanmar, sie ist mit ca. 4,5 Millionen Einwohnern die größte Stadt und das industrielle Zentrum des Landes.

Es gibt zwei internationale Flughäfen in Myanmar, der eine ist der Rangun International Airport und der andere ist der Mandalay International Airport.

Der Rangun International befindet sich etwa 30 Minuten nördlich des Stadtzentrums und ein Taxi in die Innenstadt kostet ca. 7 bis 8 US-Dollar oder umgerechnet 6000 bis 7000 Kyatt lokale Währung. Der Mandalay Airport ist brandneu und modern im Vergleich mit dem alten in Rangun. Der Flughafen ist etwas weit außerhalb der Stadt, ca. 45 km, und von hier aus kostet die Taxifahrt ebenfalls ungefähr 8 bis 9 US-Dollar. Die meisten Hotels bieten in beiden Städten Limousinenservice, der aber später bei der Hotelrechnung viel teurer zu Buche schlägt als eine einfache Taxifahrt.

Für Myanmar wird ein Visum benötigt, nach Erhalt ist es für 28 Tage Aufenthalt im Land gültig und kann im Ausnahmefall für ein Jahr verlängert werden. Visa sind in allen diplomatischen Vertretungen von Myanmar erhältlich. Bei der Einreise sind sie nur nach vorheriger Absprache mit einem Antrag beim Myanmarer Ministerium für Hotels und Tourismus erhältlich.

Zur medizinischen Versorgung in Myanmar ist zu sagen, dass es anzuraten ist, eine gute Reiseapotheke mitzunehmen, eventuell können sich auch Einwegspritzen und etwas Verbandsmaterial als nützlich erweisen. Bei ernsthaften Erkrankungen oder Verletzungen sollte man jedoch sofort ins Ausland fliegen. Besondere Impfungen werden nicht benötigt, aber eine Auffrischung von Schutzimpfungen gegen Tetanus, Diphtherie, Polio und Hepatitis ist empfehlenswert. Ein Malariarisiko besteht das ganze Jahr über und verstärkt in der Regenzeit zwischen März und Dezember. Die Stadtgebiete Rangun und Mandalay sind so gut wie malariafrei.

Durch eine entsprechende Lebensmittel- und Trinkwasserhygiene lassen sich die meisten Durchfallerkrankungen vermeiden. Vereinzelte Cholerafälle treten vor allem in der Regenzeit auf und sind durch entsprechende Hygiene ebenfalls vermeidbar. Man sollte daher ausschließlich Wasser sicheren Ursprungs trinken, z.B. Flaschenwasser, nie Leitungswasser, und unterwegs zum Zähneputzen Trinkwasser benutzen. Bei Nahrungsmittel gilt: Kochen, Schälen oder Desinfizieren. Hospitäler und Krankenhäuser sind nicht vergleichbar mit westlichen Standards und es fehlen gut ausgebildete Ärzte. Auch sprachlich ist es schwierig, sich in irgendeiner Weise medizinisch behandeln zu lassen. Eine Reiserückholversicherung abzuschließen ist daher im Falle eines Falles ein gutes Investment.

Die Landeswährung nennt sich Kyat (MMK) und Reisenden ist es nicht erlaubt, Kyat ein- oder auszuführen. Kreditkarten als Zahlungsmittel werden kaum akzeptiert, es ist daher anzuraten, genug Bargeld mitzunehmen, vorzugsweise US-Dollar, wobei US-Dollar-Noten der Serien vor 1996 sowie 100-US-Dollar-Noten der neuen Serien mit Seriennummern, die mit den Buchstaben CB beginnen, nicht akzeptiert werden. Das Gleiche gilt für abgenutzte, beschädigte, stark geknickte oder verschmutzte Geldscheine. Es wird darum empfohlen, nur absolut neue, unbeschädigte und glatte Dollarnoten mitzuführen. Der Euro hat sich in Myanmar noch nicht durchgesetzt, wird aber zumindest in Rangun zum Umtausch akzeptiert. Auch Hotelkosten und alle anderen Zahlungen für Tickets usw. müssen in bar beglichen werden.

Das Telefonieren ins Ausland ist stark eingeschränkt. Die Telefonverbindungen sind häufig defekt oder überlastet und internationale Ferngespräche sind sehr teuer. Außerhalb der größeren Städte ist in der Regel kein Mobilfunkempfang möglich. Man sollte sich auf alle Fälle eine Telefonkarte besorgen, entweder bei Myanmar Post oder direkt am Airport. Internetcafés gibt es in größeren Städten. Der Zugang zu Internet und E-Mail ist jedoch beschränkt. Die Internetseiten internationaler Webmail-Dienste (z.B. Hotmail oder Yahoo) sind im Regelfall nicht erreichbar. Größere Hotels verfügen außerdem über eigene, von Gästen nutzbare E-Mail-Anschlüsse; die Kosten sind jedoch (insbesondere beim Versand größerer Dateien oder bei Downloads) sehr hoch. Die Download-Geschwindigkeit ist tagsüber sehr gering. Es ist besser, sie in den Nachtstunden vorzunehmen.

Das Reisen innerhalb Myanmars ist mit erheblichem Risiko behaftet und die schlechten Straßen sollten wegen Unfallgefahr nur tagsüber benutzt werden und dann auch nur mit einem soliden, verkehrstechnisch sicheren Wagen mit Fahrer.
Wartung und Instandhaltung der öffentlichen Verkehrsmittel sind nicht nach internationalem Standard und es ist davon abzuraten, die lokale Fluggesellschaft Myanmar Airways für Inlandsflüge zu nehmen. Es gibt 16 lokale Flughäfen in Myanmar und Fliegen ist das schnellste Verkehrsmittel im Land, aber teilweise sehr rückständig, was die Sicherheit und den Service anbelangt.

In den späten 1980er und den 1990er Jahren schloss die damalige Junta Waffenstillstandsabkommen mit 17 Rebellenbewegungen, die ihre Waffen und eine gewisse Autonomie behalten durften. Doch vor den Wahlen im vorigen Jahr verlangten die Militärs von ihnen, dass sich in Grenzschutztruppen umzuwandeln und sich der Führung der Streitkräfte unterstellen. Die meisten weigerten sich und die Abkommen platzten. Zudem führten besonders die Wirtschaftsinteressen der Militärs an den Bodenschätzen in den letzten Jahrzehnten zur Vertreibung der ethnischen Bevölkerung. Millionen von ihnen leben als Flüchtlinge in den Nachbarländern.

In einigen Grenzregionen, in denen bewaffnete Rebellengruppen operieren (Teile des Chin State und der Sagaing Region, der Shan, Mon, Kayin und Kayah States), bleibt die Lage angespannt. Seit Anfang Juni kommt es zu ethnisch motivierten Zusammenstößen im nördlichen Rakhine State. Auch in der Hauptstadt von Rakhine Sittwe kam es zu Unruhen. Seit dem 10. Juni 2012 gibt es lokale Sperrstunden. Von Reisen nach Sittwe und in den nördlichen Rakhine-Staat wird daher bis auf Weiteres abgeraten.

Trotz reicher Bodenschätze verhinderten Myanmars Politiker die Entwicklung des Landes und der Landwirtschaft, dabei sind hauptsächlich Viehzucht und Fischerei die größten Exportsektoren. Der Tourismus entwickelt sich langsam, aber Myanmar hat große Zinn-, Kupfer-, Zink-, Edelstein-, Teakholz-, Silber-, Öl- und Kohlevorkommen. Über Jahrzehnte wurde und wird jeglicher kommerzielle Export von den Militärmachthabern kontrolliert.

Nun macht das jahrzehntelang isolierte Burma, unter Staatspräsident Thein Sein, seit 2011 eine überraschende politische und wirtschaftliche Wandlung durch. Ob es wirklich ernst gemeint ist, wird die Zukunft zeigen. Auf alle Fälle sind der Westen und auch die umliegenden Länder in Asien an einer Öffnung des Landes interessiert.
Myanmar ist auch heute noch das Land in Asien, das mit den meisten internationalen Sanktionen behaftet ist, die aber mehr und mehr aufgehoben werden.

Viele Regierungen, Investoren und Geschäftsleute sind oder waren wegen der weiterhin anhaltenden Menschenrechtsverletzungen der Militärjunta nicht bereit, mit Myanmar Geschäfte zu machen. „Es ist nicht möglich, in Burma Geschäfte abzuwickeln, ohne direkt die Militärregierung zu unterstützen." So das Unternehmen Levi-Strauss nach dem Rückzug aus dem Geschäft mit Myanmar.

Marks und Spencer, Pepsi-Cola, Kookai, Jansport, H&M, Ernst & Young, BP und Adidas sind weitere internationale Unternehmen, die sich in der Vergangenheit von allen Geschäftsverbindungen mit Myanmar losgesagt haben. Nun stellt sich eine neue Frage: Für wie lange? Denn es herrscht die Angst, der Konkurrenz aus Japan, China, Hongkong und Singapur den Markt zu überlassen und den Anschluss zu verpassen.

Viele internationale Firmenvertreter tauchen plötzlich am Horizont auf und suchen nach Geschäftsmöglichkeiten. Die Standard Charter-Bank, die Deutsche Bank, Fritz Werner, Chevron, Total, Triumph und BMW sind nur einige der Firmen, die in Myanmar schon wieder aktiv ihre Fühler ausstrecken und Chancen wahrnehmen wollen, darunter auch Condor, das Tochterunternehmung der Lufthansa, das demnächst Rangun direkt aus Deutschland anfliegt.

Alle namhaften US-Konzerne sind wieder mit den Militärs am Verhandlungstisch und einer Flutwelle gleich werden dem Land Investitionen angeboten. Japans Firmen wie Hitachi, Toshiba, Mitsui und JX Nippon Oil stecken ihre Claims ab. Koreas Unternehmen Hyundai und Samsung stehen an der Tür und, nicht zu vergessen, Chinas Firmen, die hier seit Jahren am besten etabliert sind.

Es herrscht Goldgräberstimmung und in den Hotels finden die Touristen keine Zimmer mehr, da alle von Geschäftsdelegationen belegt sind.

Für ihre Öffnung, den politischen Wandel und den Tausch der Militäruniform gegen den Geschäftsanzug winken den Generälen lukrative Einkünfte in Millionen-, wenn nicht sogar in Milliardenhöhe.

Grundstückspreise schießen in Rangun in die Höhe und erreichen einen Level vergleichbar mit einigen Geschäftsbezirken von Bangkok.

Myanmar ist seit 1997 Mitglied der ASEAN und es wird dem Land jetzt sogar als Belohnung für die Öffnung für 2014 der Vorsitz dieser Organisation in Aussicht gestellt.

Unter der neuen Fassade und dem ganzen Optimismus bleibt es Fakt, dass das Geschäftemachen in Burma immer noch ein trügerisches Unterfangen ist und dass die Reformen erst zum Tragen kommen müssen.
Als Erstes müssen Gesetze geändert, den Menschenrechtsverletzungen ein Ende gesetzt, politische Gefangene freigelassen werden und vieles mehr, bevor das Land wieder in sich einig ist.

Die Oppositionsführerin Aung San Suu Kyi gibt jedoch zu bedenken, dass die Reformen nicht unaufhaltsam sind und es sich noch zeigen muss, wie ehrlich es die neue Regierung wirklich meint und wie das Militär reagiert. Es hat jedoch den Anschein, dass die Militärs und somit die neue Regierung dies wirklich wollen. Sie haben Friedensverhandlungen mit den Karen-Rebellen abgeschlossen und den Kampf, der seit 1949 anhält, offiziell für beendet erklärt, und zwar nicht nur für die Karen-Rebellen, sondern gleich für alle anderen auch, aber ohne sie zu fragen.

Die Zensur wurde teilweise aufgehoben, gesperrte Webseiten westlicher Medien und von Exilburmesen geöffnet. Die Regierung hat die Oppositionspartei NLD von Suu Kyi wieder zugelassen und im April 2012 wurde sie ins Parlament gewählt.
Die politischen Erläuterungen abschließend, kann man sagen, wenn jemand das Land wieder einigen kann, ist es für die Bevölkerung nur Suu Kyi.

Wie gesagt: Business as usual, oder zumindest scheint es auch für Myanmar wieder rosiger auszusehen.

Wer geschäftlich nach Myanmar kommt, und die Aussichten verbessern sich täglich, der findet ein Land, das wie ein Treffpunkt in der Mitte zwischen zwei der weltgrößten Zivilisationen der Welt liegt, China und Indien.

Beide Länder haben die Kultur Myanmars nachträglich beeinflusst und seine Menschen geprägt.

Der Buddhismus hat den größten Einfluss auf die Menschen in Myanmar, die traditionell und familienorientiert sind, die Älteren respektieren und in einfachen Verhältnissen leben. Von ihrem Wesen her sind sie freundlich, spaßig, ehrlich, großzügig und sehr gastfreundschaftlich.

Leichte Baumwollanzüge sind für Geschäftstreffen erforderlich und Jacketts am Abend für hochklassige Meetings. Geschäfte werden in englischer Sprache verhandelt und abgewickelt.

Die Verhaltensregeln für die Abwicklung von Geschäftsverhandlungen unterscheiden sich kaum von den anderen buddhistischen Ländern, sie sind ziemlich ähnlich wie die in Laos, Kambodscha und Thailand und man sollte sich daran orientieren.

Natürlich hat die jahrelange Isolation und herrschende Militärjunta die Geschäftsetikette etwas verändert und ein wichtiger Unterschied wird sein, dass man es vielerorts mit Militärs oder Ex-Militärs zu tun hat und somit automatisch Korruption mit ins Spiel kommt. Andererseits wird sich das mit der Zeit wieder normalisieren und es wird wieder Business as usual sein.

Es gibt aber ein paar Besonderheiten in Myanmar wie das „Lok-Aah-Pay" das auf einem kollektiven freiwilligen Arbeiten zum Wohle der Allgemeinheit beruht, oder das „Let-Sar-Like", was übersetzt „Helfende Hand" bedeutet. Beides hat seinen Ursprung in Myanmars Tradition der Landbevölkerung und dem Buddhismus. In der Kommune werden Arbeiten wie Brücken- oder Straßenbau, Pflanzungen usw. gemeinsam ausgeführt, das bringt die Menschen zusammen und formt die Gemeinschaft. Oft ist Lok-Aah-Pay von Gesang und Musik begleitet und es wird auch öffentlich ausgerufen.

Die burmesische Küche basiert wie die vieler Länder Asiens auf Reis oder Nudeln als Grundnahrungsmittel, das meistens mit einer Vielzahl von Bei-

160

lagen serviert wird. Die Currys aus Fleisch oder Fisch sowie das Gemüse, die Salate und Suppen sind nicht so scharf wie in Thailand. Die burmesische Küche ist eher ölig, sauer, etwas salzig, aber echt würzig. Ohm-Noh-Khauk (Nudeln mit Hühnchenfleisch und Kokosnusssoße) oder Mouk-Hin-Kha (dünne Reisnudeln mit Fischsoße) sind sehr beliebt.

Die Shan, ein Volk in Burma, hat eine ganz eigene Küche und die schmeckt einzigartig gut. Sie ist weder mit der burmesischen noch der chinesischen oder thailändischen Küche vergleichbar, ich kann nur empfehlen, sie einfach mal auszuprobieren.

Es gibt neben den Hotels auch viele gute Restaurants, in denen man ausgezeichnet essen kann. Es wird neben der burmesischen und der Shan- auch chinesische, europäische, thailändische und indische Küche angeboten.

Und jetzt noch der Wetterbericht:
Myanmar befindet sich im direkten Einflussbereich des Monsuns, einer Luftströmung, die sich von den kälteren zu den wärmeren Regionen bewegt und mit der jeweiligen Jahreszeit die Richtung wechselt. Das Auftreten des Monsuns heißt nicht zugleich, dass es regnet. In der Zeit von Mai bis Oktober weht der Monsun in Myanmar vom Meer zum Landesinneren, von November bis April jedoch in die entgegengesetzte Richtung. Myanmar hat ein tropisches Klima und drei Jahreszeiten. Die Regenzeit geht von Mitte Mai bis Oktober, die kühle Jahreszeit von Mitte Oktober bis Mitte Februar und die heiße Jahreszeit von Mitte Februar bis Mitte Mai.

14 Thailand: Lächelnd winkt der Auftrag – oder doch nur „Sanuk"?

Königreich Thailand

Fläche: 513.115 Km²
Internationales Kfz-Kennzeichen: THA
Landeswährung: Baht
Unterschied zur MEZ: + 6h
Internationale Telefonvorwahl: + 86
Netzspannung/Frequenz: 220 Volt, 50 Hertz
Internet-TLD (Top Level Domain): .th

Das Königreich Thailand ist eine konstitutionelle Monarchie mit dem seit 1946 weltweit am längsten regierenden König Bhumipol als Staatsoberhaupt. Auf das tatsächliche politische Geschehen hat der König allerdings nur wenig Einfluss. Die Funktion des Staatsoberhaupts ist in Thailand weitgehend symbolischer und zeremonieller Natur. Thailand hat eine Regierung, die von einem Premierminister geführt wird. Seit 1971 hat diese immer wieder gewechselt, aber auch während der vielen Wechsel ist die Politik immer stabil geblieben und hat für Entwicklung und Fortschritt im Land gesorgt.

Thailand grenzt im Westen an Myanmar und die Andermansee, im Süden an Malaysia und den Golf von Thailand, im Osten an Kambodscha und im Nordosten an Laos.

Die Gesamtbevölkerung Thailands besteht aus ungefähr 67 Millionen Einwohnern und zu 75 % aus Thai, welche erst im 11. Jahrhundert nach Thailand einwanderten. Zudem leben etwa 14 % Chinesen im Land, die zwischen dem Beginn des 19. Jahrhunderts und 1950 aufgrund der Krisen im eigenen Land immigrierten. Diese Bevölkerungsgruppe hat eine hohe wirtschaftliche Bedeutung, da sie, laut einer Studie der Thammasat-Universität, 63 der 100 größten Industriebetriebe kontrolliert. Eine weitere ethnische Gruppierung sind mit 4 % die im Süden an der Grenze zu Malaysia ansässigen islamischen Malaien, welche in manchen Regionen bis zu 80 % der Bevölkerung stellen. Die übrigen 7 % verteilen sich auf verschiedene Bergvölker, welche in den Nordprovinzen Thailands leben, sowie Flüchtlinge und illegale Immigranten aus Myanmar und Indochina.

Die vorherrschende Religion Thailands ist der Thervada-Buddhismus, welchem sich etwa 94 % der Einwohner Thailands zugehörig fühlen. Daneben spielen allerdings nach wie vor für viele Thailänder alte hinduistische Bräuche und Rituale, Schutzgötter, Naturgeister und Hexen eine Rolle, welche ihren Ursprung in der vorbuddhistischen Zeit oder den religiösen Überzeugungen von Einwanderern haben. Zudem sind knapp 5 % der Menschen im Land Muslime, die sich vorwiegend in den Südprovinzen niedergelassen haben und bis heute von den Thais nur wenig Akzeptanz erfahren. Verschwindend gering ist der Anteil an thailändischen Christen (0,6 %) oder an Konfessionslosen (0,4 %).

Die Amtssprache in Thailand ist Thai, sie gehört zu den sinotibetischen Sprachen. Das gesprochene Thai ist eine rhythmische und feinsinnige Sprache und durch die Jahrhunderte durch lange und verschiedenste Einflüsse anderer Sprachen entstanden. Dazu gehören auch Elemente aus dem Chinesischen, der Khmer- und der Monsprache sowie aus dem indischen

Sanskrit und dem südindischen Pali. Im 13. Jahrhundert entstand das erste thailändische Alphabet. Laotisch ist wohl die dem Thai ähnlichste Sprache, sie wird im Nordosten Thailands gut verstanden.

Im internationalen Business wird aber, wie überall, Englisch gesprochen.

Bangkok, auf Thai „Khrung Theep" („Stadt der Engel") genannt, ist nicht nur die Hauptstadt, sondern auch die wirtschaftlich und politisch wichtigste Stadt Thailands. Es ist eine Stadt ohne direkte City. Es gibt mehrere Zentren, sodass praktisch jedes Viertel eine eigene City hat. Da es kein Meldewesen gibt, weiß niemand so ganz genau, wie viele Einwohner Bangkok wirklich hat. Man schätzt die Zahl so auf irgendwo zwischen 12 und 15 Millionen Menschen.

Thailand besitzt eine Reihe von Flughäfen, die sowohl national als auch international angeflogen werden können, sowie viele weitere, die nur Inlandsflüge abwickeln. Bangkoks Suvarnabhumi (BKK) ist der größte Flughafen Thailands und dient als Drehscheibe für den internationalen und nationalen Flugverkehr. Wer als Geschäftsreisender nach Thailand fliegt, landet hier. Alle anderen internationalen Flughäfen sind Urlaubsziele und der Geschäftsführung schwer als Reiseziel erklärbar. Taxis in die Innenstadt sind kein Problem, die Fahrt kostet etwa 350 bis 500 Baht. Man kann auch die neue Bahnverbindung, die City-Linie, die alle 15 Minuten verkehrt, nehmen.

Bei Aufenthalten in Thailand von einer Dauer bis zu 30 Tagen ist für die meisten ausländischen Staatsangehörigen kein Visum erforderlich. Voraussetzung dafür ist aber neben einem gültigen Reisepass, dessen verbleibende Gültigkeitsdauer bei Einreise mindestens sechs Monate betragen muss, ein bestätigtes Weiter- oder Rückreiseticket.

Impfungen sind nicht vorgeschrieben. In Dschungelgebieten entlang der Grenze zu Myanmar und Kambodscha besteht aber Malariagefahr. Leitungswasser sollte man nicht trinken, aber zum Zähneputzen kann man es nehmen. Im Allgemeinen ist der hygienische Standard in Thailand gut. In Bangkok und in den Tourismuszentren praktizieren Ärzte und Zahnärzte, die in Europa oder Amerika ausgebildet wurden. Insbesondere die privaten Krankenhäuser stehen denen im Westen in nichts nach, sondern sind ihnen in puncto Service und Preis oft sogar voraus.

Die Währung in Thailand ist der Baht (THB). Kreditkarten wie Visa und Mastercard werden im ganzen Land akzeptiert. Devisen und Reiseschecks können in unbegrenzter Höhe eingeführt werden. In vielen touristischen Zentren gibt es Geldautomaten (ATM) verschiedener thailändischer Banken. Hier werden gängige Kreditkarten und fast immer auch EC-Karten (Maestro) akzeptiert. Unter Verwendung ihrer regulären PIN-Nummer erhalten Sie Ihr Bargeld in Baht.

Telefonkarten zu 50, 100 und 200 Baht gibt es bei der Post und in vielen Geschäften. Bessere Hotels haben IDD-Telefone (International Direct Dialing), über die man direkt ins Ausland kommt (mit z.T. erheblichen Aufschlägen auf die offiziellen Tarife). Handybesitzer haben in Thailand fast überall eine gute Verbindung. Beim Roaming spart, wer das günstigste Netz wählt. Mit einer Prepaid-Karte des Gastlandes entfallen die Gebühren für eingehende Anrufe. Diese können überall in Thailand gekauft werden.

Internetcafés gibt es in Thailand fast wie Sand am Meer. Die meisten haben von zehn bis 24 Uhr geöffnet. Der Minutenpreis beträgt meistens 1 Baht. Oft gibt es sogar eine Stundenpauschale von weniger als 60 Baht. Wenn man mit dem Hotel-PC ins Netz geht, ist das meist deutlich teurer. In immer mehr Hotels und auch in Lokalen kommen Sie mit dem Laptop via WLAN drahtlos ins Netz.

Thailand hat sechs Sektoren für die wirtschaftliche Entwicklung des Landes erfasst. Diese Sektoren sind Landwirtschaft und landwirtschaftliche Industrie, alternative Energien, Autoindustrie, Elektronik und ICT, Mode und erweiterter Service in Verbindung mit Gesundheit, Kultur und Tourismus.

Thailand ist sehr exportabhängig. Die meisten Exportprodukte basieren auf landwirtschaftlichen Gütern wie Fisch und Reis, aber auch Textilien, Gummi, Autos, Juwelen sowie Computer- und Elektronikteile werden exportiert.

Mehr als 13 Millionen Touristen besuchten Thailand allein im Jahr 2011 und 15 Millionen im Jahr 2012. Thailand ist eines der meistbesuchten Urlaubsländer der Welt mit fast 80 Milliarden US-Dollar Umsatz durch Tourismus.

Mit seinem exzellenten, weltweiten Ruf für seine Gastfreundschaft und die Freundlichkeit seiner Einwohner, die allen Besuchern sofort ein warmes Willkommensgefühl vermitteln, hat Thailand die Welt bezaubert.

Thailand, das „Land des Lächelns", war niemals ein Kolonialland unter fremder Herrschaft. Die Thais sind stolz darauf und man sollte dies als Reisender respektieren, denn dieser Stolz kommt im allgemeinem Verhalten der Thais immer wieder zum Vorschein.

Die Anrede in Thailand ist immer „Khun", was so viel wie „Herr" oder gleichzeitig auch „Frau" bedeutet. Auf „Khun" folgt dann der Vorname wie in „Khun John" oder „Khun Marie", was sich dadurch erklärt, dass Nachnamen in Thailand erst im 20. Jahrhundert offiziell eingeführt wurden. Sogar das Telefonbuch von Bangkok ist im privaten Teil nach Vornamen geordnet! Und das ist nur deshalb möglich, weil die Vornamen in Thailand in großer Vielfalt völlig frei gewählt werden können, von „Juwel" über „Vaters Herz" bis hin zu „Schöne Haut".

Wir Ausländer werden als „Farang" bezeichnet, was auf unsere helle Haut bezogen ist und keinen negativen Beiklang hat. Wenn es aber mit anderen Worten in Verbindung tritt, kann es schnell als Schimpfwort verunglimpfend gemeint sein.

Man begrüßt sich mit den Worten „Sawadee", was so viel heißt wie „Guten Morgen", „Guten Tag", „Guten Abend", „Gute Nacht", „Hallo" und „Auf Wiedersehen" – praktisch alles in einem Wort. Zusammen mit dem Wai ist es eine der schönsten und anmutigsten Begrüßungen, die ich kenne. Man unterscheidet fünf Versionen des Wai:

Der geschäftsmäßige Wai: Man faltet die Hände in Brusthöhe und neigt den Kopf etwas nach vorne.
Der Wai für Gleichgestellte: Man faltet die Hände und die Daumen sollten etwa in Höhe des Mundes sein.
Der Wai für Höhergestellte: Hierbei sollten die Daumen etwa in Höhe der Nasenspitze sein.
Der Wai für Mönche: Daumen in Höhe der Nasenwurzel.
Der Wai für den König: Die gefalteten Hände werden über den Kopf gehoben.

Bei vielen Sätzen oder kurzen Antworten wie „Korp Koon" (Danke) oder „Sawadee" (Guten Tag) hängen Männer das Wort „krap" und Frauen das Wort „Ka" an: „Korp koon krap/ka" oder „Sawadee krap/ka".

Die Thais sind stolz und haben eine Eigenart, die man als Thainess bezeichnet. Es gibt keine einfache Erklärung für Thainess. Ich würde sagen, es ist ein Konzept aus verschiedenen Attributen. Erstens setzt sich Thainess zusammen aus der Thaisprache, der buddhistischen Religion und der Hingabe zur Monarchie, die alle Thais teilen. Zweitens ist es ein Konzept für soziale Harmonie und patriarchalische Hierarchie in der Gesellschaft, in der die Menschen einen kühlen Kopf, ein warmes Herz, Dankbarkeit und öffentliche Ehrerbietung an den Tag bringen sollen. Drittens ist Thainess das kleine Extra, das die Thais ausmacht, das, was sie sind. Und während die ersten zwei Erklärungen leicht zu verstehen sind, kann man die dritte nur wirklich verstehen, wenn man sie in Thailand selbst erlebt hat. Man kann die thailändische Sprache erlernen, aber nicht Thainess, es ist instinktiv.

In Bezug auf Thainess unterteilt man die Farang in zwei Kategorien: die, die es haben, oder die, die es niemals haben werden. Auch wenn man den dritten Aspekt von Thainess nicht so richtig versteht, ist es doch dabei hilfreich, im Geschäftsalltag weniger frustriert zu sein.

Nichts veranschaulicht Thainess mehr als der Ausdruck „Mai pen rai", wörtlich übersetzt: „Das macht nichts". Es ist fast wie ein Schlüssel zum Verständnis der thailändischen Lebensart. Es wird überall angewendet: Wenn ein Glas herunterfällt – „Mai pen rai", wenn man im Stau sitzt – „Mai pen rai", wenn man einen Auftrag verliert – „Mai pen rai", wenn ein wichtiger Termin platzt – „Mai pen rai". Es geht sogar so weit, dass man in Thailand von der Mai-pen-rai-Gesellschaft spricht.

Ich habe während meiner Reisen nach Thailand schnell gelernt, das viele Dinge des Geschäftsumfeldes hier eine neue Bedeutung annehmen und es sehr ratsam ist, die Dinge auf einen zukommen zu lassen.
Während der Verhandlungen mit Thais habe ich immer meinen thailändischen Geschäftspartner dabeigehabt. Er war mir immer eine große Hilfe dabei, Thais geschäftlich besser verstehen zu lernen. Man sollte sehr schnell das Kolonialdenken, dass man schlauer als die Einheimischen ist, ablegen. Das ist ein beliebter Fehler aller neuen Geschäftsreisenden in Thailand. Thailändische Geschäftsleute vergessen in einer Nacht mehr darüber wie man Geschäfte in Thailand macht, als man selber jemals lernen kann.

Viele Thais sprechen nicht allzu gut Englisch und sind auch nicht sonderlich interessiert daran, es zu sprechen, obwohl sie es können und es die allgemeine Geschäftssprache ist. Die Aufgabe der Brückenbildung in der Kommunikation war dann die Aufgabe meines Partners und sie war fast immer unentbehrlich bei Verhandlungen. Es war und ist immer gut, mit dem thailändischen Partner oder Angestellten als Team aufzutreten. Er sollte sich aber auch mit den technischen und gewerblichen Themen, die verhandelt werden, ausführlich befasst haben.

Entscheidungen werden nicht im Kollektiv gefällt, sondern meistens von einer Person. Bei Verhandlungen ist es sehr wichtig, nicht offen über etwas im eigenen Team zu diskutieren. Dem thailändischen Partner liegt daran, dass mit einer Stimme gesprochen wird. Man sollte immer versuchen, schnell herauszufinden, wer der Entscheidungsträger ist, da man sonst viel Zeit mit den falschen Leuten verbringt und es nicht zum Auftragsabschluss kommt.

Thais bringen viele Dinge in Verhandlungen nicht direkt zur Sprache, vor allen Dingen, wenn es keine erfreulichen Informationen sind. Sie reden drum herum, um den Partner nicht in Bedrängnis zu bringen. Dies sollte man auch, soweit es geht, selbst so halten. Es ist daher ratsam, viele Informationen vor einer Verhandlung zu recherchieren und versuchen, gerade die negativen Punkte in positive Ansätze umzuwandeln.

Thais mögen keine langen Verhandlungen und meine Präsentationen waren daher meistens kurz und auf den Punkt. Diskussionen gehen dann oft in gesellige Mittagessen oder Dinner über, was auf Thai einfach mit „Sanuk", gleichbedeutend mit „Vergnügen", beschrieben wird, es erleichtert die Arbeit.

Im Geschäftsleben ist der Buddhismus allgegenwärtig und ich habe oft beobachtet, das mein Geschäftspartner, wenn sie an einem Buddhaschrein vorbeikamen – und die findet man in fast jeder Firma, jedem Haus und öffentlichen Plätzen –, sich kurz verbeugten und den traditionellen Wai praktizierten.

Das Streben nach Harmonie spielt eine große Rolle und reflektiert tief hinein ins Geschäftsleben. Wenn ich mit Thais in Verhandlungen war und es nicht nach meinen Vorstellungen lief, habe ich trotzdem immer versucht, ruhig zu bleiben, denn solches Verhalten erntet Respekt. Geduld zu haben ist sehr wichtig und jeder, der denkt, Entscheidungen erzwingen zu müssen, ist schon im Nachteil.

Wichtig ist es, langfristige Beziehungen aufzubauen, und es ist Unsinn zu denken, gleich nach dem ersten Besuch mit einem großen Auftrag nach Hause zu fliegen.

Ein weiterer, sehr typischer Aspekt der thailändischer Geschäftsleute ist die Vielfältigkeit der Unternehmungen in verschiedensten Geschäftsfeldern, in denen sie tätig sind. Es ist nicht unüblich, dass ein thailändischer Geschäftsmann von einer Fischkonservenfabrik über Restaurants bis hin zu einer Druckerei mehrere sehr unterschiedliche Firmen besitzt. Dies kann manchmal sehr nützlich sein für unerwartete Kontakte und eine Hilfe in allen möglichen Geschäftsfeldern.

„Tong chuai phuan" bedeutet so viel wie „Man muss seinen Freunden helfen". Es ist eine weitere Lebensphilosophie der Thai und ich habe mich immer daran gehalten, meinen Freunden in Thailand zu helfen und ihnen kleine Gefälligkeiten zu erweisen. Wenn es mir möglich war, habe ich ihnen manchmal auch interessante Geschäftskontakte und Business vermittelt. Thais vergessen das nicht und man bleibt dann Freunde fürs Leben.

Dann gibt es noch ein paar typische Verhaltensregeln, die man kennen sollte. Wie in allen buddhistischen Ländern gilt der Kopf bei den Thailändern als heilig und unantastbar. Er ist der höchste Punkt des Körpers und der Sitz des Geistes und der Seele. Darum sollte man tunlichst vermeiden, Thais am Kopf zu berühren und auch nicht kleinen Kindern über den Kopf streichen.

Dazu im Gegensatz gelten die Füße als unterster Teil des Körpers als schmutzig. Das Entgegenstrecken oder das Zeigen der Fußsohlen ist eine Beleidigung höchsten Grades. Es kann sehr schlecht enden, dies nicht zu beachten. Vor ein paar Jahren hat ein Sänger sogar einen Zuschauer in einem Nachtklub erschossen, als der ihm wiederholt die Füße entgegengestreckt hatte.

Alle Artikel mit dem Konterfei des Königs wie Geldscheine, Briefmarken und Geldmünzen sind mit Respekt zu handhaben. Man kann sich sehr schnell der Majestätsbeleidigung schuldig machen und darauf stehen in Thailand hohe Haftstrafen.

Thais haben eine sehr lockere Einstellung zum Sex und sehen es als das Natürlichste in der Welt an. Die Straßen Bangkoks sind tagsüber wie auch Nachts voll mit jungen Damen, die ihre Dienste anbieten und in den Pubs, Nachtklubs und Diskotheken tummeln sich Verkäuferinnen und Sekretärinnen, die immer bereit sind, einen kleinen Nebenverdienst einzustreichen. Wer sich den Versuchungen entziehen möchte, ist schlecht beraten, Stadtteile wie Soi Cowboy, Nana oder Patpong aufzusuchen.

Bangkoks Nachtleben ist berühmt und berüchtigt, aber es gibt hier durchaus jede Menge nette und seriöse Restaurants und Pubs mit ausgezeichneter Küche und viel Ambiente.

Der Straßenverkehr in Bangkok ist ein einziger großer Einheitsstau durch den Tag bis spät in die Nacht hinein. Das Verkehrsaufkommen ist einfach zu groß. Speziell in der Rushhour und in Stoßzeiten ist kaum ein Durchkommen. Die gleiche Strecke, die im günstigsten Fall 15 Minuten benötigt, kann dann ohne Weiteres zwei Stunden dauern.

Als Alternative zum Auto gibt es noch die vielen Motor Skooter, aber nur wer richtig gute Nerven hat, setzt sich auf einen und kann so wesentlich schneller von A nach B gelangen.

Wie gesagt, man benötigt richtig gute Nerven … „Mai pen rai!"

Es ist daher sehr wichtig, seine Termine entsprechend zu planen und früh genug loszufahren. Ich habe im Normalfall nie mehr als drei bis vier Termine pro Tag gemacht.

Zweimal ist es mir passiert, dass ich meinen Rückflug verpasst habe und vom Stau aus den Abflug meines Fliegers mitanschauen haben musste. Den Flug verpassen ist eins, aber es der Frau zu Haus zu erklären, ist nicht ganz so einfach, wie es scheint speziell dann, wenn man gerade in Bangkok ist.

Mit Taxis sollte man immer nur fahren, wenn die Taxifahrer auch den Taximeter einschalten, ansonsten kann es einem passieren, dass man den dreifachen Preis als üblich zahlt. Falls ein Taxifahrer den Taxameter nicht einschalten möchte, einfach wieder aussteigen und das nächste Taxi anhalten. Für die Fahrt zum Flughafen gibt es aber fast immer einen Pauschalpreis, auch für die Taxis. Man ist gut beraten, wenn man vorher den Hotelconcierge nach dem üblichen Preis befragt.

Die thailändische Küche hat den berechtigten Ruf, eine der besten der Welt zu sein. Sie zeichnet sich insbesondere durch ihre frischen, gesunden Zutaten und nicht zuletzt durch ihre für Europäer enorme Schärfe aufgrund des thailändischen Chili Prik Thai aus. Wer gerne scharf isst, wird sich über eine Tom Yam Gung (scharfe Suppe mit Schrimps) oder ein Som Tam (sehr scharfer Papayasalat) mit Sicherheit freuen.

Der Thai liebt es, sein Essen scharf zu würzen, und die Bezeichnung „scharf" ist wirklich und tatsächlich ernst zu nehmen. Wenn Sie die Speisen eher leicht gewürzt mögen, können Sie dies aber in thailändischen Restaurants bei der Bestellung problemlos sagen.

Und jetzt noch der Wetterbericht:
Es gilt für Thailand allgemein, dass es immer heiß ist. Das Wetter teilt sich auf drei Jahreszeiten auf. Die trockenste Zeit ist von März bis Mai/Juni, die Temperaturen schwanken dann tagsüber zwischen 35 und 42 Grad Celsius. Vom Juli bis September ist es durchschnittlich heiß und es gibt öfter für zwei bis drei Stunden ausgiebige Monsunregenfälle. Vom November bis Februar ist es meist etwas kühler bei ca. 31 Grad mit gelegentlichen Regenfällen.

15   Malaysia: Zwischen Cyberworld und Scharia

Malaysia

Fläche: 329.750 km²
Internationales Kfz-Kennzeichen: MAL
Landeswährung: Malaysische Ringgit (MYR)
Unterschied zur MEZ: + 7 h (es gibt keine Zeitumstellung)
Internationale Telefonvorwahl: + 60
Netzspannung/Frequenz: 240 Volt, 50 Hertz
Internet-TLD (Top Level Domain): .my

Die Staatsform von Malaysia wird als konstitutionelle, parlamentarisch-demokratische Wahlmonarchie angegeben und sie wird durch den König, der als Staatsoberhaupt gilt, repräsentiert. Der König wird alle fünf Jahre aus den Reihen der Herrscher der neun Sultanate nach einem rotierenden System gewählt. Am 13. Dezember 2011 wurde Sultan Abdul Halim Muádzam Shah zum König von Malaysia gewählt. Wie der König in Malaysia auserwählt und zum Staatsoberhaupt gemacht wird, ist in der heutigen Zeit auf der gesamten Welt einzigartig.

Malaysia hat einen Premierminister und ein gewähltes Parlament. Es gibt eingeschränkte Bürgerrechte, strenge Sicherheitsgesetze, Medienkontrolle und autoritäre Elemente in der Politik.

Malaysia teilt sich auf in Westmalaysia, die Halbinsel von Malaysia, die an Thailand angrenzt, und Ostmalaysia mit den Provinzen Sabah und Sarawak, das auf der Insel Borneo, auch Kalimantan genannt, liegt, angrenzend an Brunei und Indonesien.

Die Bevölkerung von Malaysia, ungefähr 28,7 Millionen Einwohner, besteht aus einer großen Anzahl von ethnischen Gruppen, wobei die Malaien die Mehrheit stellen und auch die Politik dominieren. Die eingewanderten Chinesen stellen etwa ein Viertel der Bevölkerung. Weitere 7 % sind indischer Abstammung, in der Mehrheit sind es Tamilen. Dann gibt es auf der Halbinsel noch die Orang Asli, eine kleine Gruppe von Ureinwohnern. In den Staaten Sarawak und Sabah auf Borneo stellen die Ureinwohner die Hälfte bis zu zwei Drittel der Bevölkerung.

Die Staatsreligion ist der Islam, zu dem sich ca. 50 % der Bevölkerung bekennen. Nach der Verfassung des Landes sind alle ethnischen Malaien von Geburt an automatisch Muslime. Ein Abfallen vom Islam wird de facto mit Freiheitsstrafe sanktioniert. Die chinesischstämmigen Malaysier mit etwa 25 % Bevölkerungsanteil sind Buddhisten, konfuzianisch oder Christen. Die etwa 7 % indischstämmigen Malaysier sind vorwiegend Hindus, Muslime oder Sikhs und dann gibt es noch etwa 2,5 Millionen Christen im Land.

Malaiisch (Bahasa Malaysia) ist die Landessprache, daneben werden Chinesisch und Indisch gesprochen. Englisch ist die Geschäftssprache. Die verschiedenen ethnischen Gruppen sprechen zusätzlich noch verschiedene Sprachen und Dialekte.

Die Hauptstadt von Malaysia mit etwa 1,5 Millionen Einwohnern verdankt ihre Entstehung chinesischen Einwanderern, Zinnsuchern unter Führung des malaiischen Radschahs Abdullah. Seinen Namen, der übersetzt „schlammige Flussmündung" bedeutet, erhielt Kuala Lumpur aufgrund des Umstands, dass es an der Stelle errichtet wurde, an der die Flüsse Gombak und Klang zusammenfließen. Regierungssitz Malaysias ist Putrajaya mit 45.000 Einwohnern, er liegt etwa 45 Minuten außerhalb von Kuala Lumpur.

Bei einer Aufenthaltsdauer bis zu drei Monaten besteht für die Einreise von Bürgern der meisten westlichen Staaten keinerlei Visumpflicht. Die Einreiseerlaubnis wird direkt am Grenzübergang erteilt.

Bei Einreise in den Bundesstaat Sarawak wird ein separates Visum erteilt, welches in der Regel 30 Tage gültig ist. Im Rahmen der Erfassung der Daten von Einreisenden werden seit dem 1. Juni 2011 bei Ausländern generell die Fingerabdrücke erhoben. Erfasst werden die Abdrücke beider Daumen und der des Zeigefingers.

Die medizinische Versorgung im Land ist gut, es gibt im Ausland ausgebildete Fachärzte, modern ausgestattete Kliniken und entsprechende Krankenhäuser. Es sind so gut wie alle westlichen Medikamente in den Apotheken Malaysias zu finden. Eine Reisekrankenversicherung sollte aber vorher dennoch abgeschlossen werden, da Malaysia in Bezug auf das Gesundheitswesen keine Abkommen mit anderen Staaten hat. Für Asthmatiker ist wichtig zu wissen, dass es in den Trockenzeiten immer wieder zu starken, Smog-ähnlichen Luftverunreinigungen kommen kann. Dies wird durch Brandrodung in Malaysia und Indonesien verursacht und ich kann nur bestätigen, dass der Londoner Nebel eher dünn dagegen ist, zudem bleiben dort die Taschentücher weiß.

Die Währung in Malaysia ist der Ringgit (MYR) und der ist seit dem 02.09.1998 an den US-Dollar gekoppelt. Es wird empfohlen, erst vor Ort Geld umzutauschen. In den größeren Städten können an vielen Bankautomaten mit dem Aufdruck ‚Maestro' mit EC-Karte und PIN-Nummer Beträge direkt vom eigenen Konto abgehoben werden. In den Hotels wird in der Regel mit US-Dollar bezahlt. Kreditkarten werden in allen internationalen Hotels und in großen Geschäften akzeptiert.

Malaysia verfügt über ein sehr modernes Telekommunikationsnetz. Mobiltelefone können überall problemlos benutzt werden. Hierfür fallen jedoch erhöhte Gebühren an, die Sie bei Ihrem Mobilfunk-Service-Provider erfragen können. Eine lokale Telefonkarte hilft die Kosten für Ferngespräche niedrig zu halten. Internetzugang und WLAN sowie Internetshops gibt es in Malaysia überall.

Wer nach Malaysia fliegt, kommt im supermodernen Flughafen Kuala Lumpur International Airport (KLIA) in Sepang an. Sepang, auch bekannt durch die Formel-1-Strecke, liegt ca. 50 km oder eine Stunde Fahrt von der Innenstadt entfernt. Vom KLIA aus gibt es viele Anschlussverbindungen zu den größten Städten Malaysias, sowohl auf der Halbinsel als auch nach Sabah und Sarawak. Der Flughafen ist mit modernster Technologie und Logistik ausgestattet und bietet sowohl Transitpassagieren als auch Reisenden, deren Endziel Kuala Lumpur ist, optimale Bequemlichkeit. Vom Flughafen KLIA aus kommt man mit der Schnellbahn RLT im 28-Minuten-Takt gut in die Stadt. Eine einfache Fahrt kostet 35 RM. Zusätzlich gibt es vom Flughafen in die Stadt einen schnellen Expressbus, Taxen sowie Mietwagen mit und ohne Fahrer.

Ein Mietfahrzeug ist ebenfalls eine Option und das Autofahren in Malaysia ist einfach, aber nur, wenn man sich auf Linksverkehr versteht. Das Straßennetz ist hervorragend ausgebaut und ein internationaler Führerschein, oder oft auch der des Heimatlandes, genügt und schon kann es losgehen. Falls man mal die Geschwindigkeit überschritten hat und einen die Polizei erwischt, gilt das Zauberwort „Settle" („Begleichen"). Ein Ticket ist zu langwierig und auch für die Polizei zu unbequem, also einigt man sich an Ort und Stelle. Die Regeln sind wie folgt: dickes Auto = dicke Strafe, kleines Auto = kleine Strafe, oder auch, dass Ausländer mehr bezahlen müssen als Einheimische. Ein kurzer Rat ist, niemals gleich die Geldbörse herauszuholen, sondern immer einen 50-Ringit-Schein extra mit ein paar weiteren kleineren Scheinen in der Tasche haben und sagen, mehr habe man nicht dabei, mir hat dies schon mehrfach geholfen.

Malaysia ist eines der am besten entwickelten Länder in Asien. Seine Wirtschaft ist stark von der Herstellung von elektrischen und elektronischen

Produkten, Stoffen sowie Gummiprodukten, gefolgt von dem landwirtschaftlichen und dem Bergbausektor abhängig. Das Land ist auch einer der weltgrößten Exporteure von Palmöl, Naturkautschuk, Holz, Kakao und Pfeffer. Der Tourismus ist gut ausgebaut und die Wachstumsraten sind immens. Mit „Wawasan 2020", dem Projekt Malaysias, bis zum Jahr 2020 von einem Entwicklungsland zu einer Industrienation zu werden, und dem Cybercity-Projekt, der Transformation von Putrajaya in ein malaiisches Silicon Valley, ist es noch weit her, aber Malaysia ist auf dem Weg, in Südostasien zu einer wirtschaftlichen nicht zu ignorierenden Größe zu gelangen.

Das Land hat aber auch seine wirtschaftlichen Defizite und zwar durch seine voneinander getrennten Bevölkerungsgruppen, die Malaien, die Chinesen und die Inder, die zwar einen Staat und eine Nation, aber nicht eine Einheit bilden. Es herrscht zwar nach außen hin friedliche Harmonie, aber tief verwurzelt sind gegenseitige Vorsicht und Misstrauen zwischen den verschiedenen Gruppen. In Malaysias Wirtschaft spiegelt sich diese Gruppierung in Form von Wer-verantwortet was oder Wer-verkauft-was oder Wer-macht-was oder Wer-macht-wieder-nichts.

Die Ur-Malaien, auch Bumiputras genannt (was nichts anderes bedeutet als „Söhne des Bodens"), beherrschen die Politik und stellen die Mehrheit in allen Staatsorganen der Justiz, der Armee und der Polizei. Die Chinesen beherrschen die Geschäfte, den Handel und die Produktionsfirmen. Die Inder machen die Handlangerjobs, sind hier und da am Handel beteiligt, stellen aber auch viele Advokaten und Ärzte aus ihren Reihen.

Patrick Teoh, Schauspieler und Autor, brachte das jeweilige Selbstverständnis der Volksgruppen ironisch auf den Punkt:
Die Malaien sagen: „Never mind lah, macht nichts, was immer passieren mag, wir werden stets die Mehrheit bilden und der Staat, auf Malaysisch kerajaan, wird schon für uns sorgen. Uns gehört der Boden."
Die Chinesen sagen: „Macht nichts, wir können genug Geld machen. Meine Familie ist eh in Perth (Australien). Und deine?"

Die Inder sagen: „Du siehst uns sowieso nur, wenn du krank bist oder einen juristischen Rat brauchst, nicht wahr?"

Nachdem bei den Wahlen 1969 die Chinesen einen Machtzuwachs zu verzeichnen hatten, sahen sich die Malaien mehr und mehr im wirtschaftlichen Nachteil und den Chinesen unterlegen. Bei den folgenden Unruhen wurden hunderte Chinesen getötet. Ursache für die Ausschreitungen sowie die darauffolgende neue Wirtschaftspolitik war insbesondere die wirtschaftliche Dominanz der Chinesen, die damals mit nur 33 % Bevölkerungsanteil 90 % der Wirtschaft kontrollierten. Nur 1 % der Ärzte waren Bumiputra und nur 11 % der Studenten entstammten ihren Reihen.

Zur Wiederherstellung des inneren Friedens beschloss die Regierung das „positive Diskriminierungsprogramm", das Bumiputra in allen Bereichen des öffentlichen Lebens bevorzugt. Die Politik wurde auf die Förderung der malaiischen Bevölkerung ausgelegt. Sie bekamen Erleichterungen in vielen Bereichen, in den Schulen und an den Universitäten, sowie verbilligte Kredite für Autokauf und Firmengründungen.

30 % Anteile an börsennotierten Unternehmen waren jetzt per Gesetz für Malaien bestimmt und jedes ausländische Unternehmen musste mindestens zwei malaiische Direktoren haben. Dieses Programm war dazu gedacht, die Malaien in eine tragendere Wirtschaftsposition zu heben und die chinesische Dominanz zu mindern. Es ist zum Teil aufgegangen, obwohl Kritiker sagen, das staatliche Förderprogramm habe nur den reichen Malaien genutzt und wurde nur für die sowieso wohlhabende Elite geschaffen. Die „Bumis", so der populäre Ausdruck für die Malaien, werden laut aktuellen staatlichen Studien als nicht sehr geschäftstüchtig angesehen. Zum Beispiel haben sie 2006 85,3 % der ihnen von Staats wegen eingeräumten Lizenzen und Verträge innerhalb weniger Monate an Nicht-Bumiputra weiterverkauft. Diese Transaktionen nennt man „Ali-Baba-Partnership", „Ali" für den malaiischen und „Baba" für den chinesischen Anteil, denn je-

dermann weiß, dass die Wirtschaft weiterhin von den Chinesen dominiert wird und Malaien oft nur Frühstücksdirektoren sind.

Die Rückbesinnung der Malaien auf den Islam hat die Kluft zwischen den Gesellschaftsteilen vertieft. Malaysia ist ein Land, in dem mehrere Parallelgesellschaften leben, die sich gegenseitig beobachten, aber nicht miteinander verschmelzen.

Die Gesetzgebung in Malaysia basiert auf einem für alle Einwohner Malaysias gültigen staatlichen System nach britischem Muster und einer islamischen Gesetzgebung der Scharia, gültig für alle muslimischen Einwohner. Diese duale Gesetzgebung birgt immer wieder Stoff für kontroverse Situationen, durch die auch Nicht-Muslime in ihren Freiheiten beeinflusst werden können. Es ist daher gut, sich den Regeln anzupassen.

Im multikulturellen und multiethnischen Malaysia muss sich der westliche Besucher darüber im Klaren sein, dass er im Geschäftsleben auf drei Bevölkerungsgruppen und damit auch auf drei unterschiedliche Geschäftskulturen treffen wird: die moslemisch geprägte malaiische, die chinesische und die indische Kultur. Man sollte sich daher vorher je nach ethnischer Zugehörigkeit der Geschäftspartner gut über die geschäftlichen Gepflogenheiten informieren.

Die Geschäftskleidung sollte besser konservativ sein. Sakko und Krawatte sind eigentlich bei allen Geschäftsterminen zu tragen. Frauen sollten knielange Röcke und langärmelige Blusen bevorzugen. Darüber hinaus ist auf gelbe Kleidung zu verzichten, da diese Farbe ausschließlich dem malaysischen Königshaus vorbehalten ist.

Visitenkarten sollten, wie in fast allen Ländern Asiens, immer mit beiden Händen übergeben werden und alle Titel beinhalten, je höher der Titel, um so größer das Ansehen und der Respekt. Entgegengenommene Karten immer eine Weile betrachten und nicht sofort einstecken und bitte niemals eine Notiz auf einer Visitenkarte machen. Dies wird als sehr respektlos angesehen und ist ein absolut No-Go.

Titel haben in Malaysia einen großen Stellenwert und man sollte ihn bei der Begrüßung vor dem Vornamen nennen. Es gibt neben den akademischen Titeln auch spezielle malaiische Titel wie Dato, Tun oder Tan Sri. In Malaysia werden Hierarchien als Teil der Mentalität erwartet, anerkannt und gepflegt.

Generell gibt man sich zur Begrüßung die Hand. Unter guten Freunden wird die Hand des anderen auch mal mit beiden Händen umfasst. Begrüßt man einen muslimischen Geschäftspartner, ist ein „Salam Aleikum" („Friede sei mit dir") zur Begrüßung üblich. Ansonsten sagt man „Selamat Pagi" (Guten Morgen), „Selamat Petang" (Guten Tag), „Selamat Malam" (Guten Abend) und „Selamat Tinggal" (Auf Wiedersehen). Oder einfach nur „Hallo". „Selamat Datang" bedeutet „Herzlich Willkommen". Muslimische Malaysier begleiten den Gruß mit einer leichten Verbeugung, bei der dem Gegenüber die rechte oder beide Hände gereicht werden, bevor die Hand bzw. die Hände das eigene Herz berühren, was so viel bedeutet wie „Grüße vom ganzen Herzen". Inder legen bei der Begrüßung ihre Hände unter dem Kinn zusammen und verbeugen sich leicht oder nicken.

Frauen wird grundsätzlich nicht die Hand gereicht, es sei denn, dies geht von der Frau aus; anderenfalls sollte man lächeln und verbal grüßen. Pünktlichkeit, nicht gerade ein Attribut der malaiischen Kultur, wird im Geschäftsalltag aber erwartet und es ist anzuraten, rechtzeitig bei den Treffen zu erscheinen, um dem Gegenüber Respekt zu zeigen. Die chinesischstämmigen Geschäftspartner legen besonderen Wert auf Pünktlichkeit, da bei ihnen wie bei uns der Grundsatz „Zeit ist Geld" gilt

Es bedarf immer etwas mehr Zeit, um mit Malaien ins Geschäft zu kommen, und um erfolgreiche Abschlüsse zu tätigen, sollte man sich von Anfang an auf mehrere Besuche einstellen. Der Aufbau eines persönlichen Verhältnisses ist sehr wichtig und man sollte sich gut zu verkaufen wissen, ohne in Prahlerei abzuheben. Es ist auch anzuraten, den Geschäftspartner ein Gesprächsprotokoll verfassen zu lassen, um verbale Absprachen anschließend nochmals zu erörtern. Oft sind ein Nein oder ein Ja nicht so strikt gemeint und manchmal beruht es nur auf unverstandenen Fragen. Es wird gerne und ausgiebig gefeilscht und Dinge werden immer wieder in Frage gestellt, solange, bis ein zufriedenstellendes Ergebnis erzielt ist. Man sollte sich auch von vornherein darauf einstellen, dass sich Verhandlungen sehr in die Länge ziehen können, und es ist wichtig, Ruhe und Harmonie zu bewahren. Genauso wichtig ist, niemals die Geduld zu verlieren oder gar hektisch zu werden, denn Unbeherrschtheit ist in Malaysia äußerst verpönt. Zu starke Gestik und Mimik ist zu vermeiden und niemals mit dem Zeigefinger auf jemanden oder etwas zeigen, da dies als sehr unhöflich empfunden wird, sondern dafür nur die rechte Faust mit dem Daumen benutzen. Bei einem erfolgreichem Abschluss ist die weitere persönliche Pflege der Geschäftsbeziehung ein Garant für Vertrauensbildung und zu-künftigen Ausbau des Geschäfts.

Bei Verhandlungen mit chinesischstämmigen Malaien ist der Besuch einer Karaoke-Bar schon während des Beginns und noch bevor Abschluss eines Vertrages ein Muss. Es ist ein Test auf Trinkfestigkeit und sozialen Umgang und wer mitsingt und mittrinkt, hat schon mal gute Karten. Aber es ist auch Vorsicht geboten, sich nicht danebenzubenehmen und zu schnell an Verbrüderung zu denken, auch Karaoke ist ein Geschäftsmeeting, nur in einer anderen Umgebung und einem anderen Umfeld.

Für eine Reise nach Malaysia sollte man noch auf ein paar Tabus achten. So wird der Austausch von Zärtlichkeiten in der Öffentlichkeit nicht gern gesehen. Ebenso ist nackt zu baden oder oben ohne in der Sonne zu liegen strikt verboten. Es wird auch als grob empfunden, Fremden auf die Schulter zu klopfen oder sie freundschaftlich am Arm zu berühren. Man sollte nicht mit dem Finger auf etwas zeigen, dafür lieber die geöffneten Handflächen verwenden oder mit dem Kopf nicken. Es wird sehr auf saubere Kleidung geachtet. Frauen, die in zu kurzer Kleidung herumlaufen, werden zwar geduldet, aber nicht respektiert.

Konservative Einheimische erwarten, dass der Reisende verheiratet ist und Kinder hat. Trifft dies nicht zu, ist es besser, eine Familie zu erfinden, um das Gesicht zu wahren. Vor dem Betreten eines Hauses oder von religiösen Stätten müssen die Schuhe ausgezogen werden. Erhält man eine Einladung zu einem Malaien nach Hause, ist ein Gastgeschenk gern gesehen. Allerdings sollte man einem Muslim keinen Alkohol mitbringen und Chinesen keine Blumen, weil Blumen nur die Toten überreicht bekommen. Obst oder Schokolade eignen sich gut. Chinesen und Inder werden das Geschenk erst auspacken, wenn der Gast wieder gegangen ist. Ein Malaie hingegen wird es sofort öffnen. Werden Erfrischungen angeboten, sollte man diese annehmen, um den Gastgeber nicht zu beleidigen. Die Getränke werden mit beiden Händen gereicht und auch angenommen.

Essenseinladungen sollen zur Vertiefung einer Beziehung führen, daher sollte man möglichst immer zusagen. Geht man mit Einheimischen essen, sollten unter keinen Umständen getrennte Rechnungen verlangt werden. Das würde für alle Beteiligten einen großen Gesichtsverlust bedeuten.

Die Küche Malaysias ist aufgrund der verschiedenen hier vertretenden Kulturen sehr vielfältig. Oft wird für ein Geschäftsessen eine chinesische Küche vorgezogen, da sie im Vergleich zur malaiischen und indischen als hochwertiger angesehen wird. Gegessen wird mit Stäbchen, Besteck oder mit den Händen, je nach der Konfession der Gäste. Wenn man mit den Händen isst, wird ausschließlich mit der rechten Hand gegessen, weil die linke allgemein als unrein gilt. Bittet man zu einem Geschäftsessen, muss man unbedingt darauf achten, welcher Konfession die Gäste angehören, da Hindus kein Rindfleisch und Muslime kein Schweinefleisch essen. Daher sollte man, um Peinlichkeiten vorzubeugen, auf Hühnchen, Fisch oder Gemüsegerichte ausweichen. Alkohol sollte nur angeboten werden, wenn keine Muslime am Geschäftsessen teilnehmen.

Ein beliebtes malaiisches Gericht ist Satay (eine Auswahl verschiedener Fleischsorten, auf Spießen über dem Feuer gebraten) mit einer pikanten

Erdnusssauce und Salat. Gula Malakka (ein fester Sagopudding mit Palm-zuckersauce) wird ebenfalls gern gegessen. Als Beilage wird oft Sambal (eine Paste aus gemahlenem Chili, Zwiebeln und Tamarinde) angeboten und Ikan Bilis (getrocknete Anchovis) werden gern zu Getränken gereicht. Daneben gibt es aber auch ein reichhaltiges Angebot an chinesischen, indischen, indonesischen oder japanischen Restaurants.

Und jetzt noch der Wetterbericht:
Mit nicht einmal 200 km Entfernung zum Äquator bleibt Malaysia rund um das Jahr gleichbleibend heiß. Durchschnittlich 28 Grad Celsius und 80 % Luftfeuchtigkeit erwarten den Reisenden. Etwas Abwechslung bringt allerdings der Monsun von November bis Januar an der Ostküste der malaiischen Halbinsel, an der Westküste macht er sich kaum bemerkbar. Auch während der Regenzeit stellen Reisen keine Probleme dar, da die Schauer nachmittags meist nur kurz und heftig auftreten – in diesem Fall unterstellen, abwarten und weiter gehts.

16 Singapur: Asien für Einsteiger und warum es so einfach ist, falschen Eindrücken zu folgen

Republik Singapur

Fläche: 648 km²
Internationales Kfz-Kennzeichen: SGP
Landeswährung: Singapur-Dollar (SGD)
Unterschied zur MEZ: + 7 h
Internationale Telefonvorwahl: + 65
Netzspannung/Frequenz: 240 Volt, 50 Hertz
Internet-TLD (Top Level Domain): .sg

Singapur ist ein Stadtstaat in Südostasien, er wurde 1819 von Sir Thomas Stamford Raffles als Handelsposten der East India Company errichtet. Bis 1959 war Singapur britische Kolonie, es vereinigte sich 1963 mit Malaysia, zog sich jedoch schon zwei Jahre später wieder aus dem Verbund zurück und wurde eine unabhängige Republik. Singapur liegt am Südzipfel der Malaiischen Halbinsel und hat etwa die Größe Hamburgs. Der offizielle Name stammt vom malaiischen „Singapura" und bedeutet „Löwenstadt". Es scheint jedoch erwiesen, dass es zu keiner Zeit in Singapur je Löwen gab und somit gibt die Herkunft des Namens weiterhin Rätsel auf.

Singapur hat etwa 5,1 Millionen Einwohner. Die Regierung betreibt eine aktive Einwanderungspolitik, die auf beruflich hoch qualifizierte Arbeitskräfte ausgerichtet ist. Von den ca. 5, 1 Millionen Einwohnern Singapurs sind etwa 1,7 Millionen Ausländer, davon 0,6 Millionen sogenannte Permanent Residents. Gemeinsam mit Monaco besitzt Singapur die größte Bevölkerungsdichte weltweit. Den größten Anteil an der Bevölkerung, mit etwa rund 76 %, stellen die chinesischen Singapurer, Malaien bilden 14 %, Inder 8 % und Sonstige 2 %.

Entsprechend der unterschiedlichen Nationalitäten werden in Singapur verschiedene Religionen gelebt. Der größte Teil der Bevölkerung folgt dem Buddhismus. Weitere Glaubensrichtungen sind Hinduismus, Islam, Taoismus und auch der christliche Glauben. Dabei leben die Anhänger verschiedenster Religionen in Singapur auf engstem Raum zusammen, was in vielen andern Ländern kaum vorstellbar wäre. In vielen Teilen Singapurs findet man hinduistische Tempel neben christlichen Kirchen und islamischen Moscheen. Das Zusammenleben der Kulturen basiert auf Gleichberechtigung und gegenseitigem Respekt.

Die vier Amtssprachen Singapurs sind Englisch, Chinesisch (Mandarin), Malaiisch und Tamilisch.

Englisch wird von fast jedem/r Singapurer/in unter 40 Jahre gesprochen. Einzigartig für Singapur ist das sogenannte Singlish, ein Dialekt, der Wörter, Phrasen und teilweise den ganzen Satzbau anderer Sprachen wie Chinesisch oder Malaiisch verwendet. Dabei werden komplexe Satzstrukturen häufig vereinfacht, Plurale verschwinden, Verbkonjugationen werden durch Adverbien ersetzt, Fragen werden an die chinesische Syntax angepasst und seltsame Partikel, besonders das berüchtigte „lah", treten auf.

Hier ein Beispiel:
Singlish: „Come(englisch)-lah, let's go-lah and lim (chinesisch) kopi (malaysisch). No-lah don' wan', mus' go Balek Kampong (malaiisch)."

Die Übersetzung ins Englische lautet: „Come let's go and drink coffee. No, I don't want to because I have to go home."
Die Übersetzung ins Deutsche ist: „Komm, lass uns Kaffee trinken gehen. Nein, ich möchte nicht, ich muss nach Hause."

Es wird kein Visum für Singapur benötigt, man erhält bei der Einreise am Flughafen eine Aufenthaltserlaubnis für bis zu 30 Tage.
Bei der Einreise über Land oder den Seeweg beträgt die automatische Aufenthaltserlaubnis 14 Tage. Man sollte diese Zeit aber auf keinen Fall überschreiten, da dies mit hohen Geldstrafen und im Ausnahmefall bei Männern sogar mit Prügelstrafe geahndet werden kann.

Die medizinische Versorgung in Singapur hat, sowohl in Bezug auf öffentliche Krankenhäuser als auch auf Privatkliniken, ein mit Europa vergleichbares Niveau. Da Krankenhaus- und Arztrechnungen in der Regel noch vor Ort bezahlt werden müssen, empfiehlt sich eine weltweit gültige Auslandskrankenversicherung und eventuell auch eine Reiserückholversicherung. Neben den typischen Schutzimpfungen sind keine weiteren Impfungen erforderlich. Auch wenn Singapurer Ärzte auf europäische Reisende eingestellt sind, ist es wichtig, sich schon vor einer Reise zunächst mit dem Hausarzt und gegebenenfalls mit einem Tropenmediziner in Verbindung zu setzen. Singapur ist gelegentlich vom sogenannten Haze betroffen. Beim Haze handelt es sich um periodisch auftretende, Smog-ähnliche Luftverunreinigungen, die durch Brandrodung und illegale Schwelbrände in Malaysia und Indonesien verursacht werden. Menschen mit gesundheitlichen Problemen, zum Beispiel Asthma und Allergien, sollten vor Reisen nach Singapur während der jährlichen Brandrodungszeiten daher unbedingt einen Arzt konsultieren.

Die Landeswährung ist der Singapur-Dollar, der S$ abgekürzt wird. Wer bargeldlos zahlen möchte, kann auf internationale Kreditkarten wie beispielsweise American Express, Visa oder Mastercard zurückgreifen. Diese werden überall in Restaurants, Hotels und Geschäften anerkannt. Man kann bequem und problemlos an vielen ATM mit der eigenen Kreditkarte direkt Bargeld abheben. Als alternatives Zahlungsmittel bieten sich Travellerschecks oder Bargeld an. Die besten Wechselkurse lassen sich in speziell gekennzeichneten Wechselstuben erzielen. Deshalb empfiehlt es sich, auf das „Authorized Money Changer"-Zeichen zu achten.

Singapur hat ein ausgezeichnetes Telekommunikationssystem und alle internationalen Handys können problemlos benutzt werden, nur der Preis, der ist dann wirklich nicht von Pappe. Sollte man längere Zeit in Singapur bleiben und viele Anrufe innerhalb Singapurs tätigen, ist es sinnvoll, eine Prepaid-Karte bei einem lokalen Anbieter zu erwerben, da sie deutlich günstigere Konditionen bietet. Eine SIM-Karte kostet zehn bis 20 S$, ein Inlandsgespräch fünf bis 25 Cent pro Minute und eine SMS ungefähr fünf Cent. Telefonkarten gibt es in den Teleshops (Verkaufsstellen der Telekom Singapur) in verschiedenen Wertstufen von fünf bis 50 S$. Internetzugang und WLAN sind überhaupt kein Problem. Singapur gilt als eine der modernsten Städte Asiens und ist daher insbesondere elektronisch gut ausgestattet. Da beinahe jeder jüngere Einwohner einen Laptop besitzt, bieten viele öffentliche Orte kostenlosen Internetzugang an. Eine einmalige Registrierung genügt für freien Zugang in allen McDonald's-Restaurants, Starbucks-Cafés und vielen weiteren Läden und Restaurants im Zentrum und Einkaufszonen in der gesamten Stadt. Zusätzlich gibt es Internetcafés in Shoppingcentern und am Flughafen Changi. Eine Alternative ist der Internet-USB-Stecker, der ohne Router im gesamten Stadtgebiet eine Internetverbindung herstellen kann.

Wer nach Singapur per Flugzeug reist, landet im besten Flughafen der Welt, dem Changi International. Es gibt am Flughafen insgesamt vier Terminals, davon ist einer ausschließlich für Billigflieger reserviert, das sogenannte Budget Terminal. Terminal 1, 2 und 3 sind miteinander verbunden und können für Umsteigeverbindungen genutzt werden. Der Flughafen in Singapur hat eine ausgezeichnete Anbindung an das öffentliche Verkehrsnetz. Es gibt eine direkte MRT-Linie (U-Bahn) in die Stadt. Alternativ fahren natürlich auch Taxis, es gibt etwa 23.000, sieben Taxigesellschaften mit 29 verschiedenen Taxitypen. Taxifahren ist relativ günstig in Singapur und sehr sicher, alles geht per Taxameter und man braucht sich keine Sorgen zu machen, dass man übervorteilt wird.

Singapur ist eine der sichersten und saubersten Städte der Welt und ich lebe nun schon seit 20 Jahren hier, ohne jemals mit irgendeiner Form von Kriminalität in Berührung gekommen zu sein. Man kann sich hier sowohl am Tag als auch nachts an jedem Ort völlig ungefährdet frei bewegen. Man muss sich aber auch den Spielregeln anpassen, denn die Verbote sind für alle gültig, nicht nur für die Bürger, sondern auch für die Touristen. Müll auf die Straße zu werfen – und das gilt auch für Zigarettenkippen –, kann bis zu 1000 S$ Strafe kosten. Die Straßen an nicht ausgewiesenen Übergängen zu überqueren ist ebenso strafbar wie essen und trinken in öffentlichen Verkehrsmitteln oder in MRT-Stationen.

Graffiti sind in Singapur so gut wie nicht vorhanden, da das Sprühen als Vandalismus bestraft wird und das heißt Stockhiebe und Gefängnis. Das wohl bekannteste Singapurer Gesetz ist das Kaugummiverbot. Ursprünglich war es mit dem Ziel verabschiedet worden, aus Singapur die sauberste Großstadt der Welt zu machen. Der Beweis für seine Wirksamkeit ist sichtbar: keine hundert schwarze Flecken auf jedem Quadratmeter, wie man sie auf den Gehwegen Deutschlands sieht. Mittlerweile ist der Verkauf von Kaugummis zwar weiterhin verboten, der Besitz jedoch völlig unproblematisch. Wesentlich rigoroser sind die Singapurer Behörden bei der Drogenbekämpfung. Die Strafen reichen hier von Stockschlägen, langen Gefängnisstrafen bis zum Tod durch den Strick. Singapur wird oft belächelt und als „Fine City" („fine" für englisch „Strafe") betitelt, aber ich muss sagen, mir ist die sichere, saubere Stadt ans Herz gewachsen und ich fühle mich sehr wohl hier.

Die Entwicklung Singapurs von einer kleinen englischen Kolonie zu einer der wichtigsten Welthandelsmetropolen Asiens ist einzigartig. Singapur ist eine moderne Stadt, geformt durch multikulturelle asiatische Einflüsse und faszinierende Kontraste. Die ideale Stadt für Einsteiger in die asiatische Welt. Man hat alle Annehmlichkeiten, die einem eine westliche Weltstadt bietet, ist aber dennoch im Zentrum Südostasiens.

Der Lebensstandard in der Republik Singapur ist sehr hoch und Bildung eine Selbstverständlichkeit. Man hat endlose Einkaufsmöglichkeiten und die kulinarische Vielfalt eines ganzen Kontinents. Wer in Singapur beginnt, Asien zu erleben, kann aber leicht dem Glauben verfallen, dass ganz Asien so ähnlich sei, dass in dieser Weltregion alles so sauber, sicher, modern und bürokratisch effizient geregelt ist. Das ist aber weit gefehlt. Singapur ist wie die Fälschung eines Gemäldes und der Rest Asiens ist das Original: weniger sauber, weniger sicher, weniger modern und oft bürokratisch ineffizient. Es streiten sich die Gemüter über das wirkliche Asien und die Künstlichkeit Singapurs, aber die meisten wollen dann doch lieber in Singapur leben.

Singapur ist eine der großen Finanz-, Handels- und Wirtschaftszentren dieser Welt, mit weit über 100 Banken in der Stadt und einer eigenen Börse. Der Seehafen ist einer der größten und wichtigsten der Welt und Singapur gilt als der weltweit größte Standort von Ölraffinerien.
Die hoch industrialisierte, freie Marktwirtschaft des Stadtstaates zeichnet sich durch Weltoffenheit, weitgehende Korruptionsfreiheit und internationale Vernetzung aus.
Es gibt überall Grünflächen und die Stadt ist keineswegs eine Betonburg wie so viele andere Städte dieser Welt, was Geschäftsreisenden den Aufenthalt angenehm macht.
In 2010 besuchten allein mehr als drei Millionen Menschen aus aller Welt geschäftlich den Stadtstaat.

Wer in Singapur Geschäfte machen möchte, sollte sich vorher darüber informieren, ob sein Geschäftspartner Chinese, Malaie oder Inder ist.
Es ist aber auch nicht unüblich, dass man mit lokal angestellten westlichen Managern verhandelt oder mit einer gemischten Delegation aus mehreren Kulturen.

Wie in allen Ländern Asiens ist der Beziehungsaufbau sehr wichtig, um ein Geschäft in Singapur erfolgreich abzuschließen. Wichtig dabei ist der Austausch von Informationen und Gemeinsamkeiten sowie gegenseitige Hilfe.

In Singapur ist die Kleidung im Geschäftsleben noch sehr konservativ und man möchte nicht auffallen oder als alternativ gelten. Ein gepflegtes Äußeres ist daher sehr wichtig, zudem haben die Singapurer ein ausgeprägtes Statusbewusstsein, das sich durch das Tragen von Markenware auszeichnet.

Man kann aber davon ausgehen, dass die Mehrheit der Geschäftspartner in Singapur chinesischer Abstammung und trotz langjähriger moderner Lebensart in Verhandlungen doch sehr chinesisch-traditionell eingestellt ist. Singapurer sind sehr sensibel und man sollte vorsichtig sein und nicht auf die Festland-Chinesen schimpfen, da sich die Singapurer Chinesen immer noch in erster Linie als Chinesen sehen und jegliche generelle Kritik auch als Kritik an ihrer eigenen Person betrachten. Auf der anderen Seite halten sich die Singapurer Chinesen natürlich für die besseren Chinesen und schimpfen selber gerne über ihre Landsleute vom Mutterland. Auch den anderen Rassen in Singapur fühlen sich die chinesischen Singapurer sehr stark überlegen, was oft in einer unverhohlenen Arroganz gegenüber den Malaien und Indern deutlich wird. Wie überall in Asien und schon ausführlich beschrieben, ist *Face* ein wichtiger Aspekt im alltäglichen sowie im Geschäftsleben, aber dies gilt besonders für Singapur. Der stolze Singapurer reagiert sehr leicht auf Andeutungen und fragt einen unverhohlen danach, wie etwas gemeint ist. Es ist dann sehr ratsam, sich die Antwort genau zu überlegen, und sich unbedingt diplomatisch aus der Affäre zu ziehen.

Auf der anderen Seite werden aber von einigen Singapurern ohne Probleme und Rücksicht Bemerkungen gemacht, die an Beleidigungen herankommen. Es wird also mit zweierlei Scheffeln gemessen und wer zum Ziel kommen möchte, sollte dies nicht zu sehr bewerten, sich dessen aber trotzdem immer bewusst sein.

„Zeit ist Geld" – nirgendwo in Asien wird dies deutlicher als in Singapur. Wenn in den anderen asiatischen Ländern „Komm ich heut nicht, komm ich morgen" gilt, ist in Singapur alles auf Pünktlichkeit ausgelegt. Verhandlungen sind straff geplant und Termine bestimmen den Tagesablauf. Singapurer arbeiten hart und lange, Überstunden sind normal, werden aber selten vergütet.

Um die Zeit und die ungeteilte Aufmerksamkeit seines Geschäftspartners zu erlangen, ist Golf ein gutes Mittel, außerdem hilft er beim Aufbau und Ausbau einer persönlichen Beziehung. Die meisten Manager und Geschäftsleute in Singapur spielen Golf, es ist eins der beliebtesten Hobbys. Eine Einladung zu einem guten Essen in einem teuren Restaurant wird oft gerne angenommen, denn über Essen und dessen Vielfalt und Qualität zu reden, ist eines der Hauptthemen eines jeden Singapurers.
Wenn es dann aber zum Geschäft kommt, kann man sagen, es wird hart verhandelt und das hohe Selbstbewusstsein der Singapurer macht es nicht einfach, gute Abschlüsse zu erreichen.
Die Qualität der eigenen Produkte ist ein absolutes Muss und ein guter Service unabdingbar. Wenn man aber einmal drin ist, zeigt sich auch die Loyalität der Singapurer und man kann sich sicher sein, dass solide aufgebaute Geschäftsbeziehungen dauerhaft bleiben und man auch direkt weiterempfohlen wird.
Einladungen zu Seminaren, Events, Business-Lunches und andere offiziellen Festivitäten sollte man immer folgen, da auf den Veranstaltungen immer viel Networking betrieben wird.

Singapur ist ein Schmelztiegel von Kochkünsten aus aller Welt und eine kulinarische Reise wert! Es ist ein Paradies für Gourmets, da es eine einmalige Auswahl an Geschmacksrichtungen bietet: chinesische, malaiische, indische, thailändische, indonesische, japanische, koreanische und alle westlichen Gerichte. So breit wie die Auswahl an Geschmacksrichtungen, so vielfältig ist das Angebot an Restaurants im Stadtstaat. Die einheimische Küche kann man am besten in den einfachen Garküchen, Hawker Center oder Foodcourts genannt, testen, dort werden landestypische Gerichte sehr schnell und preiswert (ein Gericht kostet nur wenige Dollar) serviert. In den luxuriösen, klimatisierten Restaurants und Hotels findet man dagegen exzellente Kulinaria aus der ganzen Welt, allerdings zu entsprechend höheren Preisen. Singapur ist berühmt für seine Spezialitäten und scharfen Speisen, Chili Crab, Laksa, Hainese Chicken Rice, Rojak und Satay sind nur einige, die ich nennen möchte. Noch eine Eigenart von Singapur ist, dass man rund um die Uhr essen gehen kann, und es ist ganz normal, dass mitten in der Nacht um 3 Uhr morgens z.B. das Hawker Center Newton Circus voll mit Menschen ist.

Und jetzt noch der Wetterbericht:
Da Singapur fast direkt am Äquator und damit mitten in den Tropen liegt, ist das Klima das ganze Jahr über heiß und schwül, es gibt keine festen Jahreszeiten, wie man sie in Mitteleuropa kennt, und nur geringe Temperaturschwankungen. Die Tagestemperatur liegt zwischen 26 und 34 Grad Celsius, es werden fast nie Temperaturen außerhalb dieses Intervalls erreicht. Die durchschnittliche Luftfeuchtigkeit liegt bei 84 %; während langer, starker Regenfälle werden aber auch oftmals 100 % erreicht. Es gibt keine Regenzeit, jedoch sind die Monate Dezember und April die regenreichsten, Februar und Juli sind die trockensten Monate.

17 Indonesien: Jam Karet (Gummizeit) – eventuell heute oder auch erst morgen oder gar nicht

Republik Indonesien/Republik Indonesia

Fläche: 1.919.440 km²
Internationales Kfz-Kennzeichen: RI
Landeswährung: Indonesische Rupie (IDR)
Unterschied zur MEZ: Westindonesische Zeit: + 6 h (Java, Sumatra, West- und Zentral-Kalimantan), zentralindonesische Zeit: + 7 h (Bali, Nusa, Tenggera, Süd- und Ost-Kalimantan), ostindonesische Zeit: + 8 h (Papua, Molukken)
Internationale Telefonvorwahl: + 62
Netzspannung/Frequenz: 127/230 Volt, 50 Hertz
Internet-TLD (Top Level Domain): .id

Indonesien ist eine Präsidialrepublik und als demokratischer Staat weltweit anerkannt. Im Jahr 1949 erreichte das Land die vollkommene Unabhängigkeit von den Niederlanden. Es besteht aus 17.508 Inseln, von denen ca. 6050 bewohnt sind. Die Hauptinseln sind Java, Sumatra, Borneo (Kalimantan), Sulawesi und der westliche Teil von Papua-Neuguinea.
Die Inselkette am Äquator ist der größte Staat Südostasiens in Bezug auf Landmasse und Bevölkerungszahl, der weltgrößte Inselstaat und die viertgrößte Nation der Welt.

Die Einwohnerzahl Indonesiens beträgt etwa 245 Millionen. Die Bevölkerung setzt sich aus etwa 360 verschiedenen Völkern zusammen und wächst um ca. 1,5 % pro Jahr. Auf Java allein leben ungefähr 50 % der Gesamtbevölkerung und die Javaner bilden hier mit etwa 45 % die Mehrheit, Sudanesen folgen mit ca. 14 %, Malaysier mit 7,5 %, Maudureser mit 7,5 % und Andere mit 26 %.

Mit fast 88 % der Gesamtbevölkerung stellt der Islam die größte Religionsgruppe in Indonesien, andere Religionen sind Christen mit ca. 8 %, Hindus mit ca. 2 %, Buddhisten mit ca. 1 % und andere mit ca. 1 %.

Bahasa Indonesia (Indonesisch) ist die offizielle Landessprache. Sie wurde 1945 zur Staatssprache erklärt, da es notwendig war, in dem großen Inselreich, in dem über 200 unterschiedliche Sprachen gesprochen werden, eine einheitliche Amtssprache einzuführen. Nur in wenigen Regionen beherrschen neben den Alten auch noch Teile der jüngeren Bevölkerung die traditionellen Sprachen. Daneben werden Englisch, Holländisch und einige lokale Dialekte wie Javanesisch gesprochen.

Jakarta ist die Hauptstadt von Indonesien, sie liegt auf der Insel Java. 12 Millionen Einwohner machen Jakarta zu einem der am dichtesten besiedelten Orte der Welt. Es ist eine heiße und sehr schmutzige Stadt. Jeder Versuch einer vernünftigen Stadtplanung scheint hier gescheitert zu sein. Von Jakarta (ehemals Batavia genannt) aus beherrschten die Niederlanden im frühen 18. Jahrhundert ganz Java, Sumatra und Teile der Gewürzinseln (Molukken).

Für Indonesien wird ein Visum benötigt, das auf den internationalen Flughäfen bei der Einreise für zehn US-Dollar für sieben Tage und für 25 US-Dollar für einen Monat erworben werden kann. Es ist anzuraten, das Geld passend in US-Dollar bei sich zu haben, da Wechselgeld in indonesischen Rupien zurückbezahlt wird und der Wechselkurs sehr zum Nachteil des Reisenden ausgelegt ist.

Die medizinische Versorgung im Land ist nicht mit europäischen Standards zu vergleichen und es ist anzuraten, vor Reisebeginn eine Auslands- mit Reiserückholversicherung abzuschließen. Für alle Behandlungskosten muss der Reisende in Vorlage treten und eine vorherige Beratung durch einen Tropenreisemediziner ist anzuraten. Impfungen gegen Tetanus, Diphtherie, Polio und Hepatitis A sind empfehlenswert. Ständiger Mückenschutz, eventuell auch eine Malariaprophylaxe, ist wegen häufiger Denguefieber und Malariafälle speziell in abgelegenen Gebieten ratsam. Man sollte auch auf den Körper bedeckende Kleidung wie langärmelige Hemden und lange Hosen achten und Insektenschutzmittel wiederholt auftragen. Trinkwasser aus der Leitung ist zu vermeiden, Wasser sollte man nur aus abgefüllten, ungeöffneten Flaschen trinken und es auch zum Zähneputzen benutzen. Der direkte Kontakt mit Tieren sollte strikt vermieden werden, da es immer wieder zu Infektionen mit dem aviären Virus HN5 kommt. Man sollte sich eine kompakte und gut gefüllte Reiseapotheke mit nach Indonesien nehmen und falls man auf Medikamente angewiesen ist, sollten diese in ausreichender Quantität für die Reise miteingepackt werden. Aber Vorsicht: In Indonesien herrschen strenge Drogengesetze, weswegen Beilagenhinweise oder ein medizinisches Attest im Zweifelsfalle vorteilhaft sind.

Die indonesische Währung ist die Rupie (IDR) und ihr Wechselkurs schwankt je nach wirtschaftlicher und politischer Lage. Sie können auf dem Flughafen Geld wechseln. Das ist praktisch für die ersten Ausgaben. Auch kann man inzwischen in vielen Orten, insbesondere in größeren Städten, Geld am Automaten abheben. In den lokalen Geschäften und Restaurants ist es nicht üblich, mit Bank- oder Kreditkarte zu zahlen. Es ist daher immer gut, genügend Bargeld bei sich haben, wenn man abgelegene Gebiete besucht. Für kleine Ausgaben unterwegs sollte man immer etwas Kleingeld in der Tasche haben. Kreditkarten möglichst nur in den modernen Geschäften, großen Hotels und Restaurants der Metropolen und den Touristenzentren verwenden, wo man sicher sein kann, dass kein Missbrauch mit den Datenträgern getrieben wird.

In Indonesien kann man problemlos mit dem Handy und GSM-Roaming ins Ausland telefonieren. Wenn man mit dem Handy telefonieren möchte, nimmt man am besten Kontakt mit dem eigenen Provider auf, um die Kosten zu erfragen. Um die Kosten zu senken, kann man auch vor Ort eine Prepaid-Karte kaufen. Diese Karte kostet oft nur ein paar Euro und man kann ein Telefonguthaben dazukaufen. Damit ist eine bessere Verbindung gewährleistet, das Telefonieren ins Ausland möglich und es wird erheblich billiger. Auch von den Telefonbüros aus kann man problemlos ins Ausland telefonieren. In fast jedem größeren Ort gibt es ein solches Telefonbüro von Wartel, Telkom oder Perumtel.

Auch Internetcafés schießen in letzter Zeit wie Pilze aus dem Boden, an immer mehr Orten können Sie Ihre Mails checken oder im Internet surfen. Die zu entrichtende Gebühr ist nicht hoch. Die Verbindungen sind allerdings oft noch nicht sehr schnell und in abgelegenen Gebieten eher unsicher. Alle großen Hotels bieten Internetverbindungen im Hotelzimmer an, aber Vorsicht, deren Gebühren pro Stunde oder Tag sind nicht von Pappe.

Indonesien hat gleich mehrere internationale Flughäfen. Die wichtigsten sind der Soekarno-Hatta International Airport in Jakarta, der Hauptstadt auf Java, der Juranda International Airport in der Millionenstadt Surabaya auf Java, der Adisucipto International Airport in Yogyakarta in Zentral-Java, der Polonia International Airport in Medan in der Provinz Sumatra, der Ngurah Rai International Airport auf Bali und der Sepinggan International Airport auf Kalimantan (Borneo), um die wichtigsten zu nennen.

Als Geschäftsreisender landet man mit 95 %iger Sicherheit erst einmal auf dem Soekarno-Hatta Flughafen in Jakarta, bevor man eventuell in die indonesischen Provinzen weiterfliegt. Es kann zwischen ein und zwei Stunden dauern, bis man endlich aus dem Flughafen rauskommt und im Taxi sitzt. Der Soekarno-Hatta International Airport, auch Cengkareng genannt, befindet sich etwa 20 km westlich von Jakarta. Es ist hier ganz einfach, ein Taxi zu bestellen. Dies geschieht an den Schaltern in den Ankunftsbereichen und in den Haupthallen der Terminals. Die durchschnittliche Fahrzeit bis zur Stadt beträgt vom Flughafen Jakarta aus etwa 45 Minuten, aber in der Stoßzeit kann sie auch gut und gerne zwei Stunden dauern. Die angebotenen Festpreise sind sehr fair und so kostet die Fahrt in die Hauptstadt zirka 60.000 Rupien (um die 6 Euro), wobei noch die Mautgebühren auf den Fahrpreis aufgeschlagen werden können.

Zu Indonesien ist weiterhin zu sagen, dass erhöhte Vorsicht geboten ist, da das Land nicht so sicher ist, wie es den Anschein hat. Es gibt immer wieder Anschläge terroristischer Vereinigungen gegen Ausländer und es treten auch interne ethnische und religiöse Spannungen zwischen einzelnen Gruppierungen in den verschiedenen Provinzen auf.

Das Land wird aufgrund seiner aktiven Vulkanlandschaft auch immer wieder von Naturkatastrophen heimgesucht, Erd- und Seebeben sind keine Seltenheit.
Der Straßenverkehr ist dicht und Regeln und Sicherheitsanforderungen werden selten befolgt, die Unfallgefahr ist daher sehr groß. Man sollte Fahrzeuge immer mit Fahrer mieten und nie selbst fahren. Einige indonesische Fluggesellschaften haben den Sicherheitsanforderungen der EU Genüge getan, andere fallen hinsichtlich dieser Standards immer noch durch und es bleibt ein Restrisiko, sie zu benutzen. Im Zweifelsfalle sollte man daher für Inlandsflüge immer die internationale Airline Garuda wählen.

Die Wirtschaft Indonesiens zeigt in den letzten Jahren ein gutes Wachstum, was nicht zuletzt auf den landeseigenen größten Binnenmarkt Südostasiens zurückzuführen ist. Indonesien ist reich an mineralischen Rohstoffen wie Kohle, Zinn, Nickel, Kupfer, Gold, es besitzt große Holzvorkommen und exportiert Agrarprodukte wie Kautschuk und Palmöl, Kakao, Tee, Kaffee und Tabak. Eine florierende Textil-, Schuh- und Möbelindustrie sowie wachsende Tourismuszahlen sind weitere dominierende Faktoren der Wirtschaft.

Die Regierung hat Projekte für 150 Milliarden US-Dollar für die Verbesserung der Infrastruktur in den nächsten fünf Jahren bereitgestellt und viele der Rahmenbedingungen für ausländische Beteiligungen und Investoren wurden in den letzten Jahren erheblich verbessert.

Firmen, die in arbeitsintensive Produktionseinrichtungen investieren, können große Steuerreduzierungen beanspruchen. Potenzielle Investoren beklagen dennoch die unverändert langen Genehmigungszeiten für die Zulassung von Unternehmen, die Unsicherheit bei der Durchsetzung von Rechtsansprüchen sowie die weitverbreitete Korruption.

Um die soziale Ruhe im Land zu bewahren und das Wirtschaftswachstum nicht zu gefährden, werden Nahrungsmittel, Kraftstoffe und Elektrizität für die einkommensschwachen Bevölkerungsschichten subventioniert.

Die indonesische Geschäftskultur ist so vielseitig wie die Nation selber und trotz der zahlreichen ethnischen Gruppen wird das Geschäftsverhalten stark durch die javanische Mentalität dominiert. Deren Eigenschaften sind zurückhaltendes, konformes Verhalten, Harmonie, strikte soziale Hierarchie, Höflichkeit, Konfliktvermeidung, Gesichtswahrung und persönliche Kontakte. Zurschaustellung starker Emotionen, aggressives Verhalten sowie direkte sachliche Kritik werden strikt vermieden und auch bei Geschäftspartnern nicht toleriert.

Die Geschäftskleidung ist trotz des heißen Wetters konservativ und Hemd und Krawatte sind erforderlich. Indonesische Geschäftsleute tragen im Büro und bei allen offiziellen Anlässen meist langärmelige Batikhemden.

Wie überall in Asien ist eine Visitenkarte wichtig und je mehr Titel draufstehen, um so besser. Die Visitenkarte wird auch hier mit beiden Händen überreicht und nicht gleich weggelegt, sondern man sollte sie ausführlich studieren und sich den Namen gut einprägen. Man sollte sie wie auch andere Dinge niemals mit der linken Hand überreichen, denn diese gilt in der islamischen Kultur als unrein.

Indonesische Namen sind nicht leicht auszusprechen und wenn man sich über die Aussprache unsicher ist, sollte man ruhig nachfragen.
Indonesier sollte man auch, falls vorhanden, immer mit ihren Titeln ansprechen. Wenn die Person keinen Titel führt, sollte man für die Anrede vor dem Namen einfach „Pak" für „Herr" oder „Bu" für „Frau" benutzen. „Bapak" (Pak) heißt übersetzt „Vater" und „Ibu" (Bu) „Mutter".

Man gibt sich die Hand bei der Begrüßung, aber man sollte niemals fest zudrücken, sondern nur sehr leicht. Der islamische Indonesier wird dann die rechte Hand an seine Brust führen, um symbolisch anzudeuten, dass der Gruß von Herzen kommt.

Generell herrscht in Indonesien religiöse Toleranz, Religion ist wichtig und man sollte sie respektieren. Daher ist es nicht anzuraten, Geschäftstermine auf die Gebetszeiten am Freitagmittag zu legen oder im Fastenmonat Ramadan zum Mittagessen einzuladen.

Zeit ist in Indonesien ein sehr flexibler Faktor und hat eine ganz andere Bedeutung als in unserer westlichen Welt. Pünktliches Erscheinen zu Terminen oder Drängen auf Auftragserteilung ist unmöglich. Der Indonesier sagt dazu „Jam Karet", was so viel wie „Gummizeit" bedeutet. Fast jede Terminpünktlichkeit wird dadurch verhindert. Ist es nicht der Straßenverkehr, sind es eventuell Unwetter und Überflutungen oder irgend ein anderer Grund, der die exakte Terminwahrnehmung verhindert. Aber das ist auch nicht wichtig für den Indonesier, denn für alles gibt es die richtige Zeit, und wenn es heute nicht klappt, dann vielleicht morgen oder nächste Woche oder eventuell auch nie. Diese Philosophie kann einen Ausländer zu Anfang ganz schön Nerven kosten, aber wenn man sich ihr hingibt, erscheint alles auf einmal sehr logisch und man wird erfolgreicher durch die Gelassenheit und den schwindenden Druck durch die Zeit.

Ein weiterer Aspekt ist die Wichtigkeit einer Person. Wer wichtig ist, muss nicht pünktlich sein, da er anscheinend bedeutendere Dinge zu erledigen hat, als den Termin wahrzunehmen. Das ist etwas krass, aber ohne Weiteres kann es einem passieren, dass man zu einem Termin kommt und der Gesprächspartner erst einmal mehrere Stunden in anderen Meetings zubringt.

In solchen Fällen sollte man Ruhe bewahren und ja keine Emotionen zeigen oder sich aufregen, sondern die Zeit nutzen, um andere Dinge zu erledigen. Ich bin dann schon mal einkaufen gegangen und nach drei bis vier Stunden wiedergekommen und herzlichst von einem wartenden Geschäftspartner empfangen worden.

Indonesier sind sehr gut im Verhandeln und Meetings sind eine beliebte Ablenkung vom Alltag. Daher werden sie oft zu einem Zusammenkommen von vielen Managern, von denen einige das Treffen nur als Ruhepause nutzen und dies auch offen zeigen, indem sie die Augen zumachen und schlafen. Man lächelt viel und dem, der sich nicht auskennt, wird nicht gleich klar, dass ein Lächeln manchmal ein Nein oder „schlechte Nachrichten" bedeutet, die damit nur überspielt werden. Genauso wenig weiß er, dass ein Ja nicht unbedingt Ja bedeutet. Es wird sehr indirekt verhandelt und man kommt selten direkt auf den Punkt. Man muss zwischen den Zeilen lesen können und alles höflich abwickeln, vor allen Dingen darf man sich nicht aus der Ruhe bringen lassen und laut werden. Wiederum ist Zeit wichtig, je mehr man davon mitbringt, umso mehr kann man damit haushalten. Den Zeitdruckfaktor einer bevorstehenden Abreise ins Spiel zu bringen, um einen Deal abzuschließen, beendet schnell ein Meeting und ist nicht gut. Dies geht meistens nach hinten los, da sich Indonesier niemals oder nur sehr selten unter Zeitdruck setzen lassen.

Ist man einmal über den Geschäftsabschluss hinaus, bekommt man es mit der indonesischen Bürokratie zu tun, und deren Mühlen mahlen sehr langsam und sehr kompliziert. Falls Hindernisse auftreten, geht die Lösung dieser Probleme am besten über Beziehungen und den indonesischen Geschäftspartner. Man muss das Vertrauen haben, dass sie am besten wissen, wie der Apparat funktioniert und wo man die Ölkanne ansetzen muss. Auch wenn die Korruption in den letzten Jahren stark verringert wurde, ist die Bezahlung für Gefälligkeiten immer noch im System der Indonesier verankert.

In Indonesien ist eine große Anzahl der Geschäftsleute chinesischer Abstammung und auch viele Inder sind hier ansässig. Alle haben aber eines gemeinsam: Sie sind in erster Linie Indonesier, stolz auf ihr Land und den Fortschritt, den sie nach 350 Jahren Kolonialherrschaft erwirtschaftet haben.

Ein paar allgemeine Regeln sollte man noch beachten, um in Indonesiens Geschäftswelt gut über die Runden zu kommen: Nicht mit dem Finger auf jemanden zeigen, dies gilt als sehr unhöflich; islamischen Indonesiern sollte man keinen Alkohol anbieten; vor dem Betreten eines Hauses die Schuhe ausziehen und wenn man sitzt, die Fußsohlen nicht dem Gegenüber zeigen, sondern die Füße auf den Boden stellen.

Essen ist ein wichtiger Teil der indonesischen Kultur. Geschäftlich wird viel gegessen und man wird als Ausländer nur in die besten Restaurants eingeladen, um dort zu genießen und sich von der schmackhaften Küche beeindrucken zu lassen. Wer aber erwartet, dass beim Essen knallharte Verhandlungen geführt werden, der irrt. Essen heißt erst mal essen. Tief greifende Gespräche über Geschäftliches werden nicht geführt, dies ergibt sich eher nebenbei.

Noch eine Eigenart: In Indonesien wird traditionell viel mit der Hand gegessen, aber nur mit der rechten Hand. Für Ausländer gibt es natürlich auch Besteck.

Die Küche Indonesiens verwendet wie in fast allen Ländern Asiens als Hauptbestandteil Reis, aber auch Maniok und Yams sind in einigen Gebieten weit verbreitet. Ansonsten sind Fisch und Meeresfrüchte sowie Huhn beliebt. Aufgrund des großen Anteils an muslimischer Bevölkerung wird auf Schweinefleisch weitgehend verzichtet. Indonesien ist die Heimat vieler scharfer Speisen, Pfeffer sowie Sambal (scharfe Chilipaste) gehören fast zu jeder Mahlzeit. Ich glaube, die bekanntesten indonesischen Gerichte sind Bami und Nasi Goreng, doch auch Satay, die gebratenen Fleischspieße mit Erdnussbuttersoße, sind über die Grenzen Indonesiens hinaus bekannt.

Mir schmeckt am besten die Sup Buntup, eine köstliche Ochsenschwanz-suppe mit viel Gemüse, oder auch Soto Ayam, eine würzige Hühnersuppe mit Sojasprossen und Ei.

Und jetzt noch der Wetterbericht:
In Indonesien herrscht das ganze Jahr über ein warmes, tropisches Klima. Ausgeprägte Jahreszeiten wie in Europa kennt man nicht. Die durchschnitt-lichen Tagestemperaturen liegen zwischen 24 und 30 Grad Celsius. In den Bergregionen ist es etwas kühler und nachts fällt das Thermometer vereinzelt bis auf fünf Grad.
Die indonesischen Inseln erstrecken sich zu beiden Seiten des Äquators und ihr Klima wird vorrangig durch die Monsunwinde beeinflusst. Von Dezember bis März bringen diese Winde feuchte Luftmassen mit sich. In der Regenzeit ist tagelanger Dauerregen keine Seltenheit und es herrscht eine relative große Luftfeuchtigkeit.
Von Juni bis Oktober wehen vermehrt trockene Winde über das Land. Während dieser regenarmen Zeit herrscht eine geringere relative Luft-feuchtigkeit, doch die fast täglichen Regenfälle sind vergleichsweise kurz.

18 Brunei: Es gibt kein Bier auf Hawaii

Negara Brunei Daressalam

Fläche: 5.765 km²
Internationales Kfz-Kennzeichen: BRU
Landeswährung: Brunei-Dollar
Unterschied zur MEZ: + 7h
Internationale Telefonvorwahl: + 673
Netzspannung/Frequenz: 220/240 Volt, 50 Hertz
Internet-TLD (Top Level Domain): .bn

Brunei ist seit über 600 Jahren ein Sultanat. Der Staat erlangte 1984 die Unabhängigkeit vom britischen Protektorat. Das Staatsoberhaupt ist Sultan Haji Hassanal Bolkiah, er ist Premier-, Verteidigungs- und Finanzminister von Brunei in einer Person.

Die Staatsphilosophie von Brunei ist die Sicherung und Erhaltung einer malaiisch-muslimischen Monarchie mit eigener Identität. Der Sultan ist zugleich oberster Hüter der islamischen Staatsreligion.
Brunei liegt an der Nordküste der Insel Borneo, dem südchinesischen Meer zugewandt. Die Fläche seines Staatsgebietes ist durch ein zu Malaysia gehörendes Flusstal zweigeteilt und vollständig vom malaiischen Bundesstaat Sarawak umschlossen. Brunei hat also nur einen Nachbarn, nämlich Malaysia.

Das Land hat ca. 401.000 Einwohner. Am dichtesten besiedelt ist die Küstenebene, hier liegen auch die meisten der größeren Städte des Landes. Etwa zwei Drittel der Bevölkerung sind Malaien, 1 % sind Chinesen. Mehr als 10 % der Bevölkerung machen Ausländer aus, die unter anderem aus Indien, Malaysia, Hongkong und Indonesien stammen.

Die Bevölkerung teilt sich in 67 % Muslime, 13 % Buddhisten, 10 % Christen und 10 % andere Glaubensgemeinschaften. Alle islamischen Einrichtungen sind staatlich, es gibt keine privaten islamischen Schulen oder Moscheen. Der Klerus ist verbeamtet, die Freitagspredigt in allen Moscheen wird zentral vom Religionsministerium verfasst, über die Finanzierung kontrolliert der Staat alle islamischen Aktivitäten, einschließlich der Pilgerfahrten. Radikale Tendenzen werden als Gefahr für Frieden und Harmonie der Nation betrachtet. Die Verfassung garantiert die Ausübung anderer Religionen. Eine Missionierung ist nicht gestattet.

Die offizielle Amtssprache ist Bahasa Melayu, also Malaiisch, Englisch ist Unterrichts-, Verkehrs- und Geschäftssprache. Daneben werden noch einige chinesische und lokale Dialekte gesprochen.

Bandar Seri Begawan mit etwa 56.000 Einwohnern ist die Hauptstadt Bruneis. Es gibt nicht viel über Bandar Seri Bagawan zu sagen, außer dass die meisten seiner Einwohner auf dem Wasser wohnen. Das Wasserdorf, Kampong Ayer, besteht aus mehr als 3000 Pfahlbauten. Es gibt neben den Wohnhäusern noch Moscheen, Restaurants, Geschäfte, eine Schule und ein Spital, die durch Stege von insgesamt 36 km Länge miteinander verbunden sind. Hier leben ca. 30.000 Menschen. Viele Häuser verfügen über Klimaanlage, Satellitenfernsehen, Internetzugang sowie Wasser- und Stromversorgung. Kampong Ayer ist seit mehr als 1300 Jahren bewohnt, es ist das größte und berühmteste Wasserdorf in Südostasien, der geschichtliche Kern von Brunei und eines der wichtigsten Handelszentren in Borneo. Der Chronist Antonio Pigafetta, der Magellan auf seiner Weltumseglung begleitete und Kampong Ayer im Jahr 1521 besuchte, bezeichnete es als

„Venedig des Ostens". Das Wasserdorf ist mit Wassertaxis vom Pier beim Yayasan-Sultan-Komplex aus erreichbar.

Für die Einreise nach Brunei wird ein Visum benötigt, das man bei der Einreise am Flughafen erhält. Bei Vorlage eines sechs Monate gültigen Reisepasses bekommt man eine Aufenthaltsgenehmigung für 30 Tage.

Die medizinische Versorgung im Land hat für Südostasien einen relativ hohen Standard und bietet eine gute stationäre sowie Notfallversorgung. Es gibt ausreichend internationale Ärzte, die Englisch sprechen. Ein ausreichender, weltweit gültiger Krankenversicherungsschutz und eine zuverlässige Reiserückholversicherung sind trotzdem empfehlenswert. Die allgemeinen Schutzimpfungen gegen Tetanus, Diphtherie, Polio und Hepatitis A sollte man auch nicht vergessen.

Die offizielle Währung in Brunei ist der Brunei-Dollar (BND). Internationale Kreditkarten wie American Express, Diners Club, Eurocard, Mastercard und Visa werden in Hotels, Restaurants und Geschäften problemlos akzeptiert. Geldautomaten findet man bei Banken und in Einkaufszentren. Sie nehmen die meisten gängigen Kreditkarten an.
Travellerschecks werden in Banken in der Hauptstadt und in Kuala Belait gegen Vorlage des Ausweises eingelöst.

GSM-Handys können in Brunei problemlos benutzt werden, aber ihr Empfangs- bzw. Sendebereich beschränkt sich auf die städtischen Gebiete, vor allem im Nordwesten des Landes. Die internationale Direktdurchwahl ist möglich. Öffentliche Telefonzellen, meist Kartentelefone, gibt es in Postämtern und in Einkaufszentren. Telefonkarten erhält man in Postämtern und im staatlichen Telekommunikationsbüro.

Internetzugang hat man in jedem internationalen Hotel und in den Städten gibt es auch einige Internetcafés.

Die Rezeption der meisten Hotels bieten einen begrenzten Postdienst. Die Luftpost nach Europa benötigt etwa zwei bis fünf Tage.

Der Flughafen Brunei International Airport, auch bekannt unter dem Namen „Lapangan Terbang Antarabangsa Brunei", ist der einzige international ange-bundene Flughafen im Sultanat Brunei. Er liegt nur wenige Kilometer von dem Ort Mukim Berakas entfernt. Vom Flughafen kommt man bequem und günstig mit dem Taxi in 15 bis 20 Minuten in die Innenstadt. Das Straßennetz umfasst insgesamt rund 2300 km, es ist gut ausgebaut und weitgehend befestigt.

Bruneis Öl- und Gasreichtum hat das Land zu einem sehr wohlhabenden und hoch entwickelten Staat gemacht. Vor einigen Jahren schon war Bru-nei, und ist es bis heute, in der Liste der höchst entwickelten Länder nur einige Plätze hinter Deutschland. Beim ersten Anblick der Region kann man sich dies kaum vorstellen, aber an den Standorten mit Erdöl- und Gasvorräte gibt es sehr gut entwickelte Industriegebiete.

Mit einem durchschnittlichen Pro-Kopf-Einkommen von rund 30.000 US-Dollar gehört Brunei zu den wohlhabendsten Ländern weltweit. Der Sul-tan war einst mit einem geschätzten Privatvermögen von ca. 40 Milliarden US-Dollar der reichste Mann der Welt; inzwischen hat sich das Vermögen vermutlich auf die Hälfte reduziert.

Parallel dazu hat auch die Wirtschaft des kleinen Landes Einbußen erlitten, einerseits durch die Weltwirtschafts- und Finanzkrisen, aber auch durch Verschwendungssucht der Mitglieder der Herrscherfamilie. Obwohl an-genommen wurde, dass die Erdölvorräte des Landes langsam zur Neige gehen, nahm im Jahre 2010 die Förderung von Erdöl um 2 % auf durch-schnittlich 170.000 Barrel pro Tag zu und die Erdgasförderung erhöhte sich um 6 % auf insgesamt 12,46 Milliarden Kubikmeter. Bis 2030 plant die Regierung eine Verdoppelung der Öl- und Gasförderung. Die Wachs-tumsrate der bruneiischen Wirtschaft war 2010 – nach zwei Jahren der Stagnation – mit 4,1 % erstmals wieder positiv.

Brunei ist Mitglied der südostasiatischen Staatengemeinschaft ASEAN und der Organisation der Islamischen Konferenz (OIC). Der Organisation Erdöl produzierender Länder (OPEC) ist Brunei nicht beigetreten.

Um die Abhängigkeit der Wirtschaft vom Erdöl zu verringern, bemüht sich die Staatsführung um einen Ausbau des Luxustourismus und die verstärkte Erschließung der Erdgasvorräte vor der Küste.

Über 90 % der Nahrungsmittel und Konsumgüter müssen importiert werden. Nur knapp 3 % der Landesfläche werden agrarisch genutzt und wenn, dann vor allem für den Anbau von Reis, Obst und Gemüse; zudem werden Wasserbüffel und Geflügel gezüchtet. Mit staatlichen Subventionen soll die Land- und Forstwirtschaft ausgebaut werden.

Trotz ethnischer Verwandtschaft bestehen sprachliche und kulturelle Unterschiede zum benachbarten Malaysia und zu Indonesien. Bruneis Monarchie kennt erblichen Adel („Pengiran") sowie Adelstitel auf Lebenszeit: für Männer „Pehin" (vergleichbar mit „Lord") und „Dato" (vergleichbar mit „Sir"), für Frauen „Datin" (vergleichbar mit „Dame").

Auch im Alltag ist der vollständige Name mit sämtlichen Titeln und Auszeichnungen, einschließlich „Haji" oder „Hajah" (Mekka-Pilger bzw. -Pilgerin), üblich.

Wenn man ein islamisches Haus oder Gebäude betritt, zieht man die Schuhe aus. Beim Besuch einer Moschee sollten Frauen darauf achten, dass Kopf, Dekolleté, Knie und Arme immer bedeckt sind.

Es wird nur die rechte Hand zum Überreichen oder Entgegennehmen von Gegenständen benutzt.

Männer und Frauen geben einander nicht die Hand. Kontakte zwischen Muslimen und Nicht-Muslimen unterschiedlichen Geschlechts sind streng verboten. Kindern sollte man nicht über den Kopf streichen und generell den Kopf von Personen nie berühren.

Niemals mit dem Zeigefinger auf jemand oder etwas zeigen, hierzu wird ausschließlich der Daumen der rechten Hand benutzt, wobei die vier übrigen Finger eingezogen und an die Handfläche gepresst werden.

Um ein Taxi anzuhalten oder sich einem Bekannten bemerkbar zu machen, winkt man mit der ganzen Hand, jedoch muss die Handfläche nach unten zeigen.

Es ist unhöflich, ein Erfrischungsgetränk abzulehnen. Essen und Trinken in der Öffentlichkeit sollte man, besonders während des Ramadan, vermeiden. Außer zu besonderen Anlässen darf die Kleidung leger sein.

Die Familie ist der Mittelpunkt in der sozialen Struktur des Landes. Die bruneiischen Familien sind Klans, die Onkel, Tanten, Kusinen wie auch enge Familienfreunde umfassen. Es wird Familienloyalität erwartet und auch im weiteren Sinn praktiziert. Alles zum Wohle der Familie, Respekt den Älteren gegenüber und die Position im Familienklan, das wird den Mitgliedern schon von Kindesbeinen an beigebracht.

Das Konzept der Ehre (Gesicht/*Face*) oder der Schande (Gesichtsverlust) ist sehr ausgeprägt in Brunei. Daher sind die Bruneier sehr freundlich und haben ein sehr gutes Benehmen. Sie vermeiden es mit absoluter Konsequenz, ihr Gesicht zu verlieren, weshalb ihr Kommunikationsstil sehr indirekt ist, ja manchmal schon fast an Zweideutigkeit grenzt. Bruneier versuchen jegliche Emotionen zu unterdrücken und finden es beschämend, Ärger oder Ungeduld öffentlich zur Schau zu stellen, da dies unweigerlich zu Gesichtsverlust führt.

Diese kulturellen und religiösen Eigenarten spiegeln sich auch in allen Geschäftsverhandlungen wider.

Begrüßungen sind formell und respektvoll und es ist sehr wichtig, die Führungsperson zuerst vorzustellen. Gefühlvolles Händeschütteln, ohne die Hand des Gegenübers zu zerdrücken, ist ebenso gebräuchlich wie die Hand hinterher zur Brust zu führen, um zu bekunden, dass die Begrüßung von Herzen kommt. Bruneiis geben Frauen nicht die Hand, es genügt hier ein kurzes Kopfnicken zur Begrüßung.

Titel sind wichtig, was manchmal sehr konfus werden kann, da viele Bruneier bis zu 20 Wörter in ihrem Titel haben, speziell wenn sie einer adeligen Familie angehören. Es wird aber akzeptiert, die Person auch nur mit einem Titel allein anzureden.

Visitenkarten werden nach der Begrüßung, wie überall in Asien, mit beiden Händen übergeben oder auch mit der rechten Hand und der linken Hand als Unterstützung der rechten. Es wird als sehr höflich und respektvoll anerkannt, wenn man sich die entgegengenommenen Visitenkarten etwas länger betrachtet.

Oft werden einem sehr persönliche Fragen gestellt, zum Beispiel, wie viel man verdient. Falls solche Fragen Unwohlsein erzeugen, sollte man sie diplomatisch beantworten, ohne dass die eine oder andere Partei das Gesicht verliert.

In Verhandlungen sollte man Körpersprache, Stimmlage, Blickkontakt und Gesichtsausdrücke beobachten, sie können oft wichtiger sein als das Gesagte. Man sollte sich auch über die Teilnehmer eines Geschäftstermins früh genug informieren, um eine Verhandlung mit Partnern auf gleicher Ebene zu sichern. Wenn man einen Verhandlungsraum betritt, ist es wichtig, der Führungsperson der Opposition den Vortritt zu lassen. Dies hat Bedeutung für *Face* und zeigt den Respekt für die bruneiische Kultur.

Nach einer kurzen Willkommenszeremonie, meistens geleitet vom führenden Geschäftspartner, sollte man, auch um die eigene Führungskompetenz zu unterstreichen, ein paar kurze Worte des Dankes für die Einladung sagen. Die ersten Gespräche sind meist informell und abtastend, um sich näher kennen zu lernen.

Man sollte nichts überstürzen und den Gesprächen ihren Lauf lassen. Jeglicher Druck, ein Gespräch voranzutreiben, kann für weitere Verhandlungen nur schädlich sein.
Man lernt sich besser erst einmal kennen und wenn die Chemie stimmt, macht man Geschäfte, doch niemals gleich beim ersten Termin. Meistens wird man zum Essen eingeladen, bei dem aber jegliche Diskussion übers Geschäft strikt vermieden wird. Es soll dem Beziehungsaufbau dienen und daher ist es außerordentlich wichtig, auch hier professionell zu bleiben.

Wie überall in Asien verhandeln auch die Bruneier sehr indirekt und sagen oft weder Ja noch Nein. Dies ist der Höflichkeit geschuldet und dient dem *Face*, um Konfrontationen zu vermeiden, und manchmal auch, um uns Ausländer aus der Reserve zu locken. Phrasen wie „Es ist unpassend" oder „Wir werden sehen" sind generell als negativ zu bewerten und falls man sich nicht sicher ist, sollte man die Fragen anders formulieren, so dass man eine direktere Verneinung oder Bejahung als Antwort bekommt.

Kopfnicken bedeutet auf keinen Fall Ja, sondern ist manchmal nur einfach ein Zeichen dafür, dass das Gegenüber verstanden hat, worum es geht, aber noch lange nicht damit konform ist. Es kann auch einfach nur bedeuten, dass anerkannt wird, dass man gesprochen hat.

Verhandlungen sind zähflüssig und brauchen ihre Zeit, Bruneier sind sehr gut im Verhandeln und sich ihrer Position immer sehr bewusst: Wir wollen etwas von Ihnen und nicht umgekehrt, und auch wenn Sie es brauchen, heißt das aber noch lange nicht, dass es unbedingt von uns kommen muss.

Noch ein kurzer Tipp: Vermeiden Sie es, Brunei während Hari Raya, dem Fastenmonat der Muslims, der jedes Jahr auf einen anderen Monat fällt, zu besuchen.
Vermeiden Sie jegliche Diskussion über Sex, Religion und Politik.
Und: „Es gibt kein Bier auf Hawaii" … oder besser gesagt: „… in Brunei".
Es herrscht offiziell Prohibition, Bier oder jeglicher andere Alkohol ist in Brunei verboten. Das gilt aber nur für die, die sich nicht auskennen. Die, die sich auskennen, können in den chinesischen Restaurants Bier aus der Kaffeekanne in die Kaffeetasse bekommen oder gelegentlich auch Whiskey aus der Teekanne in die Teetasse.
Wo ein Wille ist, da ist auch ein Drink!

Die Küche Bruneis ist eigentlich die indonesische oder die malaiische Küche und hat wenig eigene Spezialitäten. Eine lokale Besonderheit aber ist

Ambuyat, auch als „essbarer Klebstoff" bekannt. Es wird aus Sago, einem Produkt der Rumbia-Bäume, hergestellt. Dafür wird heißes Wasser so lange mit dem Sago gemixt, bis es eine klebstoffartige Konsistenz entwickelt. Es ist das typische Mittagessen der Bruneiis und zum Ambuyat wird meistens Fisch und eine scharfe Soße serviert.

Und jetzt noch der Wetterbericht:
Bruneis hat tropisches Regenwaldklima und es gibt weder ausgesprochen nasse noch ausgesprochen trockene Jahreszeiten. Es regnet eigentlich das ganze Jahr über, mal mehr, mal weniger. Zwischen September und Januar eher etwas mehr. Es ist immer sehr heiß und schwül mit einer sehr hohen Luftfeuchtigkeit, die selten 80 % unterschreitet.

19 Bangladesch: Die große Flut – oder: Rikscha gefällig?

Volksrepublik Bangladesch

Fläche: 147.570 km²
Internationales Kfz-Kennzeichen: BD
Landeswährung: 1 Taka = 100 Poisha
Unterschied zur MEZ: + 5 h
Internationale Telefonvorwahl: + 880
Netzspannung/Frequenz: 220/240 Volt, 50 Hertz
Internet-TLD (Top Level Domain): .bd

Bangladesch ist eine parlamentarische demokratische Republik mit einem Einkammerparlament. Der Islam ist nach der Verfassung Grundlage und Richtschnur allen Handelns. Im späten 18. Jahrhundert übernahm Großbritannien die Herrschaft über das Land, in dieser Zeit war es bekannt als West Bengal. Als Indien 1947 geteilt wurde, kam Bengal mit seiner westlichen Region zu Indien und mit seiner östlichen Region zu Pakistan. Im Jahr 1952 begann der Kampf um Unabhängigkeit, die Bangladesch so, wie es heute bekannt ist, im Jahre 1971 erreichte.

Bangladesch mündet im Süden an den Golf von Bengalen, im Südosten an Myanmar und ist an den übrigen Grenzen von Indien umschlossen.

Das Land hat nach letzten Schätzungen ungefähr 164 Millionen Einwohner, konnte aber mit erfolgreichen Initiativen der Entwicklungshilfeorganisationen die Geburtenrate von 7 auf 3,3 Kinder pro Frau senken. Die Mehrheit der Bevölkerung sind Bengalen. Sie stammen von indoarischen Einwanderern ab. Außerdem gibt es rund 300.000 Biharis und kleinere Völker, die hauptsächlich in den Chittagong Hill Tracts leben. Zu den vier größten zählen die Chakma, die Tipras, die Mros und die Mogh.

Der Großteil der Bevölkerung, etwa 90 %, bekennt sich zum Islam, danach folgt der Hinduismus mit etwa 9 %, der Buddhismus mit ca. 0,3 %, Christen und Andere stellen den Rest.

Bangla (Bengalisch) ist die offizielle Landessprache und Englisch die Geschäftssprache, daneben werden mehrere Stammessprachen als Minderheitensprachen gesprochen.

Dhaka, die Hauptstadt von Bangladesch, hat ca. 7 Millionen Einwohner, aber mit den Randgebieten über 16 Millionen. Es ist die neuntgrößte Stadt der Welt und auch bekannt unter dem Namen „Stadt der Moscheen" oder, mit ihren fast 500.000 Rikschas, als „Rikscha-Hauptstadt der Welt".

Für Bangladesch wird ein Visum benötigt, das vor Reisebeginn bei den zuständigen Botschaften oder Konsulaten beantragt werden muss. In Ausnahmefällen ist es möglich, es mit einer Gültigkeit für 15 Tage am Flughafen von Dhaka zu bekommen. Eine Einladung eines Einwohners von Bangladesch oder eines Geschäftspartners sollte vorliegen.

Die medizinische Versorgung ist mit Europa nicht zu vergleichen, technisch relativ weit hinten dran und hygienisch unzureichend. Dies gilt auch für die Krankenhäuser in der Hauptstadt, wobei hinzukommt, dass es an gut ausgebildetem Fachpersonal fehlt. Daher ist es absolut anzuraten, eine ausreichende Reiserückholversicherung abzuschließen. Wenn man auf bestimmte Medikamente angewiesen ist, sollte man eine gut ausgestattete Reiseapotheke mit sich führen. Allgemeine Impfungen gegen Hepatitis A und B, Typhus und Tollwut, Diphtherie und Polio sollten überprüft und gegebenenfalls aufgefrischt werden.

Trinkwasser stellt für Reisende gewöhnlich keine Gefahr dar. Man sollte beim Kauf von abgefülltem Wasser jedoch auf die intakte Plastikversiegelung der Flaschen achten.

Die offizielle Währung in Bangladesh ist der Taka (BDT). Bangladesch liegt weit zurück, was Banken und Geldumtausch anbelangt. Geld und Kreditkarten sind zweierlei Dinge dort und Travellerschecks sollte man gar nicht erst benutzen. Es ist ratsam, reichlich US-Dollar mitzubringen und nach und nach, je nach Bedarf, in den vorhandenen Wechselstuben einzulösen. ATM-Maschinen gibt es in zunehmendem Maße, aber nur in den größeren Städten. Nichtsdestotrotz akzeptieren die meisten keine ausländischen Bankkarten, nur einige wenige wie die von Standard Chartert Bank, HSBC oder die Dutch Bangla Bank, aber dann auch nur mit Visa Card, während Cirrus oder Master Card Probleme machen. Kreditkarten werden aber in den meisten internationalen Hotels und besseren Restaurants akzeptiert.

Telekommunikation ist kein Problem in Bangladesch, das Mobiltelefonnetz ist gut ausgebaut und es gibt verschiedene Anbieter. Mit einem eigenen GSM-Handy kann man bequem und schnell überallhin telefonieren, die Gebühren sind aber relativ hoch und es ist ratsam, sich eine Prepaid-Karte zu kaufen, um die Kosten niedrig zu halten.

Internet ist überall zugänglich, in internationalen Businesshotels ebenso wie in den vielen Internetcafés.

Die Einreise erfolgt über den internationalen Flughafen Hazrat Shahjalal. Der Flughafen liegt 18 km außerhalb von Dhaka in Uttara. Taxis gibt es dort genügend, aber man muss bereit sein, ungefähr das Doppelte (600 bis 700 Taka) wie üblich für eine Fahrt vom und zum Flughafen zu bezahlen. Die Taxifahrer in Bangladesch sind als die schlechtesten der Welt berüchtigt, nicht dass sie schlecht fahren, nein, aber sie kennen nie das Ziel oder wollen es nicht kennen und fahren erst mal einfach drauflos und kommen dann irgendwie und irgendwann schon an, natürlich nach ein paar Kilometern Umweg.

Man sollte am Flughafen darauf achten, dass manche Diebe sich als Träger oder auch Taxifahrer ausgeben, daher besser Hoteltaxis benutzen. Bangladesch ist eins der ärmsten Länder der Welt und hat leider auch eine hohe und wachsende Kriminalitätsrate, daher sollte man möglichst wenig Wertgegenstände wie Uhren Schmuck etc. und nur das Notwendigste an Bargeld bei sich tragen. Leisten Sie bei einem Überfall keinen Widerstand, da die Gewaltbereitschaft sehr hoch ist. Nach Einbruch der Dunkelheit sollte man nicht unbedingt allein in den Straßen umherlaufen.

Reisen Sie nur tagsüber und vermeiden Sie Fahrten bei Nacht. Der Zustand der Straßen ist sehr schlecht und das Risiko von Unfällen ist sehr hoch. Es gibt weder Rettungsfahrzeuge noch genügend örtliche Krankenhäuser. Auch die Nutzung des Schiffsverkehrs, gerade während der Sturmzeiten, ist nicht ohne Gefahr. Die Fähren sind oft alt, haben viele technische Mängel und sind meistens total überladen mit Menschen sowie mit Gütern.

Die Wirtschaft Bangladeschs ist geprägt durch seine geografische Lage und dadurch, dass der größte Teil des Landes nur wenige Meter über dem Meeresspiegel liegt, verursachen häufige Überschwemmungen oft katastrophale Verhältnisse für die Bevölkerung.

Das größte Problem Bangladeschs ist aber die Armut. Als Billiglohnland mit wenigen gesetzlichen Strukturen, hoher Korruption, Fehlverwendung von Ressourcen und einer Inflationsrate von fast 10 % hat das Land wenig Chancen auf eine positive Entwicklung in der Zukunft. 80 % der Exportwaren, vorwiegend Textilien, gehen in die Europäische Union oder die USA. 75 % der Bevölkerung leben auf dem Land in kleinbäuerlichen Verhältnissen und bilden einen Versorgungspool für billigen Arbeitskräfteexport in alle Länder Südostasiens wie auch in den Mittleren Osten. Menschenrechte werden weitgehend missachtet und die überwältigende Mehrheit der Bevölkerung ist der Willkür der Behörden und der Besitzenden ausgeliefert, die mit der Ausübung ihrer Macht dafür Sorge tragen, dass die untere Bevölkerungsschicht in Armut gehalten wird.

Hoffnungsträger für einen Weg aus der Armut ist die Grameen Bank. Sie wurde gegründet aus einer Initiative des Wirtschaftswissenschaftlers Muhammad Yunus und basiert auf Mikrokrediten. Die Mikrokredite sollen Menschen als Startkapital dienen, um beispielsweise ein eigenes Handwerk anzukurbeln und sich so eine Lebensgrundlage zu schaffen.

Wenn man als Geschäftreisender nach Bangladesch kommt, ist der erste Eindruck die immense Armut und das Chaos im Alltag. Der zweite Eindruck sind die Freundlichkeit und die offene und familiäre Kultur, insbesondere gegenüber Fremden. Bei der Begrüßung gibt man sich die Hand und wie in den meisten islamischen Ländern wird diese nach der Begrüßung an die Brust geführt, um zu zeigen, dass der Gruß vom Herzen kommt. Frauen wird bei der Begrüßung nicht die Hand gegeben, sonder sie wird nur durch ein kurzes Kopfnicken angedeutet.

Bei Geschäftstreffen kleidet man sich formell mit Anzug und Krawatte und es werden nach der Begrüßung Visitenkarten ausgetauscht. Aus Respekt sollte man sich die Visitenkarten sorgfältig anschauen und sie nicht gleich wegstecken. Man sollte beim ersten Geschäftstreffen den Partner mit „Bahardur", was „Herr", und eine Dame mit „Begum", was „Frau" bedeutet, mit oder ohne Familiennamen anreden. Auch wird es im islamischen Bangladesch positiv aufgenommen, die Begrüßung des Partners mit „Asalamu aleikum" („Friede sei mit dir") zu beginnen bzw. mit „Wa aleikum salam" zu erwidern.

Bangladesch ist eine hierarchische Kultur und man zollt den Älteren Respekt. Daher ist es meistens die älteste Person, die die Verhandlungen leitet. Das heißt aber lange noch nicht, dass auch die Entscheidungsfindung bei ihr liegt. Sie leitet meistens nur die Agenda und die Inhalte des Meetings. Meetings werden eher dazu benutzt, Entscheidungen auszuarbeiten, als welche zu treffen.

Man muss sich darauf einstellen, dass Meetings selten pünktlich stattfinden, noch sehr effizient vonstatten gehen. Eine gewisse Flexibilität und Toleranz ist nötig, Verhandlungen in gewisse Richtungen zu lenken und Ergebnisse so zu steuern, dass Inhalte und Agenda nicht ganz aus dem Ruder laufen.

Bangladescher sind gute Zuhörer und sehr wissensdurstig, sie unterbrechen aber aus Höflichkeit selten den Geschäftspartner, nur wenn sie etwas total nicht verstehen und den Sprecher darauf aufmerksam machen wollen.

Sie sind sehr gesprächig und zeigen viel Empathie, um schnell auf einen gegenseitigen Nenner zu kommen, wobei sie oft lieber nach Kompromissen suchen, als Punkte im Detail zu klären. Dabei sollte man sich aber nicht aus der Ruhe bringen lassen und immer Professionalität bewahren. Ungeduldiges Verhalten führt zu nichts anderem, als dass man sein Ansehen verliert. Mit Harmonie und Geduld sollte man die Diskussion zu einer für beide Parteien akzeptablen Lösung führen.

Verhandlungen können lange und zähflüssig verlaufen, mit viel Smalltalk und vom Thema abschweifenden Diskussionen. Phrasen wie „Wir werden es versuchen", „Das ist schwierig" oder „Wir werden darüber nachdenken" sind indirekte Verneinungen und heißen nichts anderes, als dass es nicht geht. Falls keine direkte Einigung erzielt werden kann, sollte man sich darauf einigen, die Punkte nochmals zu überdenken und ein weiteres Meeting zu vereinbaren.

Meistens ist die Führungskultur in Bangladesch autokratisch strukturiert und es gibt strenge Unterteilungen in verschiedene Hierarchieebenen. Auch wenn in einem Meeting die verschiedenen Manager den Prozess der Entscheidungsfindung beeinflussen, ist es am Ende eine Person allein, die die Entscheidung trifft.

Es gibt noch eine Eigenart in Bangladesch, wie auch in ein paar anderen Ländern Südasiens, und das ist das notorische Kopfschütteln. Anders als bei uns im Westen ist das Kopfschütteln hier nicht als Verneinung zu sehen, sondern eher als „Ich verstehe" oder „Ich höre dir zu".

Islambedingt sollte man darauf achten, niemals die linke Hand zu benutzen oder mit dem Fuß auf Personen zu zeigen. Daumen hoch ist eine obszöne Geste und man sollte die Schuhe ausziehen, bevor man ein Haus betritt. Es ist ratsam, darauf zu achten, während des Fastenmonats Ramadan und an Freitagen keine Meetings zu vereinbaren, kein Schweinefleisch zum Essen zu bestellen oder Alkohol als Gastgeschenk mitzubringen.

Geschäftsbeziehungen sind wichtig und es ist immer gut, einen lokalen Partner in Bangladesch zu haben, der über ein gutes Netzwerk an Kontakten verfügt. Dies hilft, bei behördlichen und Staatsmitarbeitern Probleme zu beseitigen und viel „Baksheesh" (Schmiergeld) zu vermeiden.

Geschäftsessen sind üblich und sollten wahrgenommen werden. Frauen und Männer essen getrennt und es gibt keinen Alkohol beim Essen. Man wäscht sich vorher die Hände und isst mit den Fingern, es ist aber nicht unhöflich, wenn man nach Besteck fragt. Zuerst wird dem Gast aufgetragen und dann geht es der Reihenfolge nach nach Alter und Hierarchie. Man wartet, bis der Älteste mit dem Essen beginnt, bevor man selber anfängt. Es wird kontinuierlich nachgelegt und man benutzt nur die rechte Hand zum Weiterreichen der Speisen und für die Getränke.

Die Küche Bangladeschs reizt die Geschmacksnerven gut aus und ist einfach köstlich. Das für Bangladesch typische Gericht ist ein Curry oder Massala auf Grundlage von Fleisch (Rind, Schaf, Huhn) oder Fisch. Es kann auch Eier oder Gemüse enthalten. Das Ganze wird in einer würzigen Soße gekocht und mit gelben Linsen (Dhals) und viel weißem Reis (Bhat) serviert. Die wichtigsten Reisgerichte sind Biryani, Pulao und Khichuri, eine Mischung aus Reis und Linsen. Überall gibt es die Kebabs (Spieße) und Kofes (Fleischbällchen), genau wie Chapatis (warmes Brot). Man findet auch einige vegetarische Gerichte (Bhaji), die aus gebratenem Gemüse bestehen. Es gibt zahlreiche, sehr süße Desserts aus Milchreis (Firni, Pais, Kheer) mit Safran- oder Zimtgeschmack. Das traditionelle Getränk ist der Tee mit Milch (Cha).

Da bleibt nur noch zu sagen: „Shagatam!" – Willkommen in Bangladesch!

Und jetzt noch der Wetterbericht:
Bangladesh besitzt ein subtropisches Monsunklima mit drei unterschiedlichen Jahreszeiten: Sommer, Monsun und Winter. Sommer ist zwischen März und Juni, die Temperaturen liegen dann zwischen 32 und 41 Grad Celsius. In der feuchten Monsunzeit von Juni bis November kommt es zu 80 % Niederschlag und, vor allem in den Küstenregionen, zu ausgedehnten Überschwemmungen. Während der Wintermonate von Oktober bis März liegt die durchschnittliche Temperatur tagsüber zwischen 16 und 20 Grad und in der Nacht etwa bei zehn Grad. Die jährliche Niederschlagsmenge beträgt, auf das Land verteilt, ca. 2000 mm, mit Ausnahme der trockeneren Rajshahi-Region, die ca. 1600 mm pro Jahr erhält.

20 Bhutan: Die erste rauchfreie Zone der Welt

Königreich Bhutan
(tibet.: Druk Yul = Drachenreich)

Fläche: 46.500 km²
Internationales Kfz-Kennzeichen: BTN
Landeswährung: 1 Ngultrum (NU) = 100 Chetrums (Ch), auch indische
Rupien sind verwendbar und haben den gleichen Wert.
Unterschied zur MEZ: + 5 h
Internationale Telefonvorwahl: + 975
Netzspannung/Frequenz: 240 Volt und 50 Hertz
Internet-TLD (Top Level Domain): .bt

Bhutan, tibetanisch „Druk Yul" („Donnerdrachen") ist eine konstitutionelle
Erbmonarchie und König Jigme Khesar Khesar Namgyel Wangchuck ist seit
dem 9.12.2006 der fünfte König seiner Dynastie in Folge. Nach der Beendigung des britischen Protektorat im Jahre 1949 hatte sich Bhutan in seiner
Außenpolitik an Indien angelehnt und isoliert. Erst in den letzten Jahren
hat es sich aus seiner selbst auferlegten Isolierung gelöst und behutsam der
Welt geöffnet. Bhutan hat nach den ersten Wahlen in seiner Geschichte
seit 2008 ein Parlament mit einem Zweikammersystem. Das Land hat
einen Premierminister, aber der König ist das Staatsoberhaupt. Trotz des
Modernisierungsprozesses versucht Bhutan eine kontrollierte Entwicklung,

um die eigene nationale Identität, kulturelle Werte, eine gesunde Umwelt und das „Bruttonationalglück" zu bewahren.

Das Bruttonationalglück rückt das Individuum ins Zentrum aller Entwicklung und erkennt die materiellen, emotionalen und spirituellen Bedürfnisse des Einzelnen an.

Die Schätzung hinsichtlich der Anzahl der Bevölkerung Bhutans geht auseinander und schwankt zwischen 2,2 und 0,8 Millionen. Die Ngalung oder Drukpas, ein Bergvolk tibetanischer Abstammung, das hauptsächlich im östlichen Landesteil lebt, sind die ursprünglichen Bewohner Bhutans. Die Lhotshampas, ein nepalesischstämmiges Volk, lebt vor allem im südlichen Landesteil.

Lamaistischer-tantrischer Buddhismus, der Mahajana-Buddhismus der Rotmützensekte, ist die Staatsreligion. Etwa 72 % der Bevölkerung praktizieren diesen Glauben. Außerdem gehören ca. 25 % dem Hinduismus an.

Dzongkha ist die Amtssprache, doch Englisch ist weit verbreitet. Zusätzlich wird neben Bumthangkha im mittleren Landesteil Sharchopka im Osten und Nepali im Süden gesprochen, zudem gibt es noch weitere 15 Dialekte.

Thimphu ist die Hauptstadt Bhutans und zählt etwa 400.000 Einwohner.

Die Regierung Bhutans verfolgt eine sehr spezielle Visapolitik. Die Einreise ist grundsätzlich nur als Tourist (Gruppe und Einzelreisender) oder als Gast der Regierung möglich. Besucher müssen ihre Reise über eines der registrierten Reiseunternehmen buchen. Sie können dies entweder direkt oder über die Auslandsvertretungen dieser Unternehmen regeln.

Alle Reisen werden von den Reiseunternehmen Bhutans organisiert und kosten derzeit pro Aufenthaltstag 240 US-Dollar (für Einzeltouristen, bei Gruppenreisen können sich die Kosten auf 200 US-Dollar pro Person

reduzieren). Dies beinhaltet Basisleistungen wie Übernachtung und Mahlzeiten.

Alle Gäste werden in staatlich anerkannten Hotels, Gästehäusern und Pensi-
onen mit unterschiedlicher Dienstleistungsqualität untergebracht.
Wer nach Bhutan möchte, kann lediglich über zwei Punkte einreisen, auf dem
Luftweg über den Paro Airport oder von Indien aus auf dem Landweg über
die Grenze bei Phuentsholing. Für Flüge steht ausschließlich die bhutanische
Fluglinie Druk Air zur Verfügung, denn sie ist die einzige, die Flüge nach Bhutan
anbietet. Sie verkehrt auf verschiedenen Routen, beispielsweise ab und bis
Bangkok, Neu-Delhi, Kathmandu, Kolkata, Gaya, Dhaka sowie Yangon.

Die medizinische Versorgung in Bhutan ist mit der in Europa nicht zu vergleichen und technisch, apparativ und hygienisch problematisch. Oft fehlen
auch europäisch ausgebildete, Englisch oder Französisch sprechende Ärzte.
Rettungsmöglichkeiten bestehen wegen der besonderen Hochgebirgslage
kaum oder sind zumindest erheblich erschwert. Für Reisende ist es aufgrund der großen Höhe, in der Bhutan liegt, vor allem in den ersten Tagen
ratsam, größere Belastungen des Körpers zu vermeiden. Einfache Hygienemaßnahmen (etwa häufiges Händewaschen) sollte jeder Reisende einhalten.
Außerdem sollte man in der warmen Jahreszeit auf ausreichende Flüssigkeits-
zufuhr achten und leichte und nicht zu fette Kost zu sich nehmen. Vorsicht
ist beim Verzehr von Obst oder Salat angeraten und Leitungswasser darf,
wenn unbedingt erforderlich, nur in abgekochtem Zustand als Trinkwasser
genutzt werden. Eine Reiseapotheke, die alle wichtigen Reisemedikamente
für Reiseerkrankungen enthält, wird dringend empfohlen. Auch übermäßiger
Alkoholgenuss ist zu vermeiden, da er die ohnehin verminderte Leistungs-
fähigkeit des Körpers weiter einschränkt. Reisenden wird empfohlen, sich
vor Reiseantritt gründlich untersuchen zu lassen, um Komplikationen zu vermeiden. Auch der Abschluss einer Zusatzversicherung für Krankheitsfall und
Krankentransport wird dringend empfohlen. In einer solchen Versicherung
sollten auch Krankentransportflüge enthalten sein.

Die Währung in Bhutan, der Ngultrum (BTN), ist an die indische Rupie gekoppelt, die in Bhutan gleichwertiges Zahlungsmittel ist. Man sollte am besten gleich bei der Einreise Geld am Flughafen und in Banken tauschen. Gängige Reiseschecks werden akzeptiert. Viele Hotels und Geschäfte in Thimphu und Paro akzeptieren American-Express-, Visa- und JCB-Karten, aber viele Läden erheben eine Gebühr auf die Bezahlung per Kreditkarte. Bargeld ist im Allgemeinen vorzuziehen, besonders in abgelegeneren Distrikten außerhalb von Thimphu, Paro und Phuentsholing.

Das digitale Zeitalter hat auch Bhutan erreicht und verbindet es mit der ganzen Welt. Internationale Direktdurchwahl ist in weiten Teilen des Landes möglich und die Verbindungen sind gut. Mit lokalen SIM-Karten können Sie Ihr Handy in Bhutan benutzen, aber Kurznachrichten können Sie nur in einigen Distrikten des Landes abschicken und erhalten. Eine SIM-Karte samt lokaler Telefonnummer kostet 400 BTN.

Internetcafés finden Sie in jedem Ort und einige Hotels in Timphu bieten sogar Wi-Fi an, obwohl der Service nicht immer gewährleistet werden kann.
Herkömmliche Arten der Kommunikation existieren selbstverständlich auch; jede Ortschaft verfügt über ein Postamt. Luftpostsendungen nach Europa brauchen rund eine Woche.

Die Wirtschaft Bhutans wird durch das Bruttonationalglück bestimmt und beruht im Wesentlichen auf den Fünfjahresplänen der Regierung. Das bedeutet: Zuallererst kommt das Wohlbefinden der Bürger, der Ausbau der Infrastruktur und die Bekämpfung der Armut.

Bhutan zählt zu den ärmsten Entwicklungsländern der Welt. Die Erzeugung von Energie aus Wasserkraftwerken und deren Export ist mit 35 % aller Staatseinnahmen ein wichtiger wirtschaftlicher Faktor. Bhutans Land-, Vieh- und Forstwirtschaft sind verhältnismäßig klein, aber sie beschäftigen fast 60 % der Bevölkerung. Der Tourismus nimmt an Bedeutung zu und obwohl er eingeschränkt ist, wird er weiter kontrolliert in Form eines „Exklusiv-Tourismus" ausgebaut.

Die Wirtschaft ist sehr stark von Indien abhängig und der Anteil anderer Handelspartner ist kaum nennenswert. Es sind aber Bestrebungen in Gang, ausländische Investitionen anzulocken und eine Lockerung der Anteilsbesitzung bis zur Grenze von 70 % zuzulassen.

Tradition und Religion spielen eine große Rolle im geschäftlichen Leben Bhutans. Die Geschäftsetikette basiert auf den kulturellen Normen und auf dem „Driglam Namzha", einem traditionellen sozialen Code, der Respekt vor Autorität sowie Hingabe zu Ehe, Familie und bürgerlichen Pflichten abverlangt. Driglam Namzha bestimmt viele Verhaltensweisen, z.B. wie man zu offiziellen Personen spricht, wie man isst und auch, wie man sich nach nationalem Verständnis kleidet.
Männer und Frauen können sich miteinander frei und ohne Restriktionen in der Öffentlichkeit treffen und unterhalten.

Bhutanesen grüßen in einer bestimmten Form durch ein kurzes Kopfnicken oder eine leichte Verbeugung. Es wird niemals laut gesprochen, sondern eher sanft und leise. Man sollte sich auf jeden Fall anpassen und, wenn möglich, auch vom üblichen Händeschütteln absehen.
Die bhutanischen Geschäftsleute sind freundlich, meistens jung, aber doch sehr traditionell und formell.
Die Kleidung für uns westliche Geschäftsleute ist klassisch: Anzug und Krawatte.
Visitenkarten werden mit beiden Händen übergeben.

Als geschäftlicher Gast wird man mit besonderer Höflichkeit behandelt und es ist daher sehr wichtig, allem, auch wenn es einen befremdet, mit dem notwendigen Respekt zu begegnen.

Da das Land und alle Geschäfte sehr vom Staat kontrolliert und geregelt wird, fallen auch die meisten Geschäfte mit Ausländern unter seine Kontrolle. Dementsprechend sind Verhandlungen und Meetings meistens Angelegenheiten der Behörden. Im Geschäftsleben wird man es ohne Frage fast immer mit Staatsdienern zu tun haben und es ist anzuraten, negative Kommentare über Religion, Politik und die königliche Familie tunlichst zu vermeiden.

Schlechte Nachrichten für alle rauchenden Geschäftsleute: Bhutan ist auf dem besten Wege, der erste rauchfreie Staat der Welt zu werden. Es gilt ein absolutes Verkaufsverbot für Tabakwaren, auch für ausländische Besucher. Ihre Einfuhr ist grundsätzlich untersagt, ausgenommen eine begrenzte Menge für den persönlichen Bedarf. Jedoch unterliegt auch diese einer 200 %igen Einfuhrsteuer.

Die Küche Bhutans bietet Abwechselung, es gibt verschiedene Currys, Linsengerichte und unterschiedliches Gemuse. Es wird viel Hühner- und Büffelfleisch verwendet. Die wichtigsten Zutaten aber sind scharfe Chilis und Käse; zusammen ergeben sie das nationale Lieblingsgericht: Aema Datsi (wortwörtlich übersetzt: Käse und Chili). Von diesem Gericht gibt es in Bhutan zahlreiche Variationen, darunter Kewa Datsi (Kartoffeln und Käse) und Shamu Datsi (Pilze und Käse). Dann gibt es noch die äußerst beliebten Klöße, Momo genannt. Sie sind überall erhältlich und gefüllt mit Käse oder Hackfleisch. Dazu trinkt man süßen Tee, an Festtagen mit Yakbutter, oder Fruchtsaft. Aus Getreide gebrauter Chang und Temka haben einen niedrigen Alkoholgehalt, der destillierte Arak, aus Reis gebraut, ist dagegen recht stark.

Und jetzt noch der Wetterbericht:
Beim Bhutaner Klima denkt man hauptsächlich an Kälte. Aber weil Bhutan auf demselben Breitengrad wie Florida und die Kanarischen Inseln liegt, herrscht hier das ganze Jahr über ein gutes Klima. Die Temperatur ist angenehm, durchschnittlich zwischen 15 und 20 Grad Celsius, und in den Sommermonaten kann es im Süden bis zu 30 Grad warm werden. In

diesem Zeitraum liegen die Temperaturen und die Luftfeuchtigkeit höher. In den Tälern Zentralbhutans herrscht ein gemäßigtes Klima mit kühlen Wintern und heißen Sommern. Lediglich im Gebirge sind die Winter extrem streng und die Sommer kühl.

21 Nepal: Es ruft der Berg

Republik Nepal

Fläche: 147.181 km²
Internationales Kfz-Kennzeichen: NEP
Landeswährung: Nepalesische Rupie = 100 Paisa
Unterschied zur MEZ: + 4 h
Internationale Telefonvorwahl: +977
Netzspannung/Frequenz: 240 Volt, 50 Hertz
Internet-TLD (Top Level Domain): .np

Nepals Königreich wurde im 18. Jahrhundert unter dem Gurkha-König Prithivi Na-rayan Shah territorial fundiert. 1918 erlitt das Land während des Kriegs mit der britischen Kolonialmacht in Indien eine Niederlage. Dabei verlor es ein beachtliches Gebiet an die Briten, bekam dafür aber von diesen im Gegenzug staatliche Souveränität zugesichert. Als Indien im Jahre 1947 unabhängig wurde, erklärte auch Nepal seine Unabhängigkeit. Das ehemalige Königreich Nepal befindet sich im Gebiet des Himalaja und grenzt im Norden an die VR China sowie im Osten, Süden und Westen an Indien. 2008 wurde die Monarchie abgeschafft und durch die Demokratische Bundesrepublik Nepal ersetzt. Nepal ist ein ausgesprochenes Hochgebirgsland, hier liegen die höchsten Berge der Welt.

Nepal hat ungefähr 29 Millionen Einwohner und es sind über 100 verschiedene ethnische Gruppen hier beheimatet. Die zahlenmäßig größten sind die Chhetrie (12,8 %), die Hill-Bahun (12,7 %), die Magar (7,1 %), die Tharu (6,8 %), die Tamang (5,6 %) und die Newar (5,5 %).

Die nepalesischen Religionen sind vorwiegend Hinduismus (80 %), Buddhismus (15 %) und Islam (3 %). Die restlichen 2 % setzten sich aus Jains, Christen, Anhängern von Naturreligionen und Anderen zusammen.

Nepal hat mehr als 20 verschiede Sprachen und fast 100 verschiedene Dialekte. Nepali ist die offizielle Amtssprache, aber nur für etwa 40 % der Bevölkerung die Muttersprache, es wird von etwa von 55 % der Bevölkerung gesprochen. Der Rest spricht verschiedene Dialekte. Englisch ist die Geschäftssprache.

Kathmandu ist die Hauptstadt Nepals, sie zählt ca. 1,5 Millionen Einwohner. Der Name der Stadt ist abgeleitet von der Pagode Kastha Mandap, die im 16. Jahrhundert angeblich aus dem Holz eines einzigen Baumes erbaut wurde.

Für die Einreise nach Nepal ist ein Visum erforderlich, das man aber bei der Einreise am Flughafen Kathmandu oder an anderen Grenzübergängen gegen eine Gebühr erhält. Das Visum kostet für 30 Tage 40 US-Dollar.

Die medizinische Versorgung in Nepal ist eher als unzureichend einzustufen und entspricht nicht dem westlichem Standard. Nepal hat die höchste Sterberate bei Neugeborenen in der Welt. Generelle Schutzimpfungen wie gegen Tetanus, Diphtherie und Polio sind angeraten. Die Reiseapotheke sollte gut ausgestattet sein und wer auf spezielle Medikamente angewiesen ist, sollte sich ausreichend vor der Abreise damit ausstatten. In jedem Fall sollte man eine Reiserückholversicherung abschließen.

Die offizielle Währung ist die Nepalesische Rupie (NPR) und man sollte sich bei der Ankunft entsprechend mit Landeswährung eindecken. US-

Dollar oder Euro werden im Einzelhandel nicht angenommen. Kreditkarten werden in den Hotels und größeren Restaurants akzeptiert, jedoch ist die größere Zahl aller Einkäufe nach wie vor nur mit Bargeld möglich. Es gibt mittlerweile in den größeren Orten Geldautomaten, die meisten akzeptieren EC-, Visa- und Mastercard-Kreditkarten mit PIN. Ansonsten können Travellerschecks bei Banken landesweit eingelöst und Devisen in allen größeren Städten problemlos getauscht werden.

Das Telefonieren mit dem Mobiltelefon ist eingeschränkt möglich, man sollte sich aber vorher informieren, ob GSM-Roaming-Verträge zwischen dem eigenen und nepalesischen Anbietern existieren. Örtliche SIM-Karten können problemlos für etwa 500 Rupien erworben werden.

Außerdem kann man von den zahlreichen Internet- und Telefonshops aus in alle Welt kommunizieren. E-Mail-Zugang ist in allen Hotels und in den meisten größeren Orten gegeben.

Man landet in Nepal auf dem Tribhuvan International Airport, ungefähr 6 km außerhalb Kathmandus. Viele Hotels bieten freien Abholservice und es gibt reichlich Taxis, mit deren Fahrern man aber den Fahrpreis vorher aushandeln sollte. Im Regelfall sollte man nicht mehr als 300 Rupien bezahlen.

Wirtschaftlich gehört Nepal zu den Entwicklungsländern und es zählt zu den ärmsten der Welt. Obwohl nur etwa 20 % seiner Fläche landwirtschaftlich genutzt werden kann, schwankt der Anteil der Bevölkerung, der vorwiegend von der Landwirtschaft lebt, zwischen 70 und 80 %, und davon ist die Mehrheit im Zustand permanenter Unterbeschäftigung.

Der eingeschränkte Binnenmarkt, die geringe Kaufkraft der Bevölkerung, die starke indische Konkurrenz, die unzureichende Elektrizitätsversorgung sowie der fehlende Zugang zum Meer behindern die Entwicklung des industriellen Sektors.

Die meisten Betriebe sind der Klein- und Hausindustrie zuzurechnen. Sie dienen der Verarbeitung von Erzeugnissen der Land- und Forstwirtschaft, die 80 % der Rohstoffe der verarbeitenden Industrie liefert. Die wichtigsten Industriezweige sind die Nahrungsmittel- und Getränkeindustrie, die Textil- und die Teppichindustrie sowie die Lederverarbeitungs- und die Kunststoffindustrie.

Der Tourismus ist eine wichtige Deviseneinnahmequelle, er wächst stetig und der Dienstleistungssektor profitiert stark vom zunehmenden Fremdenverkehr. Es ruft der Berg: Mount Everest, Kangchenjunga, Lhotse und Makalu sind nur einige der Achttausender in Nepal und die Touristen folgen dem Ruf in stetig wachsender Zahl.

Die Geschäftsetikette in Nepal ist stark von der Kultur und der Religion des Landes geprägt und die Gepflogenheiten der vielfältigen ethnischen Gruppierungen, Religionen und Sprachen haben wenig gemein mit unserem Verständnis der westlichen Geschäftswelt. Daher ist es extrem wichtig, die kulturellen Aspekte der Nepalesen zu verstehen, wenn man mit ihnen Geschäfte machen möchte.

Bei der Begrüßung ist es nicht immer üblich, dass man sich die Hand gibt, sondern eher gebräuchlich, die Hände vor der Brust zu falten und sich mit den Worten „Namaste" oder „Namaskar" zu grüßen. Es ist anzuraten, erst einmal abzuwarten, wie der Geschäftspartner reagiert und ob er einem die Hand zum Gruß hinstreckt oder die Hände faltet und mit „Namaste" zurückgrüßt. Je nachdem sollte man den Gruß erwidern.

Konservative Geschäftskleidung ist angebracht und der Austausch von Visitenkarten ist üblich.
Hier gilt wieder die generelle Regel, die Visitenkarten mit beiden Händen zu übergeben und die entgegengenommene respektvoll zu behandeln, sich Zeit zu nehmen, die Karten zu studieren und sie nicht gleich wegzustecken. Zeit ist ein Faktor, von dem in Nepal genug vorhanden ist, und alles läuft

etwas langsamer, als wir es kennen. Nichts geschieht pünktlich und Geduld mitzubringen ist von großer Wichtigkeit. Alles verlangsamt sich in Nepal und man sollte mindestens zwei- oder sogar dreimal einen Besuchstermin bestätigen, damit er auch wirklich stattfindet.

Nepalesen sind von Natur aus sehr freundlich und erwarten auch von ihren Geschäftspartnern Ruhe und Besonnenheit. Hektische Gesten und lautstarkes Artikulieren während der Verhandlung sind ein absolutes No-Go, das geht gar nicht.

Man sollte sich aber nicht täuschen und die unschuldige Art der Nepalesen als geschäftlich unbeholfen auslegen, sondern sich darüber im Klaren sein, dass sie genau wissen, was sie wollen und was nicht. Auch ist es meist sehr schwer, den vorgegebenen Preis zu halten, und man muss sich auf heftige Discounts einlassen, wenn man zum Abschluss kommen möchte.

Auch eine bessere Qualität und technische Überlegenheit gegenüber Konkurrenten erzielt oft nicht die gewünschte Preisdifferenz zu dem, was die Nepalesen bereit sind zu zahlen und am Ende auch zahlen können.

Nepal hat noch ein paar andere kulturelle Aspekte, die man beachten sollte:

Niemals mit Schuhen jemandes Haus oder einen Tempel betreten.

Bevor man Leute fotografiert, immer erst um Erlaubnis fragen.

Nicht mit dem Finger auf Leute zeigen.

Von freizügiger Kleidung und Wechseln der Kleidung im Freien sollte man absehen.

Umarmen oder Küssen oder jedes andere sexuelle Zurschaustellen in der Öffentlichkeit ist tabu.

Es ist nicht ungewöhnlich, Männer oder Frauen Hand in Hand gehen zu sehen, das hat nichts mit homosexuell oder lesbisch zu tun, sondern ist ein reines Zeichen von Freundschaft.

Falls man jemanden aus Versehen mit dem Fuß berührt, sollte man ihm schnell anschließend mit der Hand leicht auf die Schulter klopfen und dann die eigene Stirn berühren.

Es ist üblich, dass man überall in Häusern, Restaurants sogar in Bussen rote Chilischoten hängen sieht, dies macht man, um böse Geister abzuhalten. Jemandem zu sagen, dass er fett ist, wird als Kompliment aufgenommen, denn Nepalesen mögen dies. Es bedeutet, dass man viel Geld zum Essen hat und dass man dies auch sieht.

Der Topi ist die nepalesische Kopfbekleidung und eigentlich Teil des Nationalgewandes. Viele Nepalesen tragen ihn und es erfreut sie, wenn Besucher auch einen Topi tragen.

Nicht zuletzt gibt es noch eine Besonderheit in Nepal und zwar das Kastenwesen. Wie in Indien gibt es vier Hauptkasten: die Brahmanen (auf Nepalesisch: Bahun), die Kshatriyas (auf Nepalesisch: Chetris), die Vaishyas und die Sudras sowie viele Unterkasten.

Im nepalesischen Kastenwesen gibt es eine scharfe Trennlinie, die auch „Wasserlinie" genannt wird. Über dieser Linie befinden sich die reinen Kasten, darunter die unreinen. Die reinen Kasten dürfen von den unreinen Kasten kein Wasser und keine gekochten Speisen annehmen (vor allem keinen gekochten Reis). Der Familienname verrät die Kastenzugehörigkeit – dies gilt aber nur lokal. Ein Inder kann die Kastenzugehörigkeit eines Nepalesen am Namen nicht erkennen. Auch Buddhisten sind in Nepal ins Kastensystem integriert.

Es gibt rein buddhistische oder rein hinduistische Kasten, aber auch solche, die religionsübergreifend sind.

Die Küche Nepals ist nicht besonders spektakulär und eher als langweilig anzusehen. Das Nationalgericht ist Daal Bhaat, gekochter Reis mit einer dünnen Linsensoße. Dazu gibt es manchmal etwas Currygemüse und vielleicht noch einen kleinen Schlag Pickel (scharf eingelegtes Obst oder Gemüse). Diese Mahlzeit wird von den meisten Nepalesen zweimal täglich eingenommen. Gegessen wird in Nepal mit der rechten (!) Hand. Besteck, so sagt man, ruiniert den Geschmack des Essens. Daal Bhaat wird in der Regel auf einem Thaali serviert. Das ist ein Metalltablett, dass in mehrere Abteilungen aufgeteilt ist und mich immer an die Tabletts in der Uni-Mensa erinnert. In der Regel schüttet man die Linsensoße über den Berg mit Reis und isst schnell, solange das Ganze noch heiß ist. In vielen nepalesischen Restaurants bekommt man so oft Nachschlag an Reis und Daal, bis man satt ist.

Bei vielen Bergvölkern ist Reis ein Luxus. Dort besteht die Hauptmahlzeit in der Regel aus Tsampa. Dies ist geröstetes Mehl, das mit etwas Flüssigkeit zu einem Brei verarbeitet wird.

Neben all diesen nepalesischen Gerichten ist der Besucher in Nepal jedoch auch mit einer unglaublichen Vielfalt an internationalen Gerichten konfrontiert. In Kathmandu kann man in einigen Gegenden auf nur wenigen Metern eine kleine kulinarische Weltreise machen: Pasta, Tacos, Bratwurst, Sushi, Thai Curry, Borscht, Hamburger … was das Herz begehrt.

Und jetzt noch der Wetterbericht:
Das Klima in Nepal reicht von tropischen bis zu arktischen Temperaturen. Der südliche Teil des Landes ist tropisch mit einem sehr warmen und feuchten Klima. Subtropisches Klima beherrscht den mittleren Teil des Landes. Der nördliche Teil in den Höhen über 3500 m hat alpines Klima mit sehr niedrigen Temperaturen im Winter. Für die Gebiete unter 3500 m gilt im Allgemeinen: nicht zu kalte Winter, tagsüber meist Sonnenschein. Die Nachttemperaturen liegen im Dezember und Januar etwas unter null Grad Celsius. Schneefall im Tal von Kathmandu ist äußerst selten. Der meiste Regen fällt in den Monaten Juni bis August. Die wärmsten Monate sind von April bis Juni. Außerhalb der Monsunzeit ist es trocken. Das Ende der Monsunzeit leitet zugleich in die schönste Jahreszeit über, eine Art kurzen Herbst, der etwa von Mitte Oktober bis Mitte November dauert. Auf Nepalesisch heißt diese Zeit „Sharad Ritu", die „kühle Jahreszeit". Die Temperaturen innerhalb Nepals variieren generell stark und hängen von der Höhenlage der jeweiligen Region ab. Das Ende der kalten Jahreszeit

wird durch das hinduistische Frühlingsfest Holi markiert, nach dem es tatsächlich oft schlagartig heiß wird.

22 Indien: Geordnetes intellektuelles Chaos und warum man das Gefühl nie loswird, Geld mitbringen zu müssen

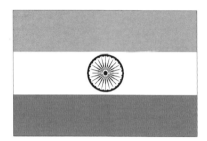

Republik Indien

Fläche: 3.287.590 m^2
Internationales Kfz-Kennzeichen: IND
Landeswährung: Indische Rupie = 100 Paise
Unterschied zur MEZ: + 4,5h
Internationale Telefonvorwahl: + 91
Netzspannung/Frequenz: 230–240 Volt, 50 Hertz
Internet-TLD (Top Level Domain): .in

Indien ist die bevölkerungsreichste parlamentarische Demokratie in der Welt. Es ist eine föderale Republik mit 28 Bundesstaaten und sechs Unterterritorien. Indien erlangte seine Unabhängigkeit von Großbritannien im Jahre 1947. Es grenzt im Norden an die Volksrepublik China, Nepal und Bhutan, im Süden an den Golf von Mannar und Sri Lanka, im Westen an das Arabische Meer, im Nordwesten an Pakistan und im Osten an Myanmar, den Golf von Bengalen und Bangladesch.

Indien ist ein Vielvölkerstaat mit etwa 1,2 Milliarden Einwohnern. Etwa 70 % der Bevölkerung sind Indoarier, 25 % gehören zu den Draviden und der Rest entfällt auf sonstige Völkergruppen.

Mit etwa 80 % Anhängern ist der Hinduismus die größte Religion in Indien, gefolgt von 13,5 % Muslimen, ca. 2,3 % Christen und ca. 1,8 % Sikhs, den der Rest stellen Anhänger des Buddhismus und des Jainismus sowie Parsen.

Die offiziellen Landessprachen sind Hindi und Englisch, zudem gibt es ca. 21 weitere anerkannte Sprachen.

Die Hauptstadt Indiens ist Neu-Delhi, sie hat, zusammen mit den Vororten, etwa 16 Millionen Einwohner und ist nach Mumbai die zweitgrößte Stadt des Landes. Der eigentliche, alte Stadtkern Delhis hat nur etwa 42 km Durchmesser und zählt mal gerade 250.000 Einwohner.

Alle Reisenden nach Indien benötigen einen gültigen Reisepass und ein Visum. Seit Juni 2010 werden Visum-Anträge für Indien nur noch im Online-Verfahren akzeptiert. Für den Geschäftsreisenden ist eine schriftliche Einladung vom indischen Geschäftspartner hilfreich für eine zügige Bearbeitung des Antrages. Es kommt immer wieder vor, dass Pässe bei der Einreise nicht ordnungsgemäß von den Behörden abgestempelt werden. Darauf sollte man besonders achten, da es ohne einen Einreisestempel bei der Ausreise zu Schwierigkeiten bis hin zu mehrtägigen Verzögerungen kommen kann.

Die medizinische Versorgung in Indien ist in den Großstädten ausreichend und sogar in einigen Kliniken auf westlichem Standard, aber sie ist auch teuer. Dafür ist die medizinische Versorgung auf dem Land eher als unzureichend einzustufen und entspricht weder hygienisch noch technisch oder organisatorisch dem im Westen gewohnten Standard. Es sind keinerlei Schutzimpfungen vorgeschrieben, aber es wird der Impfschutz gegen Polio, Tetanus, Diphtherie, Typhus, Hepatitis A und B, Cholera, Japanische Enzephalitis sowie gegen Tollwut und Grippe empfohlen. Wer auf Medikamente angewiesen ist, sollte sich reichlich für die Reise mit den originalen Substanzen eindecken, da Medikamentenfälschungen in Indien eher die Regel sind.

Es ist häufig, dass den Reisenden beim Aufenthalt in Indien Durchfaller-krankungen befallen und das liegt vor allem an Fäkalienkeimen im Wasser. Rohes Obst und Salate sollten strikt gemieden werden. Es gilt die Reise-weisheit: „If you can't cook it or peel it, don't eat it!" („Was man nicht kochen oder schälen kann, sollte man nicht essen"). Ich habe immer nur frisch Gebratenes oder stundenlang durchgekochte Gerichte wie Curry usw. gegessen und bin nicht ein Mal krank gewesen. Man sollte sich auch öfter gründlich die Hände waschen, um sich von den Bakterien zu be-freien. Leitungswasser zu trinken oder es zum Zähneputzen zu benutzen, ist aus obigen Gründen nicht ratsam und kann schlecht enden. Es gibt die „Allesfresser" und Leute, die immer alles probieren müssen, sogar die einheimischen Köstlichkeiten an der Straße, ich kann aber nur absolut davor warnen. Ich habe Freunde, die waren tagelang krank, und einer war nach der Rückreise noch für zwölf Monate ständig in Verbindung mit dem Tropeninstitut in Hamburg, um herauszufinden, was ihn dort befallen hat.

Die Währung in Indien ist die indische Rupie (INR). Kreditkarten wie Visa, Amex, Diners Club werden fast überall anerkannt und man kann damit seine Rechnungen begleichen. Geldautomaten gibt es in den größeren Städten und man kann problemlos Bargeld abheben. Travellerschecks und Reisechecks sind, obwohl rückläufig, auch hier immer noch übliche Zah-lungsmittel.
In Indien ist es üblich, für Dienstleistungen Trinkgeld zu geben.

Telekommunikation ist kein Problem und Handys und das Internet sind weit verbreitet. Mobilverträge zwischen den einheimischen Betreibern und ausländischen Gesellschaften sind meistens vorhanden und man kann sein Handy mit GSM-System in fast allen Städten und größeren Orten benutzen. Ich muss aber anmerken, dass die Roamingkosten exorbitant sind und alle lokalen indischen Betreiber mit allen möglichen SMS-Service-betreibern, man kann fast schon sagen, eine Hetzjagd auf Handybenutzer aus dem Ausland veranstalten. Es ist wesentlich günstiger, sich eine SIM-Karte zu besorgen und lokal zu telefonieren.

Die Internetverbindungen sind gut und fast alle größeren Hotels in Indien bieten diesen Service, aber nicht umsonst, sondern nur gegen saftige Gebühren, versteht sich. Man sollte Internetcafés aufsuchen, die reichlich in den größeren Städten und auch mehr und mehr in kleineren Ortschaften vorhanden sind.

Je nach Lage der Firmen der zu treffenden Geschäftspartner fliegt man entweder nach Neu-Delhi, Mumbai, Kalkutta oder Chennai, den vier internationalen Flughäfen Indiens. Delhis Flughafen liegt etwa 25 km, Mumbais 29 km, Kalkuttas 17 km und Chennais 16 km außerhalb der Stadt. Es gibt jeweils Busverbindungen und Taxis zu festen Preisen in die Stadt zu den Hotels. Die Fahrtzeiten können aber je nach Verkehrslage zwischen 20 Minuten und zwei Stunden betragen. Wer anschließend weitere Termine in einer anderen Stadt Indiens wahrzunehmen hat, fliegt meistens mit den inländischen Fluggesellschaften weiter, und man sollte darauf achten, welcher Inlandsfluggesellschaft man den Vorzug gibt. Ich habe es immer vermieden, mit Air India zu fliegen, da die Maschinen alt und technisch überholt sind und der Service sehr schlecht ist. Kingfisher oder Jetstar sind moderne Fluglinien mit neuen Maschinen, gutem Service und sie vermitteln zumindest das Gefühl von einigermaßen sicherem Fliegen.

Wer lieber nicht die Inlandsflüge genießen möchte, der kann eine ganz besondere Erfahrung machen und das Zugfahren in Indien ausprobieren. Indien verfügt über das zweitgrößte Eisenbahnnetz der Welt mit ca. 7000 Bahnhöfen, das alle größeren Städte des Landes miteinander verbindet. Zugfahren ist relativ kostengünstig und es ist ein ideales Transportmittel, um Land und Leute besser verstehen zu lernen.

Wer weder das Flugzeug noch die Bahn benutzen möchte, kann natürlich auch mit dem Auto über Land fahren. Dazu muss aber gesagt werden, dass die meisten Straßen in einem sehr schlechten Zustand sind. Während der Monsunzeit (Juni bis Oktober) muss oft mit Überschwemmungen und unpassierbaren Straßen gerechnet werden.

Mangelhaft gewartete Fahrzeuge und das unberechenbare Verhalten der verschiedensten Verkehrsteilnehmer (Autos, Lastwagen, Fuhrwerke, Fahrräder, Fußgänger, Elefanten, Kamele, Kühe etc.) stellen ein hohes Unfallrisiko dar – auch bei Reisen mit Überlandbussen. Für Reisen mit dem Pkw ist es empfehlenswert, einen Wagen mit Chauffeur zu mieten. Von nächtlichen Überlandfahrten wird in jedem Fall abgeraten.

Noch ein paar Tipps zur Sicherheit: In ganz Indien, besonders aber in den Großstädten, kommt es immer wieder zu Terroranschlägen. Ich empfehle generell erhöhte Wachsamkeit und Vorsicht, insbesondere bei größeren Menschenansammlungen, auf Märkten, in der Nähe von Regierungsgebäuden, religiösen Stätten, Flughäfen, Bahnhöfen und sonstigen Orten von touristischem Interesse. Aufgrund der starken Kriminalität in den Großstädten sollte man nur wenig Bargeld mit sich führen, seine Reisedokumente photokopieren und eine Kopie im Hotel lassen. Besondere Vorsicht ist nach Einbruch der Dunkelheit geboten. Insbesondere weiblichen Reisenden empfehle ich, auch in der heißen Jahreszeit allzu spärliche Bekleidung zu vermeiden.

Der Straßenverkehr in den Großstädten ist das reine Chaos, jeder drängelt und erzwingt sich die Vorfahrt, um die eine Minute schneller ans Ziel zu kommen. Der ununterbrochene, nervige Krach des Hupens ist allgegenwärtig und die Hupe ist das einzig wirklich immer funktionierende Teil an jedem Fahrzeug. Auf keinen Fall sollte man sich darauf verlassen, dass das Auto, vor dem man die Straße überquert, noch rechtzeitig halten wird, denn dies kann schnell im Krankenhaus enden.

Die Wirtschaft Indiens ist nach China und Japan die drittgrößte in Asien. Vor einigen Jahren noch als Armutsland abgestempelt, ist Indien heute eine der schnellsten expandierenden Volkswirtschaften der Welt.

Experten streiten darüber, wer in den nächsten Jahrzehnten in Asien die Spitze übernehmen wird, doch Indien hat gute Chancen. Die Zuwachsraten der indischen Wirtschaft gehören schon jetzt zu den weltweit höchsten.

Obwohl die Hälfte der 1,2 Milliarden Inder unter der Armutsgrenze lebt, gibt es auch eine sehr reiche Elite von etwa 30 Millionen Indern und eine 200 Millionen Inder zählende wohlhabende Mittelklasse.

Rund 40 indische Milliardäre hat das Land und einer von ihnen, der indische Stahlmilliardär Lakshmi Mittal, erwarb 2005 den europäischen Acelor-Konzern und besitzt damit heute den größten Stahlkonzern der Welt. Indien beginnt gerade erst und mit seinem großen Potenzial an Inlandskonsumenten sind meiner Meinung nach zukünftige Wachstumsraten wie die 7 % von heute nur der Anfang eines neuen gigantischen indischen „Booms", der den langsam abebbenden chinesischen Boom in Zukunft noch in den Schatten stellen könnte.

Die Vorteile einer flexiblen, ideenreichen und sprachlich gut ausgestattenden indischen Wirtschaft werden aber abgeschwächt durch hohe Korruption im Land und die Importzölle für ausländische Produkte aller Art. Indien ist ein intellektuelles Chaos von ganz besonderen Ausmaß und es bewahrheitet sich der Werbeslogan des indischen Fremdenverkehrsamtes, nicht nur bezogen auf Land und Leute, sondern auch auf die Wirtschaft und seine Umtriebe: „Incredible India".

Wer keine Kontakte mit Indern hat, aber ins Geschäft kommen und seine Produkte in Indien an den Mann bringen möchte, hat die besten Möglichkeiten, auf allen Messen dieser Welt Inder zu treffen.

Inder sind die größten Business-Scouts die ich in meinem professionellen Leben kennengelernt habe. Damit meine ich, sie sind auf jeder Fachmesse dieser Welt und suchen nach geeigneten Firmen, die sie entweder in Indien vertreten oder denen sie ihre eigenen Produkte verkaufen können. In den meisten Fällen ist das Erstere die Formel, um ins Gespräch zu kommen. Jeder Inder erzählt einem, er habe die besten Beziehungen und Kontakte im Heimatland und er sei die Lösung für den Verkauf der Produkte in Indien, aber natürlich nur in exklusiver Vertretung, versteht sich. Man sollte sich nicht gleich festlegen, sondern das Spiel mitspielen und mit ein oder zwei der möglichen Agenten ein Treffen in Indien vereinbaren, um ein paar ihrer guten Kontakte zu treffen. Dabei stellt sich sehr schnell heraus, ob der potenzielle indische Agent wirkliche gute Businesskontakte hat oder ob es nur heiße Luft war. In den meisten Fällen ist es eine Mischung aus beiden und es kommt auf die zwischenmenschliche Chemie an. Verstehen Sie sich gut mit dem Agenten? Ist er Ihrer Meinung nach glaubwürdig, hat er das Potenzial, Ihrem Geschäft den Einstieg zu verschaffen? Dann haben Sie wenig zu verlieren und nur etwas zu gewinnen. Man sollte aber äußerst vorsichtig sein mit langfristigen vertraglichen Verbindungen, sich nicht gleich exklusiv festnageln lassen und immer nur mit eingebautem kurzfristigen Kündigungsschutz und bei nicht erreichter Erfolgsquote per annum abschließen. Ich habe einige dieser Firmen kennengelernt und ihre Masche war es, so viele Vertretungen wie möglich anzunehmen, sehr wenig zu tun und zu warten, bis die Firmen dann selber in Indien eingreifen, arbeiten, verhandeln, abschließen, um dann die zustehende Provision abzukassieren. Falls man die vertraglich zustehende Provision nicht zahlen möchte, hat jeder Inder einen Anwalt in der Familie. Außerdem weiß er, dass man sich irgendwie vergleicht und zumindest etwas zahlt, allein schon um das Geschäft nicht ganz zu verlieren und die langwierigen Gerichts- und Anwaltskosten zu sparen.

Wer eigene Kontakte und Geschäftsfreunde in Indien hat, ist mit Sicherheit besser beraten, diese zu konsultieren und sich geeignete Partner empfehlen zu lassen. Beziehungsaufbau mit Indern ist enorm wichtig und genauso wichtig ist es, bestehende Geschäftskontakte zu pflegen. Die persönliche Beziehung ist für den Inder sehr wichtig und häufig wechselnde Geschäftskontakte in westlichen Unternehmen sind nicht gut fürs Geschäft.

Die Geschäftskleidung ist in Indien formell und man trägt Hemd, Krawatte und Anzug, das zeichnet den Geschäftsmann aus. Die traditionelle Begrüßung in Indien ist der „Namaste"-Gruß, das Wort bedeutet so viel wie „Ich verbeuge mich vor dir". Dabei werden die Handflächen aneinandergelegt und in Brusthöhe gehoben, der Kopf wird leicht gesenkt. Den Geschäftspartner aber begrüßt man heute mit einem gewöhnlichen Handschlag, worauf das Austauschen der Visitenkarten folgt. Wie überall in Asien sollte man sich auch in Indien etwas Zeit nehmen, die Visitenkarten ausgiebig zu studieren und sie nicht gleich wegstecken.

Im Geschäftsleben sollten Sie einen Inder immer mit seinem Nachnamen ansprechen. Die Anrede mit Vornamen ist sogar unter Freunden teilweise unüblich. Richtig begrüßt wird ein Inder also mit einem Gruß („Hello", „Good morning") und dem Nachnamen. Hat der Geschäftspartner einen Titel (Professor, Direktor, Anwalt), so wird dieser Titel vor dem Nachnamen genannt, z.B. „Direktor Madan", „Professor Gupta" usw.

Pünktlichkeit ist in der indischen Kultur zweitrangig, Wartezeiten und Unterbrechungen müssen bei jedem Treffen und auch bei gemeinsamen Projekten immer miteinkalkuliert werden. Dies ist nicht als mangelnde Wertschätzung oder fehlende Höflichkeit zu verstehen, sondern in Indien ticken die Uhren einfach anders und meistens langsamer. Termine werden fast nie eingehalten und obwohl Inder ein anderes Zeitverständnis haben, ist es ratsam, seine eigene Pünktlichkeit nicht abzulegen, von uns wird sie einfach erwartet. Daher sollte man nie mehr als einen Termin pro Tag einplanen und sich gelassen dem indischen Zeitverständnis, das stark durch die hinduistische Kultur geprägt ist, hingeben. Man sollte sich auf Wartezeiten einstellen, ruhig und gelassen bleiben, auch dann, wenn es manchmal ein paar Stunden dauert. Man kann die Zeit damit ausfüllen, andere Arbeiten zu erledigen. Wer wie beim indischen Zeitverständnis Ruhe und Gelassenheit bewahrt, hat mehr Freude am Geschäft und verhandelt besser.

Wenn man das erste Mal in Indien ein Unternehmen betritt, fällt einem sofort die hohe Anzahl der Mitarbeiter auf. Meistens sitzen gleich mehrere an einem Schreibtisch und teilen sich einen PC. Dies ist bedingt a) durch die Masse der Menschen, b) durch die niedrigen Lohnkosten und c) durch die hierarchische Struktur in indischen Unternehmen. Es gibt für einzelne Teilaufgaben viele Mitarbeiter in unterschiedlichen Positionen. Indische Angestellte führen ihre Teilaufgaben in einem engem Raster selbstständig aus, vermeiden es aber tunlichst, ihre Kompetenzen zu überschreiten. Zugleich wird von ihren Vorgesetzten erwartet, die Arbeit zu kontrollieren und zu steuern, und alles läuft zusammen an der Spitze der Führungspositionen.

Bei geschäftlichen Verhandlungen hat man es daher immer mit mehreren Abteilungen und deren unzähligen Managern sowie der ganzen Geschäftsleitung zu tun. Es ist wichtig herauszufinden, wer für welchen Bereich verantwortlich ist, und jeden Einzelnen muss man wichtig nehmen und respektvoll behandeln. Während der Verhandlungen sollte man Fragen an die richtige Person richten, die für den jeweils offenen Punkt verantwortlich ist.
Ein direktes Nein sollte, wenn man nicht absolut die Verhandlung abbrechen möchte, bei Verhandlungen mit Indern immer vermieden werden. Es ist in jedem Fall besser, ein solches direktes Nein mit Floskeln wie „Es könnte extrem schwierig werden", „Wir werden es versuchen" oder „Auch wir müssen dies auf technische Machbarkeit überprüfen" zu umgehen.

Ein Inder verspricht gerne den Himmel auf Erden, dann ist alles sehr positiv und das bevorstehende Geschäft wird immens gut. Diese Rhetorik ist ein Mittel, anstehende Verhandlungen auf ein bestimmtes Niveau zu lenken, doch man darf diese euphorischen Versprechungen auf keinen Fall für bare Münze nehmen. Man sollte auf jeden Fall einfach kurz fragen, er möge doch kurz erklären, wie er seine und unsere positiven Ziele zu erreichen gedenkt.

Verhandlungen werden oft nicht in eigenen Büroräumen, sondern gerne in den Fünf-Sterne-Hotels geführt. Es spielt dabei auch eine Rolle, dem Gast zu zeigen, dass Indien nicht nur aus Armut und Bettlern besteht, sondern auch Reichtum und Prunk zu bieten hat.

Preisverhandlungen in Indien sind nichts für Anfänger und selbst die hartgesottensten Profis können schon mal auf Granit beißen und hier ihren Meister finden. Feilschen gehört in Indien zum guten Ton, wird aber brutal durchgeführt und Inder kennen die Preise sehr genau. Wer sich unter Druck setzen lässt, um den Auftrag in jedem Fall zu bekommen, hat schon verloren. Hartnäckigkeit und Umdenken, mit konstruktiven Vorschlägen zu argumentieren, für die der Inder dann wiederum Zeit zum Evaluieren braucht, sind Lösungen, um die eigenen Preisvorstellungen durchzusetzen. Am Ende wird es immer ein Kompromiss sein, aber mit der richtigen Anfangskalkulation und genügend Spielraum sollte er lukrativ bleiben. Ich habe einige Verhandlungen in Indien geführt und bin einigermaßen erfolgreich durchgekommen, aber irgendwie wurde ich trotzdem nie das Gefühl los, dass ich für den Deal Geld mitbringen musste.

Es gibt in Indien noch ein paar Regeln, die man als Besucher beachten oder zumindest kennen sollte.
Verwirrend für jeden Besucher ist das sanfte Kopfschütteln der Inder. Während es bei uns als Ablehnung gedeutet wird, ist es in Indien eher umgekehrt und es ist ein Zeichen der Zustimmung wie „Ja, du hast Recht" oder „Ja, ich höre dir zu".

Bettler gehören in Indien zum allgegenwärtigen Straßenbild. Ein soziales Netz für Bedürftige oder Alte gibt es nicht, so dass viele Menschen auf Almosen angewiesen sind. Nach dem Besuch eines Tempels oder einer Moschee sind Gaben für Mittellose gängig. Hier werden allerdings oft Kinder dafür benutzt, um mehr Geld rauszuschlagen, besonders in den Städten sind die Bettler in solcher Form organisiert. Man kann sich sicher sein, dass alte Menschen wirklich notleidend sind, während Kinder oft eher zum Betteln als zur Schule geschickt werden.

Jemanden nach europäischer Art heranzuwinken, wird in Indien als beleidigend gewertet. Dort ist es üblich, dafür den Arm nach vorne auszustrecken und die Hand nach unten zu bewegen.

Man sollte auf keinen Fall Kritik an ihrem Land äußern oder an einer ihrer kulturellen Eigenarten, Inder können sehr empfindlich reagieren.

Es ist nicht ratsam, über indische Politik zu sprechen, es sei denn, man wird gefragt, aber auch dann sollte man sehr vorsichtig sein, was man zum Besten gibt.

Hierarchien gelten in Indien als gottgegeben und werden nicht in Frage gestellt. Die Unterordnung der Frau unter den Mann, des Jüngeren unter den Älteren und des Angehörigen einer niedrigen Kaste unter den Angehörigen einer höheren Kaste ist ein ehernes Gesetz.

Einen Inder nach seiner Kaste zu fragen, wird als unhöflich eingestuft.

Setzt man sich auf den Boden, sollte man beachten, die Fußsohlen nicht nach vorne oder jemandem entgegenzustrecken, besser ist der übliche Schneidersitz.

Anders als in anderen Kulturen wird in Indien ein Gastgeschenk leicht als Beleidigung aufgefasst.

Man sollte immer seine Schuhe ausziehen, wenn man eine indische Wohnung oder, auch nicht selten, ein Büro betritt.

Nicht mit der linken Hand Dinge überreichen oder essen, die linke Hand gilt als unrein.

Die indische Küche ist allein schon durch ihre Vielfalt einzigartig und eine der facettenreichsten der Welt. Vom Norden bis zum Süden des Landes ist sie sehr unterschiedlich hinsichtlich der Art und der Zubereitung der Speisen sowie der Gewürzmischungen, Masalas genannt.

Südindiens Küche ist leicht, oft vegetarisch und scharf und bietet sogenannte Thalis, eine Platte mit Gemüse, Joghurt und Chutney, an. Dazu wird Reis gereicht. Daneben gibt es noch knusprige Papadams, eine Art hauchdünne Kräcker, schmackhaft sind auch die süßen. Probieren sollte man unbedingt Barfi, ein Milchdessert mit Gewürzen und Nüssen, oder Kulfi, ein indisches Eis mit Kardamom- oder Pistaziengeschmack. Im Norden Indiens ist die Küche fetthaltig und nicht so scharf gewürzt, Brot,

„Nan" genannt, wird oft als Beilage gereicht. Man trinkt Tee, anders als im Süden, wo Kaffee bevorzugt wird. Spezialitäten der nordindischen Küche sind beispielsweise Tandoori-Gerichte. Hier wird Gemüse und Fleisch in einer Joghurt-Gewürzmarinade in einem speziellen Backofen gebacken. Als Vegetarier hat man in Indien aufgrund der sich aus Glaubensgründen oft fleischlos ernährenden Hindu-Mehrheit keine Probleme, die unzähligen Gerichte bieten reichlich köstliche Abwechslung.

Und jetzt noch der Wetterbericht:
Im Norden und in Zentralindien herrscht subtropisches Kontinentalklima mit extremen Temperaturschwankungen. Es gibt eher kalte Winter und dafür sehr heiße Sommer. Südindien hat in der Zeit von Juni bis September ein tropisches Monsunklima mit heftigem Regen, im Südosten herrscht dieses Wetter von Oktober bis Dezember.
Auch in Großstädten wie Mumbai, Bangalore und Kolkata kommt es während der Monsunzeit aufgrund inadäquater Infrastruktur immer wieder zu schweren Überschwemmungen.

23 Sri Lanka: Aufbruch nach Bürgerkrieg und Tsunami

Demokratische Sozialistische Republik Sri Lanka

Fläche: 65.525 km²
Internationales Kfz-Kennzeichen: LK
Landeswährung: Sri-Lanka-Rupie
Unterschied zur MEZ: + 5 h
Internationale Telefonvorwahl: + 94
Netzspannung/Frequenz: 230 Volt, 50 Hertz
Internet-TLD (Top Level Domain): .lk

Sri Lanka, bis 1972 Ceylon, ist eine Präsidialrepublik mit parlamentarisch-demokratischer Ordnung. Es ist ein Inselstaat im Indischen Ozean vor der Südspitze des Indischen Subkontinents. Die Insel wird auch „Perle des Indischen Ozeans" genannt. 1948 wurde der Staat von den Briten unabhängig und im Mai 2009 beendete er seinen fast 30-jährigen Bürgerkrieg im eigenen Land.

Sri Lanka hat ungefähr 20,5 Millionen Einwohner, die sich in 74 % Singhalesen, 18 % Tamilen und 7 % Araber und andere aufteilen.

Vertretene Galubensrichtungen sind mit ca. 70 % Anteil an der Bevölkerung Buddhisten, 15 % sind Hindus, 8 % Muslime und etwa 7 % sind Christen.

Die offiziellen Landessprachen sind Singhalesisch und Tamil, die Geschäftssprache ist Englisch.
Der Regierungssitz ist Sri Jayawardenapura Kotte und die heimliche Hauptstadt ist Colombo als Geschäftszentrum des Landes.

Sri Lanka hat Visumpflicht und seit Januar 2012 muss bei Reisen vorab per Internet eine Authorisierung eingeholt werden. Nach deren Erteilung erhält man dann im Heimatland oder bei Einreise am Grenzübergang ein Visum für einen Aufenthalt für 30 Tage. Das Visum kostet für die einmalige Einreise 20 US-Dollar, wird es bei der Einreise am Flughafen ausgestellt, sind es 25 US-Dollar. Die Visumerteilung am Flughafen ist leider immer mit langen Wartezeiten verbunden.

Aufgrund der hygienischen Verhältnisse und der unzureichenden Versorgung mit Medikamenten entspricht die Lage in den Krankenhäusern vor allem im Landesinneren nicht dem europäischen Standard. Ein öffentliches Gesundheitswesen ist nur sehr eingeschränkt vorhanden. Angesichts der unzureichenden medizinischen Ausrüstung in den Krankenhäusern und Kliniken ist von Operationen abzuraten. Bei schweren Erkrankungen bzw. Unfällen ist der Rücktransport angeraten und man sollte unbedingt eine Reiserückholversicherung abschließen.

Für die Einreise sind keine Impfungen vorgeschrieben, außer in ein Infektionsgebiet, in dem Gelbfiebergefahr besteht. Abgesehen von einem Basisschutzprogramm (Diphtherie, Tetanus, Polio, Hepatitis A und B, Typhus), das für alle Reisenden angeraten ist. Prophylaxe in Bezug auf Japan B Enzephalitis und Malaria ist nur bei einem längeren Aufenthalt nötig.

Im Allgemeinen genügt die Einhaltung normaler Hygienemaßnahmen wie häufiges Händewaschen. Vorsicht ist beim Genuss von rohem Obst und Salaten angeraten, Leitungswasser sollte nicht getrunken werden. Die Mitnahme einer Reiseapotheke, die nicht nur regelmäßig benötigte Arzneimittel, sondern auch Medikamente für gängige Reiseerkrankungen beinhaltet, speziell Kohletabletten für Durchfallerkrankungen, wird dringend empfohlen.

Die offizielle Währung ist die Sri-Lanka-Rupie (LKR). Der Umtausch kann erst in Sri Lanka erfolgen, ist aber kein Problem. Euro und US-Dollar werden überall akzeptiert und getauscht wird am Flughafen, bei Banken oder privaten Geldwechslern. Der Umtauschkurs im Hotel ist wie überall der schlechteste. Geldautomaten gibt es in den größeren Städten und man kann dort bequem Bargeld ziehen. Kreditkarten werden in allen Hotels, größeren Geschäften und Restaurants akzeptiert.

Handys funktionieren fast überall anstandslos mit eigener SIM-Karte. Man sollte aber vorher überprüfen, ob das Handy für Sri Lanka freigeschaltet ist, und sich vorher über die oft erheblichen Roamingkosten informieren. In Internetcafés und einigen Hotels kann man oft schon für wenige Rupien pro Minute telefonieren und surfen. Man sollte sich eine lokale Prepaid-Karte zulegen, z.B. von Dialog, Sri Lanka Telekom oder Sunte. Gerade SMS sind damit supergünstig.

Fast jedes Hotel bietet seinen Gästen Internetanschluss, aber es gibt auch reichlich Internetcafés. Die Gebühren für Internetsurfen in den Hotels sind stellenweise exorbitant hoch, während die Internetcafés schnellen und billigen Service anbieten.

Man landet auf dem Flughafen Colombo, dieser trägt den offiziellen Namen „Colombo Bandaranaike International Airport", und befindet sich etwa 35 km nördlich der Hauptstadt Sri Lankas. Er ist der einzige internationale Flughafen Sri Lankas und existiert seit dem Zweiten Weltkrieg. Damals diente er vor allem als Luftwaffenbasis der Royal Air Force. Auch heute ist er eine zivile wie auch militärische Basis. Taxis gibt es genügend. Der Fahrpreis richtet sich nach der Entfernung und sollte vor der Abfahrt verhandelt werden. Alle 15 Minuten pendelt ein Shuttlebus vom Terminal zur Hauptbushaltestelle, von welcher Intercity-Busse nach Colombo fahren

Die Wirtschaft Sri Lankas ist nach fast 30 Jahren Bürgerkrieg auf dem Weg der Erholung und wird sich weiter stetig verbessern. Die Republik zählt zu den größten Exporteuren von Tee. Zudem zählen Textilien, Juwelen und Edelsteine, Tabak und Kokosnuss-Produkte zu den wichtigsten Ausfuhrgütern des Landes. Aber auch elektrische Maschinen, Lederprodukte, Produkte aus Keramik, Spielzeug und Fahrzeugteile werden von den Häfen aus in die Welt transportiert. Mit ausländischer Hilfe hat die Regierung große Infrastrukturprojekte angestoßen und in den nächsten Jahren soll ein neuer internationaler Flughafen nahe Hambantota entstehen, zudem werden der Hafenausbau in Colombo sowie der Hafenneubau in Hambantota vorangetrieben und der Ausbau von Stromkraftwerken, Straßen und Eisenbahnverbindungen in Angriff genommen.

Die wirtschaftlichen Auswirkungen des Tsunamis, insbesondere im Fischerei- und Tourismussektor, sind überwunden. Mit der Behebung der Folgen dieser verheerenden Naturkatastrophe sind vielerorts moderne Strukturen entstanden.

In einem so komplexen Land mit so großen kulturellen Unterschieden ist es nicht einfach, eine generelle Formel für die geschäftlichen Umgangsformen in Stein gemeißelt zu präsentieren – aber wo ist es das schon? Regionale, Religions-, Kasten- und Sprachunterschiede sind nur einige Faktoren, die man zu beachten hat, wenn man in Sri Lanka ein Geschäft machen möchte. Das eigene Verhalten, die Landesetikette und der erste Kontakt müssen auf den Partner abgestimmt werden, ob er Singhalese, Tamile oder Araber ist, es gibt da verschiedene Regeln zu beachten. Aber egal, von welchen kulturellen Einflüssen gesteuert, die wichtigste Rolle hat die Hierarchie in der allgemeinen Geschäftskultur in Sri Lanka inne.

Mit Wurzeln im Hinduismus und dem Kastensystem, funktioniert die gesamte Gesellschaft in einem Rahmen strikter Rollen, Statusträgerschaften und sozialer Ordnung. Familienzugehörigkeit hat Vorrang vor Können und Kompetenz und dies spiegelt sich leider allzu oft in wichtigen Entscheidungen wider. Es ist wichtig, dies zu wissen, um die richtigen Personen bei Verhandlungen auszumachen und für sich zu gewinnen. Sri Lanker sind wirklich sehr gastfreundschaftlich und es kommt nicht selten vor, dass man schon nach der ersten Begegnung ins Haus des Geschäftspartners eingeladen wird. Ich habe persönlich sehr gute Erinnerungen an solch ein Erlebnis und die kulinarischen Köstlichkeiten des Abends.

Die Geschäftskleidung ist formell, also Anzug und Krawatte, aber meistens nur beim ersten Treffen und zu offiziellen Anlässen. Später, wenn man sich besser kennt und trifft, kann man das Jackett oder die Krawatte ruhig weglassen. Bei der Begrüßung gibt man sich die Hand und es ist auch Sitte, dies der Verabschiedung zu tun. Die ältere Generation oder auch die eher traditionellen Sri Lanker grüßen gerne mit dem „Namaste"-Gruß und legen beide Hände gefaltet vor die Brust, dabei nicken sie gleichzeitig kurz mit dem Kopf.

Die Singhalesen sagen dabei „Ayubowan", was übersetzt so viel wie „Ich wünsche dir ein langes Leben" bedeutet. Tamilen sagen „Vanakkam": „Gesegnet seist du mit einem langen Leben".

Visitenkarten sollte man mit beiden Händen überreichen und es ist eine nette Note, wenn die Informationen auf der eigenen Karte auch in Singhala oder Tamil übersetzt sind. Wie überall ist es üblich, die entgegengenommene Karte mit Respekt zu behandeln, sie in Ruhe anschauen und nicht gleich wegzustecken.

Persönliche Beziehungen sind das A und O in Sri Lanka und diese muss man erst aufbauen. Es ist also eine Fehleinschätzung zu denken, man fliegt mal schnell nach Sri Lanka und kommt mit dem Buch voller Aufträge zurück.
Zu Anfang kann man von Glück reden, wenn man gleich zum Entscheidungsträger vorstoßen kann.

Da man aus dem Ausland, also von weit her einfliegt, hat man aber auch sehr gute Chancen, dass dies eintrifft. Es ist auch anzuraten, vorab mehr Informationen als üblich über sich und den Geschäftsanlass zu schicken, damit der Partner schon einige Vorarbeit veranlassen kann. Man erreicht dadurch auch, die meist sehr langsamen Verhandlungen etwas zügiger ins Rollen zu bringen. Sri Lanker wollen Vertrauen zu ihren Geschäftspartnern haben, und wer will das nicht? Die ersten Gespräche dienen meist dazu, sich erst einmal kennen zu lernen und die Beziehung aufzubauen.

Unsere normale Denkweise ist: Was, extra nach Sri Lanka geflogen, tausende von Euros ausgegeben – und wofür, für Smalltalk? Das kann nicht sein! Ja, so ist es aber, und wer zu sehr Druck ausübt und Ungeduld zeigt, hat gleich von Beginn an schlechte Karten.

Offene Kritik und direkte Konfrontation während Verhandlungen sind absolut zu vermeiden, denn so ist der Stil der Sri Lanker. Man muss zwischen den Zeilen lesen lernen und auch selber Dinge indirekt zum Ausdruck bringen. Also nicht gleich: „Nein, unmöglich, das machen wir nicht!", sondern: „Wir werden das mal auf Machbarkeit überprüfen".

Des Weiteren muss man immer wieder darauf hinweisen, dass solange kein Geld gezahlt wurde, alles immer noch weiter verhandelbar ist, auch wenn man denkt, es ist alles festgelegt, abgestimmt und abgeschlossen.

Sri Lanker sind bekannt dafür, sehr extreme Preisverhandlungen zu führen. Ich kann da ein Lied von singen und nur jedem raten, eine gute Profitsicherheitsmarge einzurechnen.

Geschäftsverbindungen mit ausländischen Firmen sind in Sri Lanka sehr gut für den eigenen Status und heben das Image.
Kaufentscheidungen werden immer nur auf dem höchsten Level getroffen und bleiben ausschließlich dem Besitzer vorbehalten.
Noch zu erwähnen ist, dass in Sri Lanka speziell die Servicekosten während

der Garantiezeiten zu bedenken sind, denn es ist nicht selten, dass eine Maschine genau eine Woche vor Ablauf der Garantiezeit ein Problem hat und Überholung und Ersatzteile braucht. Ich habe vier Anlagen dorthin verkauft und drei von den vier machten kurz vor Ablauf der Garantiezeit plötzlich Probleme.

Astrologische, religiöse oder auch übernatürliche Eingebungen sind nicht unüblich bei Entscheidungsfindungen in Sri Lanka, daher ist der persönliche Eindruck, den man ausübt, sehr wichtig. Wenn man ein positives Karma hat, kann das schon mal sehr hilfreich sein.

Die Küche Sri Lankas ist bekannt für ihre vielen verschiedenen Currys. Es gibt schwarze, rote, weiße und grüne. Bereits wenn man ceylonesische Speisekarten liest, läuft einem das Wasser im Mund zusammen: delikates Kokuscurry mit Hibiskusblüten, scharfes rotes Curry mit Riesengarnelen, pikantes schwarzes Curry mit würzigem Schweinefleisch oder Häppchen von sauer eingelegtem Gewürzfisch. Dazu Mallun-Salat aus geriebenen Passionsfruchtblättern mit frischen Kokosflocken und saftigen Jackfrucht-stückchen, gegart in zart verfeinerter Kokosmilch.
Doch nicht nur die Currys überraschen mit herrlicher Geschmacksvielfalt, sondern auch der Reis. Das blanke, weiße Korn kommt bei den meisten Sri Lanker nicht zwangsläufig auf den Tisch. Eine Alternative ist beispielsweise der schlanke, nussig schmeckende Basmatireis, vor allem beliebt in Nordindien, oder der unverwechselbare rote, naturbelassene Reis, der voller Aroma steckt. Während gekochter Reis gerne zum Hauptgericht gereicht wird, kann er auch mit Gewürzen, Zwiebeln, Brühe, Butterschmalz oder dem sogenannten Ghee, einer aus Büffelmilch gewonnenen Butterart gedünstet werden. Mit Kokosmilch, Kräutern, Gewürzen und Kurkuma gegart, entsteht gelber Reis. Noch größerer Beliebtheit erfreuen sich Hoppers, Pfannkuchen aus Reismehl, die in einer kleinen konischen Pfanne, die an einen Wok erinnert, oftmals mit einem Spiegelei in der Mitte, gebraten werden. Innen weich und saftig, außen köstlich knusprig und goldbraun, werden die Hoppers gerne mit Kokosnuss oder Zwiebel-Chili-Sambol, einer würzigen Paste in verschiedensten

Geschmacksrichtungen, verspeist. Als besonderer Leckerbissen gelten bei Kennern Hoppers aus rotem Reismehl mit Ei.

Und jetzt noch der Wetterbericht:
Es gibt in Sri Lanka keine Jahreszeiten im eigentlichen Sinn, sondern einen Wechsel von Regen- und Trockenzeit. Es herrscht tropisches Monsunklima, im Norden und Nordosten heißes und trockenes Klima (Regenzeit von November bis Februar), im Süden und Südwesten heiß und feucht (Regenzeit von Mai bis September). Das zentrale Bergland ist trocken, teils feucht und kühl (Regenzeit von Juli bis November). Man muss dazu sagen, dass man sich nirgendwo mehr aufs Wetter verlassen kann und Abweichungen heutzutage der Regelfall sind, auch die Regen- oder Trockenzeiten treten nicht mehr zuverlässig ein.

24 Pakistan: Nur für Wagemutige

Islamische Republik Pakistan

Fläche: ca. 800.000 km²
Internationales Kfz-Kennzeichen: PK
Landeswährung: 1 Pakistanische Rupie = 100 Paisa
Unterschied zur MEZ: + 4 h
Internationale Telefonvorwahl: +92
Netzspannung/Frequenz: 230 Volt, 50 Hertz
Internet-TLD (Top Level Domain): .pk

Die Islamische Republik Pakistan ist eine parlamentarische Demokratie, de facto aber ein Präsidialregime. Der Staat Pakistan entstand 1947 aus den mehrheitlich muslimischen Teilen Britisch-Indiens. 1956 rief sich Pakistan zur ersten islamischen Republik der Erde aus. 1971 wurde Ostpakistan als Bangladesch unabhängig. Pakistan grenzt im Südwesten an den Iran und an Afghanistan, im Norden an China, im Osten an Indien und im Süden an das Arabische Meer.

Das Land hat etwa 175 Millionen Einwohner, die sich nach Völkergruppen wie folgt aufteilten: 50 % Punjabis; 15 % Sindhis; 15 % Paschtunen; 8 % Mohajirs; 5 % Belutschen sowie etwa 1,2 Millionen Flüchtlinge aus Afghanistan.

Die Religion des Landes ist zu fast 100 % muslimisch und teilt sich in ca. 90 % Angehörige des sunnitischen und ca. 9 % des schiitischen Glaubens, der Rest sind Hindus, Christen und andere.
Die Amtssprachen sind Urdu und Englisch, außerdem gibt es regionale Sprachen und Dialekte wie Sindhi, Balutschi, Pandschabi, Paschtu, Saraiki und Hindoko. Die wichtigsten Regionalsprachen sind Punjabi, Sindhi, Pashtu, Seraiki und Baluchi.

Die Hauptstadt Pakistans ist Islamabad mit knapp eine Millionen Einwohner. Islamabad ist nicht historisch gewachsen, sondern eine geplante Stadt, die 1960 auf dem Reißbrett entstand. Man erkennt dies am schachbrettartigen Grundriss auch gut aus der Luft.

Für Pakistan besteht grundsätzlich Visapflicht, man kann die Einreise bei der jeweiligen pakistanischen Botschaft beantragen. Ausnahmen aber bestehen für Geschäftsleute mit Empfehlungsschreiben der Industrie- und Handelskammer des Herkunftslandes, die ein Einladungsschreiben einer pakistanischen Firma und ein Empfehlungsschreiben des Investor Consular Board of Investment vorlegen können. In diesem Fall werden Visa für 30 Tage auch bei der Einreise am Flughafen oder Grenzübertritt gegen eine Gebühr von bis zu etwa 150 US-Dollar ausgestellt.

Die medizinische Versorgung in Pakistan ist nicht annähernd mit der westlichen zu vergleichen und absolut unzureichend. Die medizinischen, technischen, hygienischen und organisatorischen Defizite sind gravierend. In Islamabad und Karachi ist die Versorgung in einigen Hospitälern auf gutem Niveau, aber auch sehr teuer. Auf dem Land ist dies nicht der Fall und es kommen erhebliche Sprachprobleme dazu.

Die Versorgung mit zuverlässigen Medikamenten ist nicht überall gesichert. Es muss damit gerechnet werden, dass insbesondere in kleinen Apotheken auch gefälschte Produkte statt richtiger Medikamente verkauft werden. Reisende sollten regelmäßig einzunehmende Medikamente in ausreichender Menge nach Pakistan mitbringen und sich für die Einreise deren Notwendigkeit von ihrem Arzt auf Englisch bescheinigen lassen. Die Apotheken der großen Privatkliniken bieten ein breites Spektrum zuverlässiger Medikamente. Es ist anzuraten, in jedem Fall eine gute Reiserückholversicherung abzuschließen. Für Pakistan würde ich auch empfehlen, vorher einen reisemedizinischen Arzt zu konsultieren, um einen ausreichenden Impfschutz zu gewährleisten.

Die Währung ist die pakistanische Rupie (PKR) und die kann man überall in Pakistan tauschen. Für den Geldwechsel, für kleinere Bezahlungen, empfehle ich, US-Dollar mitzunehmen. In den größeren Städten gibt es Geldautomaten und Karten mit dem Cirrus- oder Maestro-Symbol werden an einigen auch akzeptiert. Mit den gängigen Kreditkarten wie Amex, Visa und Mastercard kann man in den internationalen Businesshotels bezahlen, außerhalb der Hotels werden diese nur begrenzt angenommen. Travellerschecks werden von den meisten Banken und Vier- bis Fünf-Sterne-Hotels angenommen, sollten aber in US-Dollar ausgestellt sein.

Mit dem eigenen GSM-Handy kann man in Pakistan überall mühelos telefonieren, aber der Sendebereich beschränkt sich vorwiegend auf die größeren Städte. Daneben gibt es öffentliche Telefonzentren mit Selbstwahlferndienst.
Internetservice wird in allen Businesshotels oder auch den reichlich vorhandenen Internetcafés angeboten.

Wer nach Pakistan kommt, um Geschäfte zu machen, fliegt generell über einen der vier internationalen Flughäfen ein.
Der Karachi International Airport etwa 15 km nordöstlich der Elf-Millionen-Metropole Karachi. 30 Minuten Fahrzeit sind es hier bis zur Stadt.
Der Lahore International Airport liegt etwa 18 km südöstlich der Stadt Lahore mit 20 Minuten Fahrzeit in die Stadt.
Der Islamabads International Airport befindet sich etwa 8 km südöstlich der Stadt, 20 Minuten dauert hier die Fahrt.

Der Peschawar International Airport liegt 4 km außerhalb der Stadt mit 10 Minuten Fahrzeit ins Zentrum.

Es gibt an jedem Flughafen Busse und Taxen, aber ich rate allen westlichen Ausländern, entweder die Hotellimousinen zu nutzen oder sich von guten Bekannten oder Freunden abholen zu lassen.

Wer geschäftlich nach Pakistan reist, muss eine große Portion Wagemut mitbringen und sollte sich vor der Abreise genauestens über alle neuesten Sicherheitsbestimmungen informieren – und man kann sagen, das sind nicht wenige.

In den größeren Städten wie Karachi, Lahore, Peschawar, Quetta, Rawalpindi und Islamabad kommt es immer wieder zu Großkundgebungen und blutigen Auseinandersetzungen zwischen rivalisierenden Gruppen oder kriminellen Banden. Auch gezielte Mordaktionen krimineller Elemente gegen missbeliebige Personen, Raubüberfälle, Entführungen, Diebstahl und Terroraktionen werden nicht selten verübt. Bevorzugte Ziele für solche Anschläge, die Panik verbreiten sollen, sind Märkte, Bushaltestellen und öffentliche Plätze. Man sollte daher derartige Orte eher selten aufsuchen und generell große Menschenansammlungen meiden.

Landesweit besteht die Gefahr politisch-religiös motivierter Gewalttaten und gerade westliche Ausländer sind bevorzugte Ziele.
Die Grenzgebiete zu Afghanistan, Iran und Indien ebenso wie der von Pakistan verwaltete Teil des Kaschmirs entlang der Waffenstillstandslinie sind nicht bzw. nur mit offizieller Genehmigung zugänglich.

Pakistan ist ein islamisches Land. Es gilt daher im Strafrecht zum Teil die Scharia. Zwar sind bisher keine Fälle bekannt, dass westliche Bürger nach diesem Gesetzeswerk verurteilt worden sind, auf Straftaten wie Blasphemie, Ehebruch und Drogendelikte steht jedoch die Todesstrafe.

In Pakistan besteht, mit Ausnahme weniger internationaler Hotels mit eigener staatlichen Lizenz, absolutes Alkoholverbot.

Es ist anzuraten, besonders auf islamische Sitten und Gebräuche sowie auf entsprechende Bekleidungsvorschriften Rücksicht zu nehmen. Speziell Frauen müssen sich sehr bedeckt halten und sollten auch immer ein Kopftuch tragen.

Die Wirtschaft und die Investitionen in Pakistan leiden unter der anhaltenden politischen Instabilität des Landes und der schlechten Regierungsführung. Trotz vieler Schwierigkeiten bleibt Pakistan aber angesichts des hohen Investitionsbedarfes in vielen Bereichen, vor allem aber im Energie- (inkl. erneuerbare Energien), Landwirtschafts-, Infrastruktur- und Hochtechnologiesektor sowie wegen der Kaufkraft einer wachsenden Mittelschicht ein interessanter Markt für ausländische Firmen.

Die Landwirtschaft Pakistans ist immer noch in vielerlei Hinsicht der wichtigste Bereich der pakistanischen Volkswirtschaft.
Der Industriesektor ist noch relativ gering, aber ausbaubar. Die bei Weitem wichtigsten Exportsektoren sind die Textil- und die Fahrzeugteile- Zulieferbranche.
Der Dienstleistungsbereich hat sich zu einem wichtigen Wachstumssektor entwickelt, vor allem sind hier Banken, Versicherungen, Transportwesen und Kommunikation, aber auch der überproportional große Verwaltungsapparat zu nennen.
Ein großes Problem des Landes ist die ausreichende Versorgung mit Energie. Nur zwei Drittel der Bevölkerung haben heute Zugang zu Elektrizität und es kommt oft zu stundenlangen Stromabschaltungen im ganzen Land. Dies belastet vor allem das produzierende Gewerbe. Die Lösung der Energiekrise ist unabdingbar, bevor das Land einen industriellen Fortschritt verzeichnen wird. Erneuerbare Energien sind ein Teil der Lösung und werden weiter ausgebaut.

Der Islam bestimmt das politische, soziale, ökonomische und rechtliche Leben in Pakistan. Es ist daher eine logische Konsequenz, dass auch die Geschäftskultur sehr stark durch die islamische Kultur beeinflusst wird. Es ist obligatorisch für Muslime, fünf Mal am Tag zu beten. Anders als bei uns der Sonntag ist der Freitag für sie der heilige Tag und es wird dann nicht gearbeitet, alles ist geschlossen.

Während des Fastenmonats Ramadan darf nur sechs Stunden pro Tag gearbeitet werden. Fasten beinhaltet, weder zu essen noch zu trinken oder zu rauchen.

Die Beziehung zur Familie hat wesentlichen Einfluss und ist die Basis der sozialen und individuellen Position in einer sehr hierarchischen Struktur. Dies beinhaltet die unmittelbare Familien- wie die Volkszugehörigkeit, die entfernte Verwandtschaft und die Nachbarn und beeinflusst die Loyalität im sozialen wie im Geschäftsgefüge.

Es ist entscheidend, wem man vertraut, wen man einstellt und mit wem man Geschäfte macht. Die Familie wird in Pakistan stärker abgeschirmt als in anderen Kulturen. Weibliche Mitglieder werden beschützt vor äußeren Einflüssen und es wird als unhöflich angesehen, Fragen über sie zu stellen. Ältere Personen werden als weise angesehen und entsprechend respektiert. Pakistaner erwarten, dass die älteste oder ranghöchste Person die wichtigen Entscheidungen für die Familiengruppe oder Firma trifft.

Bevor man nach Pakistan zu irgendwelchen Geschäftsabenteuern fliegt, sollte man einen lokalen Vermittler haben. Seine Aufgabe ist es, die gewünschten Kontakte herzustellen, kulturelle Unterschiede zu überbrücken und zu helfen, die lokalen Geschäftsbeziehungen aufzubauen. Nichtsdestotrotz ist Pakistan ein Land, wo mehr zwischen Einzelpersonen verhandelt wird und weniger in Teams.
Wenn immer möglich, sollte man Termine mindestens drei bis vier Wochen vorher anmelden. Da die Pakistaner gerne wissen, wer sie treffen

möchte, ist es sehr wichtig, die eigene Person mit vielen Informationen über Titel, Position und Verantwortungsbereich vorab vorzustellen.

Die Geschäftskleidung ist formell und man sollte als westlicher Besucher in Anzug und Krawatte auftreten.

Treffen, die lange angekündigt waren, werden manchmal einfach kurzfristig abgesagt. Pakistaner haben es niemals eilig und mögen es nicht, wenn man sie drängt. Wie überall in Asien können Meetings verspätet beginnen, aber trotzdem wird vom westlichen Besucher Pünktlichkeit erwartet.

Es ist wie ein kleiner Test zu Anfang, ob man seinen Ärger über die Verspätung oder eine erste Vertagung offen zeigt oder ob man – und das ist sehr anzuraten – ruhig und gelassen bleibt.

Es ist auch wichtig, bei der Anrede und Begrüßung den Titel der Person zu adressieren, wie „Doktor Hasni" oder „Professor Noorzai". Falls man unsicher ist, sollte man ruhig fragen, wie die Person angeredet werden möchte.

Der Pakistani begrüßt mit einem leichtem Handschlag der rechten Hand. Man sollte Frauen bei der Begrüßung aber nicht die Hand reichen.

Danach folgt der Austausch der Visitenkarten, wiederum nur mit der rechten Hand oder mit beiden Händen. Man sollte alle seine Titel auf der Karte anzeigen, denn je mehr Titel, umso mehr Respekt.

Eine Visitenkarte ohne genaue Betrachtung einzustecken, wird als starke Beleidigung aufgefasst, also immer schön in Ruhe betrachten und erst dann einstecken.

Zu Anfang des Gesprächs wird nur Allgemeines ausgetauscht und nach dem Befinden usw. gefragt. Humor ist nicht angebracht in der Anfangsrunde und auch generell sind die Pakistaner keine sehr humorvollen Menschen.

Das Treffen wird erst einmal sehr formell geführt.

Mehrfache Unterbrechungen sind kein Einzelfall und man sollte sich nicht aus der Ruhe bringen lassen, es ist gang und gäbe, dass zusätzliche Beobachter zu Meetings kommen, entweder aus reiner Neugier oder auch mit eigener Agenda.

Beim ersten Treffen wird sowieso nicht mehr passieren, als dass man sich erst mal kennen lernt und überprüft, ob die Chemie stimmt. Es ist unrealistisch, ein Ergebnis von einem ersten Treffen zu erwarten.

Pakistaner sind sehr gastfreundlich und freuen sich über ausländische Gäste. In der Denkweise eines Pakistaners müssen Beziehungen wachsen und das braucht sowieso mehrere Besuche.
Es werden daher oft auch sehr persönliche Fragen gestellt, um die Person als Mensch besser einstufen zu können, daher ist es ratsam, solchen Fragen nicht auszuweichen, sondern sie so gut wie möglich zu beantworten.
Für Pakistaner ist der persönliche Freiraum nicht so wichtig wie für uns Ausländer, daher stehen sie oft sehr nahe an einem dran und man sollte dann nicht unbedingt zurückweichen.

Pakistaner wollen und machen meistens nur Geschäfte mit den Leuten, die sie kennen und denen sie vertrauen, daher ist es enorm wichtig, eine Vertrauensbasis aufzubauen und die Sympathie des Partners zu gewinnen. Geschäftsbeziehungen in Pakistan laufen in erster Linie zwischen Personen und nicht zwischen Firmen.
Die Beziehung ist auch nicht so einfach auf Dritte aus der eigenen Firma übertragbar und daher ist es sehr wichtig, dass die Firma nicht alle paar Jahre die verantwortliche Person für das Land wechselt.
Bei Verhandlungen muss man auf Schmeicheleien gefasst sein und auch selber den Partner und seine Firma in höchsten Tönen loben.

Pakistaner sprechen meistens sehr ruhig und leise, lautes und körperliches Gehabe und Emotionen werden als Verlust der Selbstkontrolle angesehen. Man spricht indirekt und vermeidet Konfrontation durch Aussagen wie „Wir werden darüber nachdenken", „Wir werden es versuchen" oder „Ist das wirklich so?". Aber auch einfaches Ignorieren einer unliebsamen Frage und Schweigen sind Mittel und Wege der pakistanischen Verhandlungsweise.
Wer zu viel Blickkontakt während der Verhandlungen sucht, wird als un-

höflich und aufdringlich empfunden. Entsprechende Gesichtsausdrücke und Kopfschütteln sind ebenfalls nicht angebracht, auch wenn man zur Weißglut getrieben wird. Besser: Immer ruhig bleiben und das Spiel umzudrehen versuchen.

Pakistaner versuchen Langzeitverbindungen herzustellen, von denen sie lange profitieren können, und obwohl der Verhandlungsstil harsch ist, versuchen sie eine Win-win-Situation herzustellen, wobei die Ansichten über unser und deren „Win" manchmal doch sehr stark auseinanderklaffen.

Pakistaner respektieren jemanden, der hart verhandeln kann, solange Konflikte außen vor gelassen werden. Falls die Positionen zu weit auseinandergehen, sollte man ruhig auf die langfristigen Vorteile hinweisen. Lokale Umstände als Hinderungsgrund oder Vertragsproblematik anzuführen, ist nicht angebracht und kann den Ablauf nur behindern. Kreative Geduld ist gefragt und in extremen Situationen sollte man eventuell einen Vermittler einschalten.

Die Verhandlungen sind oft sehr zähflüssig und Pakistaner wollen natürlich immer den besten und größten Discount der Firmengeschichte erzielen. Verhandlungspunkte werden mit Absicht immer wieder neu aufgerollt, auch wenn man meint, sie wären schon lange abgehakt. Es wird kreuz und quer durch die Punkte gegangen, um vom eigentlichen Punkt abzulenken und um eine bessere Position für sich zu erlangen. Es ist auch sehr unratsam, bei Verhandlungsbeginn schon zu früh Preizugeständnisse zu machen, da am Ende immer noch ein Nachschlag verlangt wird, und der ist nicht ohne.

Es ist auch nicht unüblich, dass einem auf das Emotionale abzielende Taktiken begegnen, etwa dass gesagt wird, Pakistan sei ein armes Land, und dass auf die persönlichen Beziehungen hingewiesen wird. Man sollte dabei immer ruhig und gelassen bleiben und Ausweichbewegungen machen, wie das Thema wechseln oder das Gesagte einfach ignorieren. Die Frage nach zusätzlichen „Funds" für die oder den Entscheidungsträger, in anderen

Worten: Bestechung, ist auch nicht unüblich. Kleinere Summen werden als Bezahlung für gute Arbeit angesehen und weniger als reine Bestechung. Man sollte hier aber sehr vorsichtig sein und eine klare Linie ziehen, was Geschenk und was Bestechung ist. Der frühe Hinweis auf die eigenen Firmenpraktiken zu Beginn von Verhandlungen ist hilfreich, um Missverständnisse und eine zu hohe Erwartungshaltung zu vermeiden.

Mündliche Vereinbarungen sind so gut wie nichts wert und auch schriftliche Verträge werden nicht immer eingehalten. Obwohl die Pakistaner die Verträge natürlich verstehen, gelten diese mehr als Richtlinien für das Geschäft und beide Parteien sollten, so verstehen es die Pakistaner, auch nach Abschluss und Unterzeichnung willens sein, kleine Dinge noch zu ändern, wenn es die Situation erfordert. Es ist sehr schwierig, Verträge legal einzubinden, und es ist ratsam, einen lokalen Rechtsexperten zu konsultieren, bevor man einen Vertrag endgültig unterzeichnet.

Wer zu einem Geschäftsessen eingeladen wird, und das ist absolut üblich, sollte ein paar einfache Regeln beachten.
Man sollte immer die Schuhe ausziehen, bevor man ein privates Haus betritt.
Man sollte sich formell kleiden.
Es ist besser, etwa 15 Minuten später als die gesetzte Uhrzeit zum Dinner und zu einer privaten Party auch eine Stunde später zu erscheinen.
Respekt gegenüber den Älteren beweisen und diese immer zuerst begrüßen.
In den ländlichen Gebieten ist es Sitte, auf dem Fußboden zu sitzen, und das Mahl wird auf einem kniehohen runden Tisch serviert.
Es sind auch selten Messer, Gabel oder Löffel vorhanden und man isst mit der rechten Hand – und nur mit der rechten, die linke gilt als unrein.
Man sollte mit dem eigenen Essen warten, bis der Älteste beginnt.
Man sollte langsam essen und beobachten, was die anderen machen, und ihrem Beispiel folgen.
Es wird einem solange nachgelegt, bis man platzt. Daher ist es ratsam,

wenn man genug gegessen hat, es zu sagen und etwas von den Speisen auf dem Teller zu lassen.

Geräuschvolles Essen ist zu erwarten und ein dezenter Aufstoßer ist immer ein Zeichen, dass es einem gut geschmeckt hat.

Die pakistanische ist der indischen Küche sehr ähnlich, hat aber eine muslimische Note und ist beeinflusst von arabischen, türkischen und persischen Traditionen. Genannt wird sie Mogul-Küche und ist vor allem in Lahore sehr verbreitet.

Die Gerichte sind weniger würzig als in Indien, aber auch hier gibt es zahlreiche subtile Mischungen aus Safran, Kardamom, Sesam und Gewürznelken. Mit reichlich Joghurt werden die scharfen Gewürze etwas abgeschwächt.

Auf den meisten Speisekarten findet sich eine Auswahl an Fleisch- und Geflügelgerichten mit würzigen Soßen (Masala), die als Ragout (Bhuna Ghost), aus dem Ofen (Tandoori), in Joghurt (Korma) oder am Spieß (Kebab) serviert werden.

Biryani ist ein gut gewürzter Reis, der mit einer Soße und Hühnchen oder Hammelfleisch bzw. Fisch gereicht wird. Pilao ist praktisch das Gleiche, nur etwas weniger scharf, Sag Ghost ist ein Lammcurry mit Spinat.

Die meisten Gerichte werden mit Linsen (dal), Raita (Joghurtsoße, gewürzt mit Salz, Pfeffer und Koriander) und Weizenfladen (Chapati, Paratha oder Naan) serviert.

Als Dessert gibt es Helva, Leckereien aus Nüssen oder Karamell mit Mandeln oder Pistazien, oder Shahi Tukra, eine Creme mit Pistazien und Mandeln.

Dazu wird entweder Lassi, der flüssige, gekühlte Joghurt, oder schwarzer Tee (Shai) mit Milch, Zucker und Kardamom getrunken. Alkoholische Getränke werden nur in den großen Hotels an Ausländer ausgeschenkt, die zuvor ein spezielles Formular ausfüllen müssen.

Und jetzt noch der Wetterbericht;

In den hohen Gebirgsregionen im Norden und Nordwesten sind die Winter extrem kalt, während die Sommermonate von April bis September sehr angenehm sind. In der Tiefebene des Indus ist es im Sommer extrem heiß, im Winter trocken und kalt. Der Küstenstreifen im Süden hat ein gemäßigtes Klima mit geringen Niederschlägen. Die durchschnittliche jährliche Niederschlagsmenge reicht von 16 Zentimetern im Industal bis 120 Zentimeter in der Himalajaregion. Die monsunischen Regen fallen spät im Sommer. Bedingt durch die täglichen Temperaturunterschiede, ist die Luftfeuchtigkeit relativ gering.

25 Geschäftsreisen, Auslandsarbeit und Stammsitz der Firma – Welten treffen aufeinander

In meiner langjährigen Tätigkeit in Asien habe ich die Erfahrung gemacht, dass Erfolg oder Misserfolg einer Geschäftsreise nicht allein vom einzelnen Geschäftsreisenden oder von dem zu verkaufenden Produkt oder Projekt abhängen, sondern es auch immer des ganzen Verständnisses und des vollen Vertrauens der Führungsebene oder der Besitzer des Stammsitzes in die Mission bedarf.

Wer nicht die volle Rückendeckung des Stammsitzes hat, verhandelt oft auf verlorenem Posten.

Die Führungsspitze einer Firma sollte sich absolut darüber im Klaren sein, dass es ein gemeinsames Ziel zu erreichen gibt: und zwar viele Aufträge im Ausland zu erwirtschaften.

Es sollten daher die Weichen im Stammsitz richtig gestellt werden und eine direkte Basis in Form eines dort ansässigen Auslandsteams implementiert sein.

Leider findet dieser Punkt oft nicht die richtige Beachtung in den Stammsitzen und es werden Mitarbeiter, neben ihren Haupttätigkeiten, mit Zusatzaufgaben wie Unterstützung der Auslandsreisenden beauftragt.

Oft werden schon mal Mitarbeiter berufen, die keinerlei Ahnung von Geografie haben oder denen jegliches kulturelle Verständnis fehlt. Für sie liegt Singapur in China und Siam ist ein Stadtteil Singapurs. Sie sind geschockt, wenn man ihnen von sieben bis acht Stunden Flugzeit innerhalb Asiens erzählt. Sie glauben, dass es Ramadan nur im Mittleren Osten gibt, alle Chinesen Hunde essen, ganz Thailand ein Bordell ist, Indien nur aus „Slumdog Millionaires" besteht und Kimschie der Name des koreanischen Präsidenten ist.

Mitarbeiter, die Dienstreisen als Urlaub und Spaß betrachten und nur darauf hinarbeiten, Probleme, die sie selbst im Stammsitz geschaffen haben, vor Ort mit einer schönen Dienstreise zu lösen, sind oft keine Seltenheit.

Es besteht oft eine interne Neidkultur zwischen den Auslandsreisenden und den im Stammsitz stationär tätigen Mitarbeitern. Diese Neidkultur kann sogar so weit führen, dass Aufträge und wichtige zu erledigende Arbeiten bewusst verschleppt werden.

Das gemeinsame Ziel der Unternehmung ist dadurch viel schwerer zu erreichen und die Effizienz leidet.

Der im AuslandsTätige muss oft auch Aufträge zweimal verkaufen, einmal an den Kunden und, weit schwieriger, zum zweiten Mal an die eigene Firma. Wiederholte Erklärung des komplizierten Sachverhaltes im Ausland, Ignoranz sowie fehlende Lernfähigkeit bedeuten enormen Zeitverlust und Kraftanstrengungen und kosten dazu die Firma viel Geld.

Wer seine Investitionen in die Reisekosten und die Auslandsarbeit der Mitarbeiter effizient ausschöpfen möchte, ist gut beraten, erst einmal im Stammsitz das richtige Umfeld zu schaffen.

Das Vorurteil, Dienstreisen seien Lustreisen, ist weit verbreitet und man hört oft Kollegen und Bekannte sagen: „Oh, wow! Hast du es gut!" und „Was für ein toller Job, all die schönen Länder und Städte zu bereisen" – aber was wissen die schon vom Leben „on the road"?

Denn die Realität sieht anders aus. „On the road" heißt: lange Wartezeiten auf Flughäfen, oft zehn bis zwölf Stunden nachts im Flugzeug sitzen, eintönige Hotelräume, Firmen und Konferenzzimmer, und immer wieder ist man mit Menschen zusammen, die aus einer ganz anderen Kultur stammen und eine fremde Sprache sprechen. Man hat kaum etwas gemeinsam mit diesen Menschen und fühlt sich sehr oft sehr allein.

Man sieht auch leider nicht viel von den Städten oder Ländern, die man bereist, und der Aufenthalt dort ist auch ganz bestimmt weit davon entfernt, Urlaub zu sein. Von den zusätzlichen grauen Haaren mal ganz abgesehen, hat man ständig mehrfach Zeitunterschiede und den daraus resultierenden Jetlag zu überbrücken. Man schläft fast jede Nacht in einem neuen Hotelzimmer, wenn man denn schlafen kann, und muss ständig den Koffer ein- und auspacken. Essenszeiten sind normalerweise Schlafzeiten und vice versa, man konsumiert durch die vielen Einladungen zu Abendessen mehr Alkohol als normalerweise. Die Familie sieht man oft nur beim Tausch des Koffers frischer Wäsche für die nächste Reise und die Scheidungsraten sind entsprechend hoch.

Schulung der Mitarbeiter für ein bessere Verständnis von Auslandtätigkeiten, ob im Stammsitz zur Unterstützung oder für die Reisetätigkeit selber, ist leider nicht der Regelfall und ein Problembereich in fast jeder Unternehmung.

Es treffen bei Geschäften zwischen westlichen Firmen und asiatischen Kunden Welten aufeinander. Kulturen, unterschiedlicher, wie man sie sich kaum vorstellen kann, binden sich in Verträgen aneinander.

Leider findet dies in Unternehmungen viel zu wenig Beachtung!

Nicht zuletzt sollte man immer bedenken: Ein Geschäftsreisender ist nicht nur ein Vertreter, der die eigenen Firmeninteressen vertritt, sondern er ist auch ein Botschafter für das eigene Land, seiner Kultur und deren Wertvorstellungen.

Ich habe in meinen 25 Jahren geschäftlicher Reisens durch Asien sehr viel gelernt, aber meine wichtigste Erfahrung ist, erkennen zu müssen, in wie geringem Ausmaß ich am Ende meine asiatischen Partner, ob Chinesen, Japaner, Inder, Koreaner oder alle anderen, wirklich verstand.

Obwohl ich einigermaßen erfolgreich war, lernte ich auch Bescheidenheit und nicht immer als *der* Asienexperte aufzutreten.
Ich möchte aber hier am Ende des Buches trotzdem noch ein paar meiner wichtigsten gelernten Lektionen kurz nennen:

1) Habe es niemals eilig in Asien! Die Zeitvorstellung geht hier nicht nach Minuten oder Stunden. Der größte Vorteil, den die Geschäftspartner in Verhandlungen haben, ist, dass sie ganz genau wissen, dass der Besucher irgendwann zurückfliegen muss. Also niemals den Termin der eigenen Abreise vorschnell preisgeben und immer sehr viel Zeit mitbringen oder gleich zuhause bleiben.

2) Nimm niemals ein Ja als Antwort. Ja heißt eventuell oder vielleicht auch Nein, aber selten heißt Ja wirklich Ja. Selten gibt es ein definitives Nein, aber man lernt mit der Zeit schnell, welches Ja oder Vielleicht eigentlich in Wirklichkeit Nein bedeutet. Asiaten sind meist sehr freundlich und negative Antworten passen nicht so richtig in diese Freundlichkeit, und man muss zugeben: Ein Vielleicht hört sich viel besser und netter an als ein direktes Nein.

3) „Glaube niemals ganz, was du siehst oder hörst" ist eine wichtige Regel für das Geschäft in Asien. Die Mehrheit der ausländischen Geschäftsleute sind so fixiert darauf, den „Deal des Jahrhunderts" abzuschließen, dass sie den gesunden Menschenverstand einfach zuhause lassen. Man darf sich nicht blenden lassen und Versprechungen oder auch visuellen Eindrücken nicht uneingeschränkt Glauben schenken. Bei einem Gebäude oder einem Geschäftsbericht sieht die Fassade oft besser aus als die wirkliche Substanz dahinter. Oft wird in Asien etwas mehr als erwartet in Aussicht gestellt und schnell übernimmt die Gier den Verstand.

4) Wenn du die Sprache nicht beherrschst, ist die Regel: Bezahle deinem Übersetzer niemals zu wenig! Computer-Übersetzungsprogramme

helfen nicht, auch nicht die Stunden, die man in weiblicher Gesellschaft geübt hat. Solange es nicht die Muttersprache ist, hat man bei intensiven Verhandlungen nicht die leiseste Idee, worum es gerade geht. Ein loyaler Übersetzer ist sein Gewicht in Gold wert. Und wer möchte schon wegen sprachlicher Missverständnisse Aufträge riskieren?

5) Glaube niemals, dass bei einem ersten Treffen die auf der anderen Seite des Tisches über größere Vollmacht verfügen, als dass sie entscheiden dürfen, welchen Konferenzraum man für das Meeting benutzt. Der wahre Entscheidungsträger ist mit weit wichtigeren Angelegenheiten als deinen beschäftigt und wird von der Diskussion erst später unterrichtet.

6) Ignoriere niemals den schlafend wirkenden alten Mann am Ende des Tisches. Ganz egal, ob die Experten oder all die Bücher sagen, dass die dir gegenüber Sitzenden dir gleichgestellt sind, der alte schlafende Mann ist eventuell derjenige, der vom Besitzer geschickt wurde, um ein Auge auf gerade diese scheinbar Gleichberechtigen zu werfen.

7) Du bist gut beraten, die Dinge einfach und klar zu erklären, damit auch die weniger Studierten am Tisch es verstehen, denn oft sind es diese, die am Ende mit dem Produkt Tag für Tag arbeiten müssen. Darum versuche nie, beim Kunden vorzuführen, warum du einen MBA-Grad besitzt. SWAT-Analysen, ROI, EBITDA, Funktions-Matrix usw. sind zwar wichtig, aber die cleveren Manager, denen man in Asien begegnet, sind nicht so leicht zu beeindrucken und viele haben selbst im Ausland studiert.

8) Sei niemals überrascht, wenn der Gastgeber nach einer lange harten Verhandlungsrunde einen Besuch beim Barbershop vorschlägt. Keine Sorge, er hat in keinster Art und Weise irgendwelche Probleme mit deiner Frisur und meint auch nicht, dass du eine Rasur benötigst. Für einen Mann gibt es universelle und bekannte Schwächen, die schwer

zu unterdrücken sind. Falls man kann, sollte man höflich ablehnen. Das gilt auch für die Annäherungsversuche der Karaoke-Hostessen und das Klopfen mitten in der Nacht an der Hoteltür.

9) Stelle niemals zu viele Fragen über die Herkunft oder die Spezies auf dem Teller, erst einmal alles kosten und später Fragen stellen. Es ist einfach eine interessante Erfahrung, auf wie viele Arten und Weisen man Hund zubereiten kann.

10) Rufe niemals in Bierlaune deinen Chef an und teile ihm vergnügt mit, dass der Kunde morgen den Vertrag unterzeichnet und es die Zeit nicht wert sei, die Nacht noch mal durchzuarbeiten und den Vertrag umzuschreiben. Denn erstens hat der Kunde am nächsten Morgen eine andere Meinung und zweitens versteht es der Chef so ganz und gar nicht, wenn der Vertrag dann doch nicht zustande gekommen ist. Die Karriere könnte nachhaltig in Mitleidenschaft gezogen werden und man findet sich dann schnell auf Jobsuche wieder.

11) Versuche zu vermeiden, den Discount für die in Aussicht gestellten zukünftigen Folgeaufträge schon beim ersten Deal miteinzukalkulieren. Die Folgeaufträge kommen selten wie vereinbart und wenn, dann wird natürlich weiterer Discount erwartet.

12) Ach ja, bevor ich es vergesse: Selbstverständlich ist der Wettbewerber immer billiger.

Quellenangaben:

Einleitung
www.welt-atlas.de (Landkarte)

Klima in Asien
www.beste-reisezeit.org/pages/asien.php-Germany
www.asien-world.de/klima-und-wetter
http://www.nemko.com/de/services/environmental-testing/environmen-tal-impact-product
Klimabedingte Einflüsse: http://unstats.un.org/unsd/default.htm

Technologie- oder Entwicklungsstaat
www.jobs-asien.de/.../entwicklungslaender.php
de.wikipedia.org/wiki/Tigerstaaten
www.gsb.stanford.edu
www.fodors.com/.../asia/asian-countries-are-now-called-developing-c...
wiki.answers.com/Travel & Places > Countries, States and Cities

Politik und die Risiken
Internationaler Korruptionsindex von 2010
www.suite101.de > Politik & Gesellschaft
www.asien.org/politik/-Germany

Bevölkerungszahlen und ethnische Gruppierungen
Asien: „UN Economic and Social Commission for Asia Pacific" – Wikipedia
de.wikipedia.org/wiki/Asien
www.migrador.de > Fremde Kulturen
www.uni-protokolle.de/.../Indigene_Völker_Asien...

Religionen
Religion in Asia – Wikipedia, the free encyclopedia
en.wikipedia.org/wiki/Religion_in_Asia

East Asian religions – Wikipedia, the free encyclopedia
en.wikipedia.org/wiki/East_Asian_religions
www.smartersolutions.de/.../religionen-in-asien.ht...
www.wadsworth.com/religion_d/special_features/.../map_91.html

Sprachen
www.asien-world.de/sprachen-in-asien
www.suedostasienmagazin.de/.../soam_die_sprach...
www.ub.uni-konstanz.de/...sprachen/.../sprachen-o...
Südasiatischer Sprachbund – Wikipedia

Kulturen und Begrüßungsformen
www.chinaseite.de/china.../china.../verhalten-china...
Koreanische Sitten und Bräuche – Wikipedia *de.wikipedia.org/.../Koreanische_Sitten_und_Bräu...*
Thai greeting - Wikipedia, the free encyclopedia
en.wikipedia.org/wiki/Thai_greeting
www.moogbooks.com/index.php?...task...–
www.cosmiq.de/qa/show/.../Begrüßung-in-Indien..
http://goasia.about.com/od/Customs-and-Traditions/tp/Greetings-in-Asia.htm
apps.americanbar.org/legalservices/probono/lawschools/.../2007_8.p...

Reisen und die Zeit
www.dws-vs.de/.../Geschftsreisen_ins_Ausland_Gr...
www.gruendungswiki.de/wiki/?edit=1&oid...
www.business-best-practice.de/.../reisemanagement.
www.leitz.com/deDE/.../Geschaftsreisen_planen.ht...
biztravel.fvw.de/geschaeftsreisen...asien.../4079
International Labour Organization (ILO)
Religion in Asia – Wikipedia, the free encyclopedia
en.wikipedia.org/wiki/Religion_in_Asia

Der Asien-Manager
http://www.jr-cape.com/de/news/Studie_Expatriates_in_Asien.pdf
http://www.icunet.ag/uploads/media/DA Taubert -
www.egonzehnder.com/de/.../asienbroschuere.pdf -

Dinner & Entertainment in Asia
Chopsticks – Wikipedia, the free encyclopedia
en.wikipedia.org/wiki/Chopsticks
www.weirdasianews.com › News › Rest of Asia
Kopi Luwak – Wikipedia, the free encyclopedia
en.wikipedia.org/wiki/Kopi_Luwak
My Way killings – Wikipedia, the free encyclopedia
en.wikipedia.org/wiki/My_Way_killings
Massage parlor – Wikipedia, the free encyclopedia
en.wikipedia.org/wiki/Massage_parlor
Foot Therapies: Styles Of Bodywork For The Feet | Suite101.com
amykreydin.suite101.com › ... › Massage Therapy › Massage Techniques

Gastgeschenke in Asien
http://moesta.info/de/7000-geschenke-asien.htm
http://www.business-in-vietnam.de/de/Business-Knigge/praesente-ge-
schenke
http://www.ausgetauscht.de/gastgeschenke.htm

Business und Golf in Asien
Executives Say Golf is Vital to Business | Business Wire | Find Articles
findarticles.com/p/articles/mi_m0EIN/is_2002.../ai_87773754/
www.businessweek.com/lifestyle/golfdigest.htm
www.fortunewatch.com/can-playing-golf-help-businesses-get-even-b...
www.business2businessgolf.com/

Nordkorea
Kennzahlen von Korea, Demokratische Volksrepublik: Fischer ...

m.weltalmanach.de/.../korea_demokratische_volks..
http://nordkoreainfo.wordpress.com/2009/09/19/religion-in-nordkorea-bedeutung-
www.auswaertiges-amt.de/.../KoreaDemokratische...
http://www.n-tv.de/politik/Ohne-Geld-droht-der-Tod-article1067421.html
http://www.g-t-n.de/D/Asien/Nordkorea/landinfo.html
http://www.faz.net/aktuell/wirtschaft/nordkoreas-wirtschaft-kim-hat-nordkorea-zum-
Korea Business Etiquette | eHow.com http://www.ehow.com/facts_6743145_korea-
Nordkorea Reiseführer – Wikitravel
wikitravel.org/de/Nordkorea
http://blog.speisekarte.de/2010/06/15/was-isst-man-in-nordkorea/

Südkorea

http://www.indexmundi.com/south_korea/population.html
http://en.wikipedia.org/wiki/Seoul
www.auswaertiges-amt.de/.../KoreaRepublik_node...
http://media.nmm.de/33/koreaaz_16173833.pdf
http://www.g-t-n.de/d/Asien/Korea/landinfo.html
en.wikipedia.org/wiki/Incheon_International_Airport
Verhandeln in Korea: Kim Chi und Karaoke - manager magazin ...
www.manager-magazin.de
www.kwintessential.co.uk/.../global.../south-korea-country-profile.ht...
www.boards.ie › boards.ie › Soc › Languages › Korean
Angry Korean Taxi Driver – YouTube
www.youtube.com/watch?v=_PiDS3UP_Pw
Two Korean Cab Drivers Fighting – YouTube
www.youtube.com/watch?v=H5B3j78z3MM
Seoul Is Notorious For a Traffic Jam. | Lang-8
lang-8.com/250773/journals/.../Seoul-Is-Notorious-For-a-Traffic-Jam
Satirical talk show becomes phenomenon in S. Korea | Radio ...
www.rnw.nl/.../satirical-talk-show-becomes-phenomenon-s-korea

www.kwintessential.co.uk/etiquette/doing-business-southkorea.html
www.foreigntranslations.com/…/korean…/korean-business-etiquette/
www.benimmregeln-reise.de/benimmregeln_korea..
North Korea issues unusually specific threat | The Envoy – Yahoo …
news.yahoo.com/…/north-korea-issues-unusually-specifi…-United States
Kimchi: Der offizielle Reiseführer Koreas
german.visitkorea.or.kr/ger/FO/FO_GE_7_3_1.jsp
www.goruma.de/Laender/…/Suedkorea/…/Klima.h...

Japan

http://www.dguv.de/iag/de/publikationen/handlungshilfen/_dokumente/
japan.pdf

http://www.eymanns.de/japan.html

http://www.tabibito.de/japan/japanisch.html

http://www.welt.de/reise/Fern/article12445970/Was-an-den-Klischees-
ueber-Japan-wirklich-dran-ist.html

http://www.animepro.de/action/reportagen/4804_kuriositaeten-special-
woche3-special

www.auswaertiges-amt.de/…/JapanSicherheit.html

http://www.sprachreisen-vergleich.de/asien/japan/gesundheit.html

http://suite101.de/article/reisetipps-japan-gute-vorbereitung-sorgt-fuer-
entspannten-urlaub-a101051

http://wikitravel.org/de/Japan#b

Japanische Fremdenverkehrszentrale (JNTO) – Flughäfen und …
jnto.de/in-japan/verkehr-und…/flughaefen.html

Hemmungslose Grabscher | Asienspiegel
asienspiegel.ch/2011/10/hemmungslose-grabscher/

www.dus.emb-japan.go.jp/…/wirtschaft/geschichte
japan-infos.de/japan-wirtschaft/keiretsu-system

Japanische, Begrüßung, Lexikon, Wörterbuch, Übersetzung
www.kirchenweb.at/…/japanische/…/japanische_be…

www.venturejapan.com/japanese-business-etiquette.htm

www.kwintessential.co.uk/…etiquette/japan-country-profiles.html

www.japanintercultural.com/.../JapaneseBusinessEtiquetteGuide/defau.
www.slideshare.net/AKILimited/doing-business-effectively-in-japan
Japan eating history and customs with culture information, food and ...
asiarecipe.com/japeathistory.html
www.asiarooms.com/en/travel-guide/japan/japan.../index.html
http://howtojapan.blogspot.com/2005/10/what-is-hostess-bar.html
books.google.com.sg/books?isbn=0824821270...
www.japan-access.de/index.php?option...

Mongolei
http://www.transasien.org/pages/mongolei/eckdaten.php
http://www.indexmundi.com/de/mongolei/einwohnerzahl_profil.html
www.auswaertiges-amt.de/.../Mongolei_node.html
http://www.schrefler.net/2religion/VO-Lamaistische %20Volksreligion.
Mongolei-2-SS2004-040604.pdf
www.sprachenlernen24.de/mongolisch-sprache/
http://ulaanbaatar.de/2.html
Ulaanbaatar – Wikipedia
de.wikipedia.org/wiki/Ulaanbaatar
www.geographixx.de/kmz/Hauptstadt.asp?id=116
www.mongolei.de/reise/visum.htm
www.eu-asien.de/Mongolei/.../Praktische-Infos-M.
www.crm.de/transform.asp?...
www.allmongolia.com/de/mongolei/tipps/geld.html
http://www.easyvoyage.de/mongolei/praktisch
www.mongolei-forum.de/thema.php?id=2303
www.mongolei.de/service/internet.htm
http://www.allmongolia.com/de/mongolei/tipps/kommunikation.html
Chinggis Khaan International Airport - Wikipedia, the free ...
en.wikipedia.org/wiki/Chinggis_Khaan_International_Airport
Ulaanbaatar Transportation – Car, Train, Bus & Taxi – VirtualTourist
www.virtualtourist.com › ... › Mongolia › Ulaanbaatar Hot › Ulaanbaatar
http://www.mongolei.de/wirtscha/index.htm

www.mongolia-adventure-tours.de/.../mongolei_to.
de.wikipedia.org/wiki/Mongolei
www.gtz.de/de/weltweit/asien-pazifik/.../32012.ht...
de.wikipedia.org/wiki/Ger
icmc-mongolia.net/business-in-mongolia-what-to-expect
www.mongolchamber.mn/en/index.php?option=com...
internationalbusiness.wikia.com/wiki/Mongolian_Etiquette
www.culturecrossing.net/basics_business_student.php?id=138
www.mol.mn/Media/business-etiquette-1/
www.eu-asien.de/Mongolei/.../Kueche-Mongolei.h.

China
http://www.sudanembassychina.com/?p=327
http://www.china9.de/lexikon/geographische-lage.php
www.china2day.de/china/volker-chinas-ethnische-
afe.easia.columbia.edu/china/society/rel_state.pdf
de.wikipedia.org/.../Religion_in_der_Volksrepublik
www.chinaseite.de/china.../chinesische-sprache.ht.
de.wikipedia.org/.../Liste_der_chinesischen_Dialek...
www.auswaertiges-amt.de/.../China_node.html
www.dehua-duesseldorf.de/aufenthalt_china_kran...
www.justlanded.com/.../China/.../Medizin
Traditional Chinese medicine - Wikipedia, the free encyclopedia
en.wikipedia.org/wiki/Traditional_Chinese_medicine
www.deutsch-chinesisches-jahr-2009-2010.de/...
www.justlanded.com/.../China/.../Mobiltel...
en.wikipedia.org/wiki/Internet_in_China
chineseculture.about.com/.../mediainchina/.../Internet-Censorship-in-...
www.forumchina.de/städte-chinas
www.china-zeichen.de/html/info_uber_china.html
www.china-kompetenz.de/.../Sonderwirtschaftszon
www.kwintessential.co.uk/.../etiquette/china-country-profile.html
www.china-window.com › China Business › China Business Tips

www.cyborlink.com/besite/china.htm
www.youtube.com/watch?v=GtVHjrLQKLI
www.chineseonthego.com/mindset/face_connection.html
www.cio.de/karriere/…/857433/index5.html
www.sourceit.de/…/die-36-strategeme-warum-chin
job-care.de/karriere…/geschenke-in-china.html
www.allbusiness.com/asia/east-asia-china/11674035-1.html
www.chinese-culture.net/html/chinese_business_culture.html
blog.chinatraveldepot.com/2011/08/ganbei-chinas-drinking-culture/
http://www.china9.de/lexikon/maotai-schnaps.php
daniel-clarke.suite101.com › … › South Asia/China Travel › China Travel
www.paulnoll.com/China/Money/money-PRC-FEC-01Y.html
www.shortnews.de/…/China-Spucken-in-der-Offen.
www.ichkoche.at/Chinesische-Kueche-artikel-1179
http://www.essen-und-trinken.de/chinesische-kueche
www.china-besser-verstehen.de/probe3.html
chinaurlaub.com/new_page_200.htm
www.chinalink.de/reisen/klima/main.html

Macao

Macao – Wikipedia *de.wikipedia.org/wiki/Macao*
www.auswaer-tiges-amt.de/…/Macau_node.htm
www.reiseberichte.bplaced.net/…/macau-…
http://www.pfalz.ihk24.de/international/Greater_China/Macao/581676/
ww.indexmundi.com/…/macau/einwohnerzahl_p
country-facts.com/…macau/1596-macau-demogra
www.indexmundi.com › Macau › Demographics
en.wikipedia.org/wiki/Macanese_language
http://www.macautourism.gov.mo/en/info/get2macau.php
http://www.macau-china.de/reisen.html
www.alles-urlaub.de/…/ostasien…/macau/waehrung
www.chinatours.de/macau-reisen
www.macau-info.de/…f_r_Macau/Macau…

www.factfish.com/de/land/macao
www.metropolen-ostasien.de/wirtschaft-macao.html
www.referate10.com/.../Politisch--wirtschafts--und.
www.china.org.cn/german/12772.htm
www.online-reiseinfos.de/klima/macau.php

Hongkong

www.goruma.de/Laender/Asien/Hongkong
www.discoverhongkong.com/.../hongkong-locatio
www.indexmundi.com/.../hongkong/bevolkerung..
wko.at/statistik/laenderprofile/lp-hongkong.pdf
de.wikipedia.org/wiki/Hongkong
www.nationmaster.com > Southeast Asia > Hongkong
http://www.gov.hk/en/about/abouthk/factsheets/docs/religion.pdf
www.auswaertiges-amt.de/.../HongkongSicherheit.
www.asiatik.ch/site/index.cfm?id_art=21105...
www.discoverhongkong.com/.../hongkong-money.
www.mycitytrip.com/hong-kong/allgeme...
angstflug.de/.../dvd-hong-kong-kai-tak-internation
www.germanglobaltrade.de/.../hongkongjwb0607
www.munich-business-school.de/.../China_-_Sond...
www.kwintessential.co.uk/etiquette/doing-business-hongkong.html
www.cyborlink.com/besite/hong_kong.htm
www.easyvoyage.de/hongkong/klima
Hongkong Reiseführer - Wikitravel
wikitravel.org/de/Hongkong

Taiwan

http://www.laender-lexikon.de/Taiwan
http://www.indexmundi.com/de/taiwan/bevolkerung.html
http://www.id-reisewelt.de/Taiwan_Reisen_c173.html
http://www.goruma.de/Laender/Asien/Taiwan/Staedte/index.html http://
www.auswaertiges-amt.de/.../Taiwan_node.html

http://www.schwarzaufweiss.de/taiwan/kurzportrait1.htm

http://www.alles-urlaub.de/informationen/ostasien.php/taiwan/reisepass_visum/

http://www.trivago.de/taiwan-republik-china-359/tipps

http://www.id-reisewelt.de/Taiwan_Reisen_c173.html

http://www.taiwantourismus.de/de/Wissenswertes/Sonstiges/Telekommunikation... http://www.flug24.de/Flugangebote/Taiwan/Flughafen-3058

http://www.taiwantourismus.de/de/Wissenswertes/Verkehr/Befoerderungsmittel.aspTigerstaaten – Wikipedia *de.wikipedia.org/wiki/Tigerstaaten*

www.taiwantourismus.de/.../Wirtschaft/Wirtschaftli...

www.gutefrage.net/.../welche-variante-de...

http://www.taz.de/!83355/

www.easyvoyage.de/taiwan/klima

Philippinen

http://www.laender-lexikon.de/Philippinen

http://www.weltatlas.info/philippinen/ www.seasite.niu.edu/.../PhilippineReligions/article_mille http://www.sprachenlernen24.de/filipino-sprache/ http://www.welt.de/reise/staedtereisen/article106203653/Manila-verrueckte-Stadt-mit-erstaunlichen-Menschen.html http://zeitreisen.zeit.de/ratgeber/philippinen/manila/manila-oder-maynila-die-hauptstadt-der-philippinen

www.auswaertiges-amt.de/.../PhilippinenSicherheit

http://www.eu-a http://www.philippinen-tipps.com/tipps/impfungen.php sien.de/Philippinen/Reiseinformationen.html

http://www.philippinen-tipps.com/tipps/handy.php

http://www.philippinen-tipps.com/tipps/internet.php

www.auswaertiges-amt.de/.../PhilippinenSicherheit... www.philippines4ever.de/sicherheit-in-philippinen.

www.philippinen.cc/.../un-philippinen-haben-die- http://www.kinkaa.de/flughafen/Manila-Ninoy-Aquino-International_MNL www.philippinenforum.net/...philippinen.../30584... *www.schuldes.org/home1/faw/verkehr.htm* www.philstar.com › News › Headlines

www.auswaertiges-amt.de/…/Philippinen/Wirtschaf.
http://www.philippinen-spende.de/philippinen/wissenswertes/land-leute/
wirtschaft/ www.asienhaus.de/…/genderfrage-philippinen-nre. http://
www.kwintessential.co.uk/resources/global-etiquette/philippines-country-
profile.html
www.communicaid.com/…business. www.pasadenaisd.org/rayburn/clubs/bpa/
contest/asia.html www.worldbusinessculture.com/Business-in-Philippines.html
http://www.manila-philippinen.com/2011/06/die-philippinische-kuche/
http://www.hmraemisch.de/Geniessen/Laenderkuechen/Philippinen/
philippinen.htm www.manila-philippinen.com/…/das-klima-auf-de… *phi-*
lippinenurlaub.org/philippinen-klima/

Vietnam
www.rastlos.com/vietnam/politik_und_wi…
www.laender-lexikon.de/Vietnam
www.aktuelle-reisetips.de/web/Asien/Vietnam/
www.indexmundi.com/…/vietnam/einwohnerzahl_
www.vietnam-kompakt.de/religionen-in-vietnam.html
http://www.asienreisen-24.de/vietnam/sprache/ http://www.vietnamon-
line.com/az/hanoi-population.html http://www.vietnamonline.com/az/ho-
chi-minh-city-population.html
www.auswaertiges-amt.de/…/VietnamSicherheit.ht. http://www.vietna-
murlaub.info/reiseapotheke-vietnam/
www.reisefrage.net/frage/vietnam-waehrung http://www.flightcentre.com.
au/world-travel/vietnam/communication http://www.vietnam-aktuell.de/
vietnam-info-
luxurytravelvietnam.com/DE/GE/travel_guide.htm -
www.martin-prange.de/asien/vietnam/index.shtml
www.vietnam.ahk.de/vietnaminfo/wirtschaft/
www.lebensgeschichten.org/vietnam/wirtschaft.php
de.wikipedia.org/wiki/Kultur_Vietnams
www.vietnam-kompakt.de/allgemeines.html
www.vtc-travel.com/vietnam-kultur.travel

www.kwintessential.co.uk/resources/global-etiquette/vietnam.html
www.viet-trade.com/.../understanding-of-vietnamese-business-culture
www.pasadenaisd.org/rayburn/clubs/bpa/contest/asia.html
www.business-in-vietnam.de/de/10-Gruende -
www.mishalov.com/Vietnam_Cu-Chi.html - United States-
thien-kim.asia/index.php?...vietnamesische-kueche..
www.hotels-in-vietnam.com/hotels/...Vietnam/vietnam-climate.html
www.erlebe-vietnam.de/Karte-und-Klima-von-Vie...

Laos

http://www.ggs-ruppichteroth.de/laos/landesinformationen.htm http://
www.indexmundi.com/de/laos/bevolkerung.html
http://www.chroniken-asien.de/ch_laos.htm http://wikitravel.org/de/La-
osinfolaos.free.fr/uk/religion.htm http://www.reisefieber.net/laos/laos.html
http://de.wikipedia.org/wiki/Flughafen_Vientiane
www.auswaertiges-amt.de/DE/.../01.../Laos.html
http://www.laos-reise.info/medizinische-versorgung-laos/ www.goruma.
de/Laender/.../Laos/.../Waehrung.ht...
http://www.nuku.de/archives/2008/04/21/laenderinformation-laos.html
www.derreisefuehrer.com/.../geschaftsreisen-kom...
http://www.laos-reise.de/html/nutzliche_landesinfos.html
www.bmeia.gv.at/.../a-z-laender/laos-de.html?...
www.auswaertiges-amt.de/.../Wirtschaft_node.html www.vientiane.diplo.
de/.../Wirtschaftschancen_un...
www.laos-reise.info/wirtschaft-laos/   Germany – travel.nytimes.com
› Asia › Laos *asialetters.typepad.com/my_weblog/lao-business-culture/*
www.austrade.gov.au › Exporters › Export Markets › Countries › Laos
www.culturecrossing.net/basics_business_student.php?id=113 *chaoswelt-*
reise.wordpress.com/.../die-vietnamesen-...
www.laos-reise.info/laotische-kueche/ – German
www.cuisimonde.com › ... › Südostasien
www.geo.de › Asien › Laos
www.laos-reise.info/reisezeit-klima/ - Germany

Kambodscha

www.goruma.de/Laender/Asien/Kambodscha
http://de.wikipedia.org/wiki/Kambodscha
http://www.indexmundi.com/de/kambodscha/einwohnerzahl_profil.html
http://liportal.inwent.org/kambodscha/gesellschaft.html
http://www.sprachvermittler.com/Sprachen/Kambodschanisch_Khmer/
kambodschanisch_khmer.html
http://www.auswaertiges-amt.de/DE/Laenderinformationen/00SiHi/
KambodschaSicherheit.html
http://www.cambodia-airports.com/
http://www.kambodscha-reise.info/medizinische-versorgung-kambodscha/
http://www.kambodscha-reisebericht.de/waehrungen-und-zahlungsmittel-
in-kambodscha.html
http://www.das-kambodschaforum.de/forum/viewtopic.php?f=1&t=288
www.rastlos.com/kambodscha/transport/ - Germany
www.asien-auf-einen-blick.de/kambodscha/wirtsch. http://www.children-
planet.at/projekte/kambodscha/
http://www.kwintessential.co.uk/resources/global-etiquette/cambodia.
html
http://goseasia.about.com/od/cambodiaculturepeople/a/etiquette_cam-
bodia.htm
http://www.culturecrossing.net/basics_business_student.php?id=35
http://penhpal.com/culture/cambodian-etiquette-and-customs/
http://www.angkorwatrestaurant.de/kambodschanische-kueche.html
http://www.reisenachkambodscha.de/climate.html

Myanmar

http://www.transasien.org/pages/myanmar/eckdaten.php http://www.in-
dexmundi.com/de/myanmar/ http://www.gfbv.de/inhaltsDok.php?id=1945
www.eu-asien.de/Myanmar/.../Sprache-Myanmar...
http://www.auswaertiges-amt.de/DE/Laenderinformationen/ http://www.
skyscanner.de/flughaefen/mm/flughafen-in-myanmar.html
http://www.id-reisewelt.de/Myanmar/Reisen_c89.html

http://www.auswaertiges-amt.de/DE/Laenderinformationen/Sicher-heitshinweise http://www.faz.net/aktuell/wirtschaft/aufbruch-bauen-am-neuen-burma-11785673.html http://www.globaldefence.net/kulturen-im-konflikt/buddhist-kulturen/271-birma-burma-myanmar.html?start=1 http://en.wikipedia.org/wiki/Aung_San_Suu_Kyi http://www.myanmar-cartrade.com/business-etiquettes-in-myanmar www.cuisimonde.com ›
… › Südostasien
www.online-reiseinfos.de/klima/myanmar.php

Thailand

http://www.thaipage.ch/th_info/politik.php http://www.voyagesphotos-manu.com/thailandische_bevolkerung.html en.wikipedia.org/wiki/Reli-gion_in_Thailand http://en.wikipedia.org/wiki/Thai_Chinese http://www.manoravillage.com/german/index.php?id=105 http://flug.idealo.de/flugha-fen/Thailand,TH/
www.auswaertiges-amt.de/…/ThailandSicherheit.ht… http://www.clickt-hai.de/Reisen/Gesundheit/gesundheit.html http://www.asienreisefuehrer.com/ger_details_559/Geld_Waehrung_und_Kreditkarten.hthttp://www.thailandblick.com/Seiten/tips-telefonieren-thailand.html
http://www.leben-in-thailand.de/handy-in-thailand.shtml http://en.wikipedia.org/wiki/Economy_of_Thailand www.linguanaut.com/eng-lish_thai.htm www.thailandbreeze.com/thai-greetings.html www.doing-businessthailand.com/…/understanding-thailand-what-is-t… *www.thailand-information.de/mai-pen-rai-thailand-…*
www.ediplomat.com › New Posting › Cultural Etiquette
www.thailand-property-gate.com/facts-legal…/thai-business-etiquette/
www.manager-magazin.de › … › Karriere www.thailand.com/travel/facts/fact_dodont.htm
www.thailandinformation.de/thailand-verhaltensre.. *de.wikipedia.org/wiki /*
Thailändische_Küche
www.koh-phangan.de/cook/
http://www.thaiminator.de/thailand-wetter.htm
www.geo.de › Asien › Thailand

Malaysia

de.wikipedia.org/wiki/Malaysia http://www.indexmundi.com/de/malaysia/einwohnerzahl_profil.html http://www.farang.de/Landinfo/Malaysia.html
www.sprachenlernen24.de/malaysisch-sprache/
http://wikitravel.org/de/Malaysia
www.auswaertiges-amt.de/.../MalaysiaSicherheit.ht... http://www.rastlos.com/malaysia/gesundheit/
http://www.orca.de/reisen-guide/reiseinformationen-land-leute/malaysia.html http://www.goasia.de/reiseziele/malaysia http://en.wikipedia.org/wiki/Kuala_Lumpur_International_Airport
http://www.munich-business-school.de/intercultural/index.php/Malaysia_Wirtschaft_und_Verhalten_in_Gesch %C3 %A4ftsbeziehungen
www.ediplomat.com › New Posting › Cultural Etiquette www.kwintes-sential.co.uk/resources/global-etiquette/malaysia.html www.gruppenziele.com/...malaysia/60_Kueche_Al. www.hmraemisch.de/.../Laenderkue-chen/Malaysia/... *www.transasien.org/.../malaysia/klima-un...*
Germany: Die kleinen Unterschiede (Ruediger Siebert)

Singapur

de.wikipedia.org/wiki/Singapur
http://www.indexmundi.com/de/singapur/ en.wikipedia.org/wiki/ Religion_in_Singapore
http://www.singaporeexpats.com/about-singapore/culture-and-language.htm www.auswaertiges-amt.de/.../SingapurSicherheit.ht...
http://www.singapur-reiseinfo.de/Reise-ABC/reise-abc.html
www.isingapur.de/ www.goruma.de/.../Singapur/Reiseinfo/Anreise_unde.wikipedia.org/wiki/Flughafen_Singapur...
www.asiarooms.com › ... › Singapore › Culture of Singapore www.kwin-tessential.co.uk/resources/global-etiquette/singapore.html/ http://www.cuisimonde.com/die-kuechen-asiens/suedostasien/die-kueche-singapurs.html http://www.erlebe-singapur.de/singapur-klima.php

Indonesien

http://liportal.inwent.org/indonesien/geschichte-staat.html http://www.
indexmundi.com/de/indonesien/einwohnerzahl_profil.html www.aus-
waertiges-amt.de/.../IndonesienSicherheit.. http://de.wikipedia.org/wiki/
Indonesien
www.robinson-im-netz.de/.../Indonesien/Sprache
http://indonesia-travel.lestariweb.com/D/Java-Travel- http://www.indo.
com/tplan/ visa.html
Jakarta.htm: http://www.jakarta.diplo.de/contentblob/1566552/Da-
ten/806121/ download_regarzt_medizinische_hinweise.pdf http://www.
goruma.de/Laender/Asien/Indonesien/Reiseinfo/index.html *www.touris-
tiklinks.de/.../indonesien/kommunikati...* en.wikipedia.org/wiki/List_of_air-
ports_in_Indonesia
http://www.globaldefence.net/kulturen-im-konflikt/malayische-
voelker/296-indonesien.html?start=3
www.kwintessential.co.uk/resources/global-etiquette/indonesia.html
www.ediplomat.com › New Posting › Cultural Etiquette
www.expat.or.id › ... › Cross Cultural Understanding
www.ehow.com › Culture & Society
www.lestariweb.com/resep-indonesia/.../Index.htm
www.cuisimonde.com › ... › Südostasien
http://www.erlebe-indonesien.de/Klima-Java-Sunda-Inseln.htm
Kulturelle Unterschiede Indonesien (Christian Hainsch, Indoconsult)

Brunei

wikitravel.org/de/Brunei
http://www.indexmundi.com/de/brunei_darussalam/einwohnerzahl_pro-
fil.html
http://www.laender-lexikon.de/Brunei
http://wikitravel.org/de/Bandar_Seri_Begawan
www.auswaertiges-amt.de/.../BruneiDarussalamSic...
http://www.reiseapotheke.de/de/laenderinfo_8.php?land=bn
de.wikipedia.org/wiki/Brunei-Dollar

http://www.kwintessential.co.uk/resources/global-etiquette/brunei.html
http://www.alloexpat.com/brunei_expat_forum/doing-business-in-brunei-guide-t10.html
www.geographixx.de/wirtschaft/details.asp?...Brun...
www.cuisimonde.com › ... › Südostasien
http://www.online-reiseinfos.de/klima/brunei.php

Bangladesch
http://www.kwintessential.co.uk/resources/global-etiquette/bangladesh.html
http://www.austrade.gov.au/Doing-business-in-Bangladesh/default.aspx
http://www.communicaid.com/access/pdf/library/culture/doing-business-
http://www.auswaertiges amt.de/diplo/de/ http://www.bbs.gov.bd/Bangladesh.com (2009): http://www.bangladeshembassy.de/ http://www.bmz.de/de/laender/partnerlaender/bangladesh/index.html https://www.cia.gov/library/publications/the-world-factbook/geos/bg.html http://www.gtai.de/fdb-SE,MKT200908218000,Google.html#
http://www.geert-hofstede.com/hofstede_india.shtml Index mundi http://www.indexmundi.com/de/bangladesch/wirtschaft_profil.html http://www.kwintessential.co.uk/resources/global-etiquette/bangladesh.html http://www.kwintessential.co.uk/intercultural/management/bangladesh.html http://www.bangladesch.org/set.php?id=bangladesch&uid=land http://www.suedasien.info/laenderinfos/1287 http://www.virtualbangladesh.com/culture/ http://www.virtualbangladesh.com/bd_literature.html Gesteland, R. (1999): Cross-Cultural Business Behavior. Marketing, Negotiating and Managing across Cultures, 2. Aufl., Copenhagen http://www.easyvoyage.de/bangladesch/kueche

Bhutan
http://www.eu-asien.de/Bhutan/Reiseinformationen.html
http://www.raonline.ch/rao_btexplore01.html
http://www.maya-travels.com/bhutan/bhutan_reiseinfo.htm
http://www.alpine-bhutan.com/Bhutan-Reise-Information.htm#Credit Card

http://www.derreisefuehrer.com/bhutan/geschaftsreisen-kommunikation
http://www.erlebe-bhutan.de/klima-bhutan-info.htm

Nepal

http://www.auswaertiges-amt.de/DE/Laenderinformationen/00-SiHi/NepalSicherheit.html
http://www.wetter.net/laenderinformation/nepal.html
http://g08.de/nepal/
http://www.nepal-information.de/land-und-leute/nepal-bevoelkerung/
http://www.himalayatreks.de/nepal-reisen/bevoelkerung.php
http://www.cosmorama.de/nepal/nep.info.htm
http://www.indexmundi.com/de/nepal/einwohnerzahl_profil.html
http://www.sai.uni-heidelberg.de/abt/intwep/zingel/nepal-wi.htm
iportal.inwent.org/nepal/wirtschaft-entwicklung.html
http://www.allesuebernepal.com/info/wirtschaft/
http://eth-mpg.academia.edu/LisaBarthelmes/Papers/1123239/Nepal_Demokratie_ohne_ Wirtschaftsentwicklung
http://business-etiquettes24.blogspot.com/2011/12/nepal-business-etiquette.html
http://negotiation.pbworks.com/w/page/47201607/Nepal

Indien

http://www.indienaktuell.de/indien-info/allgemeine-infos/
http://www.indienaktuell.de/magazin/100-jahre-neu-delhi-21106/
http://www.auswaertiges-amt.de/DE/Laenderinformationen/00-SiHi/IndienSicherheit.html
http://www.bmeia.gv.at/aussenministerium/buergerservice/reiseinformation/a-z-laender/indien-de.html
http://www.eda.admin.ch/eda/de/home/travad/hidden/hidde2/india.html
http://g08.de/indien/
http://www.welt.de/reise/reisetipps/asien/indien/article12446341/Indien.html
http://moneypenny.de/Indien-Laenderinfo.html
http://www.manager-magazin.de/unternehmen/karriere/0,2828,595892-5,00.html

http://www.focus.de/finanzen/karriere/management/tid-5383/arbeiten-in-indien_aid_51479.html
http://www.indien.info/land-leute/bevoelkerung/
Kai Oppel: BUSINESS-KNIGGE INDIEN. Im Land der Gegensätze

Sri Lanka

http://www.auswaertiges-amt.de/DE/Aussenpolitik/Laender/Laenderinfos/SriLanka/ Innenpolitik_node.html http://www.srilanka-insider.de/sri_lanka_geld_kurs.html http://www.mgiworld.com/get.php/pdfs/doing_business/doingbusinsrilanka.pdf http://www.kwintessential.co.uk/resources/global-etiquette/srilanka.html http://www.iptu.co.uk/content/srilanka_business_cult.asp http://www.kinkaa.de/flughafen/C/Colombo_CMB http://www.urlaub-sri-lanka.com/wirtschaft-infrastruktur.php http://www.sri-lanka-board.de/showthread.php?1020-Wissenswertes- %FCber-Sri-Lanka-s-K %FCche

Pakistan

http://de.wikipedia.org/wiki/Pakistan
http://www.auswaertiges-amt.de/DE/Laenderinformationen/00-SiHi/Pakistan Sicherheit.html http://www.bmeia.gv.at/aussenministerium/buergerservice/reiseinformation/a-z-laender/pakistan-de.html
http://www.himalayatreks.de/pakistan/pakistan-reise-informationen.php
http://www.goasia.de/?Itemid=37&option=com_content&id=286&view=article&layout=default&section
http://en.reingex.com/Pakistan-Business-Economy.asp http://www.kwintessential.co.uk/resources/global-etiquette/pakistan.html http://www.communicaid.com/access/pdf/library/culture/doing-business-in/Doing %20Business %20in %20Pakistan.pdf http://www.bestcountryreports.com/Busi_Pakistan_Business_Culture.php http://www.globalnegotiation-resources.com/cou/Pakistan.pdf
http://www.die-reisemedizin.de/reiseziele/regionen/indischer_subkontinent/pakistan/ tourismusinformationen.html
Lothar Katz: „Negotiating International Business – The Negotiator's Reference Guide to 50 Countries Around the World".